복지국가의 이론적 변천과 취업 지원 정책 비교

사회적 투자 이후의 경로

이명현

약력

경북대학교 사회과학대학 사회복지학부 교수
부산대학교 사회복지학 박사(사회복지정책 및 제도)
일본사회사업대학 대학원 및 사회사업연구소 파견연구원

주요 연구 실적

『빈곤의 이론과 대책』(2025)
「한부모가족지원사업의 정책수단 유형화 연구」(2025, 공동 논문)
『사회복지법제와 실천』(2024, 공동 저서)
「역사적 제도주의 관점에서 본 청년정책 형성 과정」(2023, 공동 논문)
「기본소득의 규범적 정당성에 근거한 옹호논리 체계화에 관한 연구」(2020, 공동 논문)
『복지국가와 기본소득』(2014, 세종도서 학술부문 우수도서)

경북대학교 학술총서 28

복지국가의 이론적 변천과 취업 지원 정책 비교
사회적 투자 이후의 경로

찍은 날 2026년 1월 21일 · **펴낸 날** 2026년 2월 6일
지은이 이명현 · **펴낸이** 허영우 · **펴낸 곳** 경북대학교출판부
출판등록 1973년 10월 10일 ㉑97호 · **주소** 대구광역시 북구 대학로 80 · **전화** 053-950-3830
팩스 053-953-4692 · **이메일** press@knu.ac.kr · **홈페이지** www.knupress.com
ISBN 978-89-7180-671-5 93330

정가는 뒤표지에 있습니다. 파본은 바꾸어 드립니다.

이 저서는 〈2025년 경북대학교 학술총서 집필 및 출간지원사업〉의 재원으로 출간되었습니다.

복지국가의 이론적 변천과 취업 지원 정책 비교

사회적 투자 이후의 경로

이명현 지음

경북대학교출판부

서문

1990년대, 냉전의 종식과 함께 우리는 새로운 시대의 서막을 목격했다. 경제적 세계화의 물결이 국경을 허물고, 재화와 서비스, 그리고 자본의 자유로운 이동이 보편적 가치로 여겨지던 시절이었다. 낡은 이념 대립의 시대가 막을 내리고, 모든 국가가 자유시장과 민주주의라는 단일한 길로 수렴할 것이라는 낙관론이 팽배했다. 이러한 거대한 전환기 속에서, 제2차 세계대전 이후 서구 사회의 안정을 뒷받침해 온 전통적 복지국가는 심각한 도전에 직면했다. '바닥을 향한 경쟁'이라는 압력 속에서 복지국가는 더 이상 지속 불가능한 구시대의 유물처럼 보였다. 바로 이 위기의 순간, 하나의 매력적인 대안이 등장했다. '사회적 투자 국가(Social Investment State)'라는 새로운 패러다임이 그것이다. 경제협력개발기구(OECD)와 유럽연합(EU) 같은 초국가적 기구들이 주도한 이 비전은 복지를 더 이상 소모적 비용이 아닌, 미래를 위한 '생산적 투자'로 재정의했다. 복지와 경제성장을 동시에 추구하는 선순환의 약속은 좌우를 막론하고 폭넓은 지지를 얻었다. 과거의 수동적인 현금 급여에서 벗어나 교육, 보육, 직업훈련과 같은 능동적 정책으로의 전환은, 지식 기반 경제 시대에 개인이 노동시장에서 성공적으로 자립할 수 있도록 역량을 강화하겠다는 희망적인 청사진을 제시했다. 이 새로운 합의는 낡은 복지국가의 위기를 극복하고 21세기의 안정과 번영을 이끌어 갈 핵심 전략으로 자리 잡는 듯 보였다. 하지만 그 약속은 실현되지 않았다. 사회적 투자 시대는 새로운 황금기를 열지 못했다. 오히려 우리는 그 시대가 낳은 새로운 모순적인 현실과 마주하고 있다. 소득 격차는 해소되지 않았고, 특히 하위 계층의 실질 소득은 수십 년간 정체 상태에 머물렀다. 기성 정당에 대한 환멸과 정치 시스템에 대한 불신은 극에 달했으며, 투표율은 지속적으로 하락했다. 더욱 충격적인 것은, 사회적 투자를 가장 적극적으로 수용한 국가들에서 혐오주의 포퓰리즘(welfare chauvinist populism)이 급부상했다는 사실이다. 이민자와 난민에 대한 배타주의가 정치의 전면에 등장하고, 민주주의의 근간을 흔드는 극우 집단이 세력을 확장하고 있다. 왜 위기에 대한 해법으로 제시된 사회적 투자가 역설적이게도 21세기의 새로운 사회적·정치적 분열을 추동하는 동인이 된 것일까? 이 책은 바로 이러한 모순적 상황을 이해하고자 하는 문제의식에서 출발한다. 이 현상이 단순히 사회적 투자라는 처방이 충분히 강력하지 않았기 때문이라고는 믿고 싶지 않다. 오히려 사회적 투자의 내부적 논리 자체가 새로운 사회적 균열을 창출하고, 정치적 분열을 심화시키는 데 기여했다는 것이 이 책의 핵심 주장이다. 미래를 위한 '생산적 투자'라는 명분 아래 개인의 경쟁력을 강화하는 과정은, 필연적으로 그 흐름에 적응하는 이들과 뒤처지는 이들을 구분 짓게 만들었다.

이러한 분리는 단순한 경제적 격차를 넘어, 자신의 삶의 방식과 가치가 더 이상 존중받지 못한다고 느끼는 이들의 문화적 소외감과 정치적 분노를 키우는 결과를 낳았다. 그리고 바로 이 지점에서, 기존의 합리적 대안들이 해결하지 못한 대중의 불안과 분노를 자양분으로 삼는 새로운 분열의 정치가 싹틀 수 있는 토양이 마련되었다. 포퓰리스트 지도자들은 이들의 불안과 분노를 파고들어, 문제의 원인이 시스템의 실패가 아니라 부패하고 이기적인 엘리트의 배신 때문이라고 선동한다. 그들은 엘리트 계층이 세계 시민주의를 외치며 이민자 등 외부자에게는 관대하면서도, 정작 내부자인 국민의 고통은 외면했다는 논리로 적개심을 부추긴다. 결국, 복지국가의 위기에 대한 합리적 대안으로 제시되었던 사회적 투자가, 역설적이게도 21세기 복지국가를 양극단으로 몰아가는 핵심 동력으로 작용하게 된 것이다. 현대의 비교 정치경제학, 특히 자본주의의 다양성(Varieties of Capitalism) 이론이나 사회적 투자 담론과 같이 행위자 중심의 합리적 선택 모델에 기반한 지배적인 이론들은 이러한 역설을 완전히 포착하지 못한다. 이러한 이론들은 제도가 어떻게 안정을 창출하고, 기업이나 숙련 노동자와 같은 행위자들이 그 제도 안에서 어떻게 합리적 전략을 추구하는지를 분석하는 데에는 탁월하다. 그러나 기술적이고 기계적 균형에 초점을 둔 분석은, 구조적 위기, 뿌리 깊은 사회 갈등, 그리고 규범의 붕괴와 같은 현상을 설명하는 데 명백한 한계를 드러낸다. 이들은 세계화나 기술 변화와 같은 거시적 환경을 제도가 적응해야 할 외부적 충격으로 간주할 뿐, 그 환경 자체가 내적으로 모순적이고 동태적인 과정이라는 점을 간과하는 경향이 있다. 지난 수십 년간 복지국가 연구의 흐름을 되돌아보면, 분석의 초점이 점차 축소되어 온 과정을 확인할 수 있다. 1970년대 비판 이론이 집중했던 자본주의의 구조적 모순에 대한 거대 담론은, 1980~1990년대 여러 국가의 다양한 분화를 설명하는 중범위

제도 분석으로 대체되었다. 그리고 이는 다시 2000년대 이후 기업과 개인의 합리적 전략에 초점을 맞추는 행위자 중심의 미시적 분석으로 이어졌다. 이러한 분석 초점의 축소야말로 오늘날 이론들이 구조적 위기 앞에서 무력한 이유를 설명해 준다. 체계적 모순과 규범적 갈등을 분석할 도구를 잃어버린 것이다. 따라서 기존 패러다임을 넘어 새로운 통합적 분석틀의 가능성을 탐색할 필요가 있다. 최근의 연구 경향에서 주변부로 밀려났던 거시적 논의들을 다시 분석의 중심으로 가져와서 활용해 보자. 이를 위해 막스 베버의 역사 사회학적 관점과 같이 비판적으로 이론을 재구성(critical theoretical reconstruction)하여 거시적·역사적으로 종합(macro-historical synthesis)하는 방법을 활용하고자 한다. 이는 단순히 확률적 인과관계를 규명하는 것을 넘어, 복잡한 사회 현상의 역사적 의미와 중요성을 이해하고자 하는 작업이다. 가장 중심적인 방법론적 기준은 전체 복지국가의 역사를 세 가지 기초적인 힘이 역동적이고 대항적인 상호작용을 통해 변화를 이끈다는 시각으로 분석하는 것이다. 첫 번째는 자본주의이다. 자본주의는 고정되어 있는 배경이 아니라, 사회적 관계를 시장 논리에 종속시키려고 끊임없이 '상품화(commodification)'를 일으키는 동력이다. 두 번째는 국가이다. 국가는 자본의 단순한 도구나 중립적인 중재자가 아니라, 전쟁, 영토 지배, 정당화라는 고유한 논리를 가진 자율적 권력이다. 셋째, 사회운동이다. 사회운동은 자본과 국가의 논리에 도전하며 대안적인 사회연대의 정책적 비전을 제시하는 조직적인 대항 운동이다. 이러한 분석 기준을 바탕으로 다음과 같은 논리적 흐름에 따라 논의를 전개한다. 먼저 복지국가 이론의 초점이 '구조'에서 '제도'로, 다시 '행위자'로 이동해 온 역사적 궤적을 비판적으로 추적할 것이다. 이후 자본주의의 근본 동력인 상품화와 그에 대한 대항으로서의 탈상품화가 현대에 이르러 재상품화로 변용되는 과정을 탐구하고, 자율적 행위자로서의 국가가 어떻게 새로운 글로벌 거버넌스에 편입되는지를 고찰한다. 또 주류 전략으로 지위를 확보한 사회적 투자 정책과 그러한 모순적 상황에 대한 대항적 운동으로 촉발된 현대의 포퓰리즘까지 복지국가를 둘러싼 변화를 분석한다. 이러한 이론적 변천을 바탕으로 주요 복지국가들의 사회 투자 전략에 기반한 취업 지원 정책을 비교 분석할 것이다. 아울러 노동·인구·이민·기후 위기라는 미래의 도전에 맞서 복지국가가 나아가야 할 길을 도출하고자 한다. 21세기 복지국가는 기술 관료적 엘리트주의에 기반한 취업 경쟁 중심의 시장형 복지 정책이나 과거 회귀적이며 배타적인 혐오주의 포퓰리즘에 편승하는 분열의 복지 정책의 유혹에 넘어가서는 안 된다. 미래는 결정되어 있지 않다. 이 책이 제시하는 분석이 우리 시대의 요구를 이해하고, 보다 민주적이고 평등하며 포용적인 대안을 구상하기 위한 견고한 이론적 기준을 제공할 수 있기를 바란다. 그 대안이란, 모든 시민이 자신의 삶을 스스로 선택해 나가는 데 필요한 자원과 존엄을 보장하는 복지국가, 즉 온정주의적 강제는 최소화하되 인간의 진정한 자유를 위한 자원의 분배는 최대화하는 '분배하는 최소 복지국가'의 비전 속에 있다고 믿는다.

목차

제 1 장

위기 시대의 복지국가, 새로운 이론을 향하여

1. 복지국가의 분열된 현실

1990년대 이후 국경을 넘어서 재화와 서비스의 이동이 활발해지고 경제 세계화가 본격적으로 진행되면서 선진 복지국가의 재정, 금융, 고용, 사회보장 등 대부분 분야에서 개혁이라는 이름으로 변화가 진행되었다. 이와 관련하여 각 국가의 변화를 어떻게 분석할 것인지에 대하여 학문적인 논의가 분출되었다. 1990년대부터 2000년대 전후까지에 걸쳐 유행했던 것이 신자유주의나 바닥을 향한 경쟁과 같은 사조이다. 신자유주의에서는 국가의 적극적인 개입을 시장의 자유로운 경쟁 체제로 대체하면 재화의 생산과 분배가 더 효율적으로 되고, 그 결과 사회 전체가 훨씬 풍요로워질 것이라 믿는다. 복지국가의 전형적 모습이었던 공공 서비스의 축소, 민영화, 규제 완화가 이루어지고 신자유주의적 재편 전략이 복지 정책의 방향을 주도하였다. 또한 경제 세계화에 따라 모든 국가가 바닥을 향한 경쟁에 달려들었다는 점도 지적할 수 있다. 이러한 관점을 고려하면 국경을 초월한 자본 이동의 자유화에 수반하여 기업은 본사나 공장을 세금이 없거나 낮은 국가, 노동 규제나 환경 규제가 낮은 국가로 이동할 수 있게 된 것이다. 그렇지만 사람의 이동이 국경에 의해 제한되고 있는 상황에서 언어나 문화의 차이도 있으므로 노동자는 자유롭게 다른 국가로 이동할 수 없다. 기업이 본사나 공장을 이전하면 산업의 공동화(空洞化)가 일어나고 국내 실업이 확대된다. 그 결과 기업과 노동자의 역학 관계는 기업 측에 유리하게 전개된다. 임금 및 노동 조건이 악화되어도 실업을 두려워하는 노동자는 불리한 조건을 따를 수밖에 없다. 더욱이 국가도 기업의 사정을 더 배려하여 세금을 삭감하거나 노동 규제를 완화하지 않을 수 없게 된다. 선진국과 개발도상국 모두 바닥을 향한 경쟁에 휩쓸려 가게 된다. 과연 이러한 해설은 선진국의 정치적·경제적 실상을 정확히 설명하고 있는 것인가. 통계적으로 살펴보면 논리적 불일치가 나타나는 것을 알 수 있다. 1990년 이후 공공 사회지출의 추이를 고려하면 경제 세계화가 본격적으로 진행되는 1990년대부터 20년간 스웨덴을 제외한 여타의 국가에서는 공공 사회지출이 증가하고 있으며 2000년대에 들어와서도 큰 차이를 보이지 않고 있다.

국가의 조세 수입의 경우, 바닥을 향한 경쟁론에 따르면 경제 세계화와 함께 여러 국가에서 조세 인하를 경쟁적으로 내세웠을 것이다. 하지만 스웨덴이나 미국을 제외한 대부분의 국가는 오히려 미세한 증가를 보였다(OECD, 2021). 경제 세계화가 필연적으로 국가의 퇴장을 초래하지도 않았고 작은 정부로의 수렴도 일어나지 않았다. 신자유주의의 영향력을 과대평가한 것이 아닌가 생각된다. 국가의 역할이 단순히 축소되고 있는 것이 아니라 역할 내용이 재편되고 있는 과정이라고 평가하는 편이 정확할 것 같다. 특히 20세기 후반과 21세기 초, 선진 자본주의 세계는 복지국가의 새로운 패러다임, 즉 사회적 투자 국가(Social Investment State)의 부상에 주목했다. OECD는 1996년 공개된 고용 전략(Job strategy)에서 사회 정책과 경제성장의 균형을 도모하는 키워드가 노동자의 지식이나 기능을 향상하기 위한 교육 및 직업훈련에 대한 투자, 즉 적극적 노동시장 정책이라고 공표하였다. 이후에도 OECD는 인적 자본에 대한 투자, 적극적 노동시장 정책을 반복하여 권고하였다. 유럽연합 위원회는 1997년 보고에서 생산적 요소로서의 사회 보호라는 항목을 내세워 회원국의 사회 보호 제도를 고용 친화적으로 전환하도록 제안하였다. 2000년 작성된 리스본 전략에 따르면, 우리는 경제 세계화와 지식 기반 경제의 도전에 직면하고 있다. 경제의 경쟁력과 사회적 결속을 함께 도모하기 위해서는 교육이나 직업훈련 등의 인적 자본에 대한 투자를 늘리고, 취업률을 올릴 필요가 있다. 유럽연합 위원회는 2013년 지침에서, 성장과 결속을 위한 사회적 투자에서도 청년 실업, 인구 고령화, 경제 위기 등에 대응하기 위하여 사회적 투자 패키지를 더 적극적으로 추진하도록 제안하였다. OECD와 유럽연합 같은 초국가적 기구들이 주도한 이 패러다임은 복지와 취업을 연계함으로써 사회 정책과 경제 경쟁력을 결합하여 선순환 효과를 창출하겠다는 전략이었다. 이는 제2차 세계대전 이후 확립된 복지국가의 '수동적인 급부 서비스'에서 벗어나, 교육·보육 지원, 직업훈련과 같은 '능동적 정책'으로의 전환을 의미했다. 그 목적은 지식 기반 경제 시대에 개인이 노동시장에서 능동적으로 자활할 수 있도록 인적 자본과 고용 가능성을 높이는 데 있었다. 복지와 경제성장을 동시에 추구한다는 사회적 투자의 비전은 좌우를 막론하고 폭넓은 지지를 받으며 복지 개혁의 핵심으로 자리 잡는 듯 보였다.[1]

그러나 사회적 투자 시대는 새로운 안정과 번영의 황금기를 열지 못했다. 오히려 심각하고 모순적인 현상들과 함께 전개되었다. 소득 격차는 해소되지 않았고, 특히 하위 계층의 실질 소득은 수십 년간 정체 상태에 머물렀으며, 정치적 불안정은 극에 달했다. 기성 정당에 환멸을 느끼고, 정치에 대한 신뢰를 상실하고 외면하는 사람도 늘어났다. 예를 들어

1 오늘날 여러 선진 국가는 좌우 정당 사이에 사회적 투자에 대한 수렴이 생기고 복지국가 연구자 사이에서도 연구 관심사에 대한 수렴이 나타나고 있다. 복지국가의 현재와 미래에 대하여 근본적인 인식의 차이는 없어지고 개혁을 어떻게 실천할 것인지가 과제가 되고 있다 (Pierson et al., 2014, pp. 203-213).

미국, 프랑스, 스웨덴에서 정치를 신뢰하는 사람의 비율은 1960년 전후부터 2000년 전후까지 거의 일관되게 감소했다. 국회의원 선거 투표율을 보면 1990년대 초반부터 2010년대 후반까지 OECD 여러 국가의 평균 투표율은 75%에서 65%로 10% 낮아졌다(OECD, 2019). 사회적 투자를 가장 적극적으로 수용한 국가 속에서 좌우의 포퓰리즘 세력이 급부상하고, 기성 정당과 제도에 대한 시민의 신뢰는 급격히 하락했으며, 이민이나 난민 배제를 내세우는 배타주의가 전면에 등장했다. 이는 단순히 사회적 투자라는 처방이 충분하지 못했다는 문제를 넘어선다. 개인적으로는 사회적 투자의 논리 자체가 새로운 사회적 위기를 해결하는 데 역부족이며, 정치적 분열을 심화시키는 데 관계가 있을 것이라는 의문이 든다. 핵심은 복지국가의 사회적 투자 전략이 의도치 않게 새로운 사회적 균열을 만들어 낼 수 있다는 것이다. 사회적 투자의 근본 논리는 개인을 세계화된 지식 경제에서 경쟁할 수 있도록 무장시키는 것이다. 이 과정은 필연적으로 새로운 위계를 창출한다. 즉, 교육과 훈련을 통해 자신의 가치를 높일 수 있는 젊고 숙련된 '투자 가능한(investable)' 개인과, 고령이거나 쇠퇴하는 산업에 종사하거나 근본적인 취업 장애 요인을 가진 '투자 불가능한(non-investable)' 개인 사이의 격차를 벌린다.[2] 이 과정은 단지 경제적 불평등만을 낳는 것이 아니라, 문화적 분노와 정치적 소외감을 증폭시킨다. 사회적 투자의 승자들은 새로운 엘리트 계층으로 인식되는 반면, 패자들은 자신들의 삶의 방식이 무시되고 국가로부터 버림받았다고 느낄 수 있다.

2 OECD 통계에 의하면 연합 34개국 중 상위 10% 부유층과 하위 10% 빈곤층의 소득 격차는 1980년대에 7배였지만, 2013년에는 9.6배로 확대되었다. 특히 하위 40%의 실질 소득은 30년 동안에 거의 늘어나지 않았다(OECD, 2015, p. 15).

바로 이 지점에서 '혐오주의 포퓰리즘(welfare chauvinist populism)'이 성장할 수 있는 토대가 생겨나는 것이다. 결국 전후 복지국가의 위기에 대한 해법으로 제시된 사회적 투자가 21세기의 새로운 사회적·정치적 분열을 추동하는 핵심 동인이 되는 것이다. 기존의 이론들이 이 모순적 상황을 정확히 설명하지 못하고 있다는 인식하에, 그 원인을 탐색하고자 한다.

2. 새로운 접근의 필요성

현대 복지국가가 직면한 복합적 위기를 설명하는 데 있어, 정치적·경제적인 차원에서 설명하는 이론은 명백한 한계를 드러낸다. 특히 자본주의의 다양성 이론이나 사회적 투자 담론과 같이 행위자 중심의 합리적 선택 모델에 기반한 연구들은 현재의 모순적 상황을 충분히 설명하지 못한다. 이러한 이론들은 제도가 어떻게 안정을 창출하고, 기업이나 숙련 노동자와 같은 행위자들이 그 제도 안에서 어떻게 합리적 전략을 추구하는지를 분석하는 데에는 탁월하다. 그러나 기능적인 적응과 균형에 초점을 두는 그러한 분석적 접근은 구조적 위기, 뿌리 깊은 사회 갈등, 그리고 규범의 붕괴와 같은 현상을 이론화하는 데 어려움을 겪을 것이다. 합리적 관점에서는 세계화나 기술 변화와 같은 거시적 환경은 제도가 적응해야 할 외부적 충격일 뿐, 그 환경 자체가 내적으로 모순적이고 동태적인 과정이라고 보지 않는다. 다시 말하면 사회적 투자로 수렴되었던 최근의 복지국가 연구는 이러한 변화가 왜 발생했는지, 왜 격차가 해소되지 않는지를 효과적으로 설명할 수 없다. 따라서 기존 패러다임을 넘어 새로운 분석 기준을 모색할 필요가 있다. 이제는 거시적 논의를 분석의 중심으로 가져와 복지국가의 구조적 변용과의 관계에서 연구의 주제를 재설정해야 할 때이다. 이를 위해서는 복지국가의 존재 기반과 변화의 원리를 전체적으로 설명할 수 있는 이론을 종합적으로 정리하는 작업도 중요하다. 이는 복지국가 변천에 대해 역사적으로 서로 다르게 해설하는 다양한 관점의 이론을 비교 분석하고 종합하는 것이다. 이러한 연구는 그동안 축적된 실증적·경험적 연구를 참고하면서도 그것들을 통합하여 앞으로의 연구 방향에 시사를 제공할 수 있어야 할 것이다.

3. 연구 방법

이 책은 이론적 연구 방법을 적용하였다. 일반적으로 경험적 연구에서는 이론 모델을 경험적 데이터에 의해 검증하려고 한다. 따라서 이론 모델을 조작화하고 경험적으로 검증할 수 있는 명령으로 추상화한다. 그런데 특정 이론 모델을 설정하기 위해서는 그에 앞서 어떤 개념이 필요하다. 개념이란 어떤 사회 현상의 본질을 가리키는 말이다. 특정 개념은 다른 개념과 함께 체계화되고 사회 전체를 설명하는 일반 이론을 만든다. 어떤 이론 모델이 사회 현상을 깊이 이해하는 데에 효과적인지와 관련된다. 따라서 중요한 것은 데이터에 의한 검증과 조작화의 편리함이 아니다. 사회 현상을 설명하는 일반적 이론과 개념에 비추어 볼 때, 사회의 개선으로 연결될 수 있느냐에 따라 평가할 수 있다. 이를테면 복지국가 개념에 대한 여러 이론은 그 자체가 사실에 따라 검증되는 게 아니다. 이러한 이론들은 더 작은 이론 모델이나 개념으로 분절화된다. 예를 들어 복지국가의 유형화 이론은 복지국가를 제도적·잔여적으로 구분하거나 자유주의·보수주의·사민주의 복지국가로 세부적으로 조작적 정의를 규정함으로써 실제 사례에 적용하여 해설할 수 있을지 경험적으로 검증할 수 있게 된다. 이론적 연구는 개별 이론 모델들을 통합하여 더 체계적으로 일반화하는 방식이 된다. 하지만 실증 연구에 시사를 줄 수 없는 이론 연구는 의의가 없다. 일반 이론에 대한 관심이 없는 실증 연구도 공허하다. 사람은 세상을 의미에 따라 구조화된 생활 관계의 전체로 경험한다. 즉 개별적인 법칙이 난립하는 무질서한 집합으로 세상을 경험하지 않는다. 일정한 정합성을 가진 의미 있는 질서로 경험한다. 예를 들어, 자본주의, 민주주의, 복지국가와 같은 개념과 이론을 사용하여 세상의 법칙을 파악하고 있다. 따라서 복지국가라는 사회 현상을 종합적이고 전체적으로 이해할 때 필요한 해석의 틀로서 이론이 필요하므로 그것 자체가 학문적 검토의 대상이 될 수 있다. 그러므로 이 책은 새로운 데이터를 기반으로 한 경험적 연구를 제시하는 대신, 이론을 비판적으로 재구성하고 이론과 정책의 변화 동향을 역사적 과정에 통합하여 거시적으로 분석하는 방법을 채택하였다. 이는 확률적 인과관계를 규명하는 것을 넘어, 복잡한 사회 현상의 역사적 의미와 중요성을 이해하기 위해 이념형을 구축하고자 했던 막스 베버(Max Weber)의 역사 사회학적 전통에 서 있다. 핵심적인 기획은 복지국가의 전 역사를 세 가지 근본적인 힘의 역동적이고 대항적인 상호작용을 통해 분석하는 것이다. 구체적으로 첫 번째는 자본주의이다. 자본주의는 정태적인 배경이 아니라, 사회적 관계를 시장 논리에 종속시키려는 끊임없는 '상품화'의 동력이다. 두 번째는 국가이다. 국가는 자본의 단순한 도구나 중립적인 중재자가 아니라, 전쟁, 영토 지배, 정당화라는 고유한 논리를 가진 자율적 권력이다. 세 번째는 사회운동이다. 사회운동은 자본과 국가의 논리에 도전하며 대안적인 사회연대의 비전을 제시하는 조직적인 대항 운동으로 정하여 분석한다. 여기서 복지국가 이론의 역사적 변천을 고찰하는 기본적인 축은 구조-제도-행위자라는 흐름이다. 이렇게 정리한 것은 문헌의 단순한 조사 연구가 아니라, 그것을 통해 하나의 분석적 주장을 하기 위해서이다. 1970년대 비판 이론이 집중했던 자본주의의 구조적 모순에 대한 거대 담론은 1980~1990년대의 중범위 제도 분석으로 대체되었고, 이는 다시 2000년대 기업과 개인의 합리적 선택 전략에 초점을 맞추는 미시적 분석으로 이어졌다. 이러한 분석 초점의 변화는 체계적 모순과 규범적 갈등을 분석하기에는 부족하다. 따라서 여기서의 방법론은 이러한 흐름을 바꾸는 데 있다. 자본주의, 국가, 사회운동이라는 세 가지 핵심 동인을 체계적으로 분석함으로써, 구조적·제도적·행위자 차원의 분석 수준을 하나의 일관된 전체로 통합하는 일반화된 이론을 구축할 수 있으면 너무나 큰 행운이라 생각한다.

복지국가의 이론적 변천은 문헌 분석에 기초한 비교 사례 연구를 주요한 방법으로 선택하였다. 아울러 시간적 변화 양상에 따라 다양한 이론과 정책 전개를 탐색한다는 점에서 종단적 연구에 해당한다. 여기서 사례연구는 개인, 프로그램, 사건, 집단, 공동체와 같은 제한된 체계(bounded system) 또는 하나의 단위(single unit)에 대하여 집중적으로 묘사하고 분석하는 연구 방법으로, 각각의 사례에 대한 독특성을 이해하고 사례에서 발견되는 특징적인 요소들의 상호작용을 밝혀 내는 것에 중점을 둔다 (Merriam, 1998: 김하은, 2023, p. 37 재인용). 또한 하나의 현상 또는 사회 단위에 대해 종합적인 분석을 시도하는 것으로, 개별 사례에서 드러나는 현상과 맥락에 대해 '어떻게'와 '왜'에 관한 연구 질문을 가지고 심층적인 분석과 해석을 할 때 사용되므로 역사적 맥락과 각 요인의 결합에 의한 영향 등을 강조하는 연구, 특정 사례를 둘러싼 복잡한 인과관계에 대한 분석에 초점을 두는 연구에서 사례 연구를 가장 많이 볼 수 있다(장아름, 2018; 곽명신, 2020; 이나연, 2020; 방희경, 2021; 이정민, 2022; 김하은, 2023). 그리고 사회 투자 전략의 일환으로 각국의 취업 지원 정책 내용을 수렴되는 부분과 상대적으로 차이가 있는 부분을 비교 분석하므로 설명적 사례 연구[3]에 해당된다.

4. 책의 구성

이 책은 다음과 같은 논리적 흐름에 따라 전개된다. 먼저 제2장 「자본주의와 복지국가」에서는 복지국가 이론의 역사적 과정을 추적하며, 분석의 초점이 어떻게 구조에서 제도로, 그리고 다시 행위자로 이동해 왔는지를 분명히 할 것이다. 다음으로 제3장 「상품화와 탈상품화·재상품화」에서는 자본주의의 근본 동력인 상품화와 그에 대한 대항 운동으로서의 탈상품화 사이의 역사적 긴장 관계를 심층적으로 분석하고, 이것이 현대에

3 사례 연구(Case Study)는 설명적·기술적·탐색적 사례 연구로 구분할 수 있다. 설명적 사례 연구는 복잡한 현상과 상황 속에서 발견 또는 탐구될 수 있을 것으로 예상되는 특정한 원인과 결과 사이의 관계성을 설명하며, 기술적 사례 연구는 맥락에 기반을 둔 복잡성과 이에 영향력을 행사하는 구체적 요인들이 가지고 있는 특성을 기술하여 정보를 제공하는 연구이다. 탐색적 사례 연구는 사례가 적용된 상황을 탐색하는 데 중점을 두는 것으로, 밝혀지지 않은 사례를 탐색하는 경우를 말한다(Yin, 2018, p. 31).

이르러 재상품화로 변용되는 과정을 탐구한다. 제4장 「악순환과 생산적 복지국가」에서는 자본주의에서 파생되는 불평등과 빈곤 문제를 악순환으로 보고 그에 생산적으로 대응하는 체제를 복지국가로 보는 뮈르달의 복지국가 이론을 고찰한다. 뮈르달은 경제 발전의 원동력을 보편적 복지 정책으로 규정함으로써 스웨덴 복지 모델의 토대를 마련했다. 이어서 제5장 「국가 이론과 복지국가」에서는 국가에 대한 단순한 시각을 넘어, 전쟁을 수행하고 국민을 형성하는 자율적 행위자로서의 국가가 어떻게 새로운 형태의 글로벌 거버넌스에 편입되고 있는지를 재구성한다. 제6장 「복지국가와 사회운동」에서는 전통적인 계급 정치에서부터 새로운 사회운동, 그리고 현대의 포퓰리즘에 이르기까지, 규범적 갈등의 주된 담당자이자 변화의 핵심 동력으로서 사회운동의 결정적 역할을 분석한다. 다음으로 제7장 「복지국가와 취업 지원 정책 비교」에서는 전통적 복지국가와 대비되는 21세기 복지국가의 정책 대응으로 취업 지원 정책의 동향을 탐색한다. 과거 복지 국가의 재분배 중심 정책과 사회적 위기에 대해 사회투자 전략의 일환으로 취업 지원 정책이 주류가 되고 있는데, 이는 전통적 복지 수급층의 반발 등 문화적 분열과 같은 새로운 대립 상황을 낳았다. 하지만 취업 지원 중심의 복지 정책의 흐름이 다른 새로운 대안적 이론에 근거한 정책으로 대체될 수 있을지는 미지수이다. 따라서 새로이 대두되는 사회적 위험과 여기서 파생되는 균열에 대해 과거 복지국가와는 다른 정책적 대응을 만들면서, 공통적으로 취업 지원 방향으로 수렴되는 각국 복지국가의 정책을 비교 분석한 다음, 제8장 「복지국가의 미래」에서 그 미래에 대해 논의할 것이다.

제 2 장

자본주의와 복지국가

1. 산업화 이론과 복지국가

복지국가는 제2차 세계대전 후 시민의 평균적인 생활을 위협하는 실업, 질병, 사고, 장애, 노령 등 위기에 대한 보장을 사회적인 권리로 인정하는 산업 국가의 형태를 말한다. 구체적인 정책이라고 한다면 의무 가입의 사회보험, 공공부조에 의한 최저소득 보장, 교육, 의료, 주거, 육아 및 돌봄 등의 공공 사회 서비스와 급부가 포함된다. 20세기는 복지국가의 시대라고도 할 수 있다. 제2차 세계대전 후 자유주의와 공산주의 체제 선택을 둘러싼 대립이 전개되면서 복지국가는 좌파부터 우파까지 폭넓은 지지를 바탕으로 사회과학에서 가장 중요한 연구 대상 중 하나가 되었다. 그렇지만 복지국가의 분석은 결코 단선적으로 발전해 온 것이 아니다. 오히려 시대마다 다양한 이론이 제기되고 복지국가의 정의와 분석 시각은 계속 변화되었다. 현대 복지국가의 의의와 과제를 탐구하기 위해서는 그러한 변화 과정을 고찰해야 할 것이다. 따라서 제2차 세계대전 이후부터 2000년대까지 복지국가에 관련되는 학술적 논의 구조를 돌아보고 현재의 이론적 과제를 분명히 할 필요가 있다. 경제성장이 계속된 1970년대까지 복지국가는 산업주의 이론의 프레임 내에서 이해해야 한다. 그렇지만 여러 선진국의 장기적인 경제성장이 끝나고 분배를 둘러싼 대립이 커지면서 그 한계를 분명히 하려는 비판적 이론이 분출되었다. 그 결과 1980년대 이후 여러 국가의 다양한 대응이 드러나고 그러한 이유를 규명하려는 정치경제학 차원의 비교 복지국가론이 발전하였다. 특히 제도(institution)가 주제로 되고 제도가 행위자를 규정한다는 측면이 강조되었다. 이후 2000년대에 들어오면서 행위자에 의한 제도 변화로 주제가 전환되었다. 따라서 20세기 중반부터 현재까지 복지국가 연구의 변화를 구조-제도-행위자라는 세 가지 분석 개념을 사용하여 고찰할 필요가 있다. 오늘날 복지국가 연구가 행위자에 집중되고 있지만, 그것을 포함하여 전체적인 복지국가의 구조 변화도 설명할 수 있는 이론 프레임이 필요하다.

20세기 중반까지 사회를 설명하는 이론은 크게 두 개로 구분되었다. 그것은 계급투쟁과 산업화 이론이다. 19세기 중반 마르크스에 의해 체계화된 계급투쟁론에 의하면 산업 사회를 규정하는 것은 자본주의적 생산관계이다. 자본주의는 생산 수단을 사유화하는 자본가 계급과 자본을 소유할 수 없어 스스로 노동력을 팔아 생활임금을 획득하는 노동자 계급으로 분화가 일어난다. 자본가 계급이 부를 독점하는 한편, 노동자 계급은 자신이 생산한 재화를 자본가에 의해 착취당하고 극도로 가난해져 생활에 필요한 모든 것이 모자라고 어려운 상태가 된다. 자본주의 사회는 격렬해지는 계급 대립으로 분열되고 제일 마지막으로 노동자 계급에 의한 혁명을 맞이하게 된다. 그렇지만 산업화 이론에서 볼 때, 자본주의 사회는 산업화된 사회로 혁명에 이르지 않는다. 산업 사회는 산업화, 민주화와 함께 여러 이익을 조화시킨 질서가 발전한다. 산업 사회는 사회를 구성하는 여러 요소 사이에서 기능 분화가 진행되고 그것들의 상호 의존에 따라 높은 수준의 통합이 이루어지는 사회 시스템이다. 사회 시스템은 외적 환경에 대한 적응능력을 높이고 보다 보편적이고 일반적인 가치에 의해 통합이 이루어진다.

이렇게 볼 때, 계급투쟁론과 산업화 이론은 자본주의 사회를 갈등 아니면 통합이라는 대립적 관계로 보고 있다. 하지만 선진 자본주의 복지국가가 풍요로워지는 제2차 세계대전 후, 산업화 이론이 더 영향력이 커졌다고 볼 수 있다. 무엇보다 민주화와 함께 노동자 계급의 정치 참여가 진행되고 의회 제도를 통해 민주적 계급투쟁이 제도를 통해 가능해진다. 노동자 계급의 요구가 정책으로 반영되고 풍요한 중산층 계급이 만들어진다. 계급 대립은 진정되고 이데올로기의 영향력은 사라졌다고 보았다. 그동안 두 차례의 세계대전 이전까지 영향력이 강했던 소수 엘리트 중심의 민주주의 발전론은 비판받게 되었다. 경제가 일정 발전 단계에 있는 사회는 다원적인 집단에 국가 정책이 행사될 수 있다. 선진국과 개발도상국 모두 경제 발전이 이루어지면 사회의 다양한 이익을 가진 집단이 조직화되고 권력이 분산된 다원적 사회가 실현된다. 이들 집단은 정책에 참여하여 자신들의 권리와 복지를 실현하고자 경쟁한다. 민주적 제도에서는 다원적 집단의 경쟁을 거쳐 여러 이익의 균형이 실현된다. 공적인 이의 신청이 자유롭게 이루어지고 자유 경쟁이 존재하는 체제, 정책 결정 참여가 포괄적으로 인정되는 체제, 이러한 조건이 충족되는 제도가 완성되었다. 서양 사회는 19세기에 소수 지배 집단이나 엘리트가 통치하던 시대에서 경쟁적 체제로 이행되었고, 제1차 세계대전까지 포괄적인 정치 참여가 제도화되면서 민주적 복지국가로의 발전이 가능하게 되었다(Dahl, 1971). 제2차 세계대전부터 1970년대까지 주요 복지국가 이론은 산업화 이론의 프레임 내에서 발전하였다. 이와 관련된 고전적 이론으로 이해할 수 있는 것이 마셜(Marshall, 1950)의 시민권과 사회계급론이다. 마셜은 영국의 시민권 발전 역사를 세 단계로 구분하였다. 1단계는 명예혁명(1688)부터 제1차 선거법 개정(1832)에 이르는 18세기 시기로, 시민적 자유권(인신 보호, 재판권, 종교의 자유, 직업의 자유 등)이 성립하였다. 2단계는 제1차 선거법 개정에서 20세기 보통선거 제도에 이르는 19세기로, 정치적 권리(참정권, 피선거권)가 노동자 계급으로 확대되었다. 3단계는 20세기에 들어서 이러한 여러 권리를 배경으로 사회적 권리(공공부조, 최저생활 보장, 사회보험, 교육, 의료, 주거 등의 사회 서비스)로서 시민권이 인정되었다. 이러한 과정을 고려하면 근대 시민권의 역사는 신분과 계급에 뿌리를 둔 불평등이 타파되고 평등이 진전되어 가는 민주화의 과정이었다.

마찬가지로 복지국가의 연구도 산업화나 민주화에 의한 여러 이익의 조화라는 시각에서 진행되었다. 서구 복지국가를 역사적으로 비교한 플로라(Flora)에 의하면 복지국가 발전은 정치적 근대화론의 프레임으로 설명할 수 있다(Flora & Heidenheimer, 1981, 1986~1987). 서양의 정치적 발전은 ① 국가 형성(state formation), ② 국민 형성(nation building), ③ 정치 참여(participation), ④ 재분배(redistribution) 등 네 단계로 구분할 수 있다. 국가의 형성은 국경선이 정해지고 중앙정부에 관료 기구 등 권력이 만들어지는 것이다. 국민의 형성은 국경 내부에 동질적인 언어나 문화를 가진 집단이 생기는 것이다. 산업화와 함께 노동자 계급이 등장하면 참정권이 노동자 계급으로 확대된다. 최종적으로는 복지국가가 형성되고 재분배가 실현된다. 이 과정에서 각 국가의 내부에 다양한 사회적 균열이 발생한다. 국가 형성기에는 중앙과 지방 권력의 대립, 교회와 세속 권력의 대립이, 국민 형성기에는 민족 대립이, 정치 참여 확대기에는 농민 계급, 자본가 계급, 노동자 계급의 대립 등이 나타났다. 20세기 초기에 있었던 사회적 균열 이후 국가마다 새로운 정당 시스템이 형성되었다. 이때 사회적 균열의 차이에 따라 국가의 복지 제도 차이가 발생하였다. 하지만 이러한 차이에도 불구하고 여러 국가는 서로 유사한 발전 단계를 겪으며 복지국가로 발전하였다는 것이다.

한편 이 시기의 대표적 복지국가 연구는 1975년 윌렌스키에 의해 이루어졌다. 그는 선진국, 개발도상국을 합하여 64개 국가를 대상으로 정부의 사회지출 크기를 결정하는 요인을 탐구하였다. 자유주의나 공산주의 등 이데올로기의 차이, 정치 체제, 경제 체제의 차이, 군사 지출의 정도는 모두 사회지출의 규모를 규정하는 주요 원인이 아니었다. 가장 중요한 변수는 국민 1인당 GNP였다. 경제 수준이 일정한 단계에 이르면 인구의 고령화가 시작된다. 고령자에 대한 복지 정책이 도입되면 제도의 경과 연수가 길어짐에 따라 사회지출이 증가한다. 즉 경제적인 발전이야말로 복지국가의 크기를 규정하는 요인이라고 할 수 있다(Wilensky, 1975).

이와 같이 1970년대까지의 복지국가 연구는 산업화와 민주화에 의한 통합된 사회 실현이라는 산업화 이론의 프레임을 공유하고 있었다. 이러한 이론이 설명력을 가졌던 것은 제2차 세계대전 후 30여 년간에 걸친 장기간의 경제성장이 가능했기 때문이었다. 1960년대 OECD 국가의 평균 경제성장률은 약 5%에 이르러 자본주의의 황금기, 다시 말해 풍요한 사회가 등장하였다.[4] 이것은 보이지 않는 혁명이라고 할 수 있을 정도로 경제성장과 복지국가의 확대가 모두 가능했다. 이제 복지국가는 행복한 사회 실현에 있어서 필수적인 장치가 되었다.

2. 비판 이론과 복지국가

1970년대를 경계로 산업화 이론은 회의적인 시각에 직면한다. 직접적

4 이후 1970~1975년에 OECD 회원국의 평균 경제성장률은 3.5%까지 하락한다(OECD, *Main Economic Indicators: Historical Statistics 1960-1975*, OECD Publishing, 1976).

인 계기는 1973년과 1979년의 두 차례 석유 위기를 거친 경기 침체였다. 선진 복지국가의 경제성장률은 1970년대 후반에 절반 가까이 저하되며 각 국가는 경기 후퇴와 인플레이션이 동시에 일어나는 스태그플레이션에 직면한다. OECD는 1981년에 복지국가 위기에 대한 보고서를 발표하고 경제성장과 사회 정책의 충돌에 대하여 언급하였다(OECD, 1981). 복지 정책이 경제에 악영향을 끼치며 인플레이션 없이 성장을 회복하는 데 방해가 된다는 논리였다. 그 결과 복지국가를 비판하는 논의가 영향력을 확대하게 되었다. 그러한 논리에 따르면 국가의 적극적인 역할을 주문하는 케인즈주의적 복지국가는 국가의 시장 개입을 지나치게 크게 하고 개인의 자유도 억압하며 경제적 효율성을 해친다. 국가의 역할은 화폐 가치를 안정시키고 시장의 활력을 유지하는 데 머물러야 한다. 이러한 이론은 1980년대 영국과 미국에 이식되어 실천으로 이행되었다. 하지만, 이러한 소극적 복지국가론은 이론적이고 경험적인 논거보다는 이데올로기 색채가 강한 것이었다. 이 시기에 복지국가를 독립적인 연구 대상으로 간주하고 그 동향을 전체적으로 분석한 것은 마르크스주의 영향을 받은 연구자들이었다. 이들은 공통적으로 복지국가를 자본주의나 사회경제 시스템 등 근본적인 구조로 인하여 위기가 초래될 수밖에 없는 구조적 모순으로 이해하였다. 특히 이 시기는 다원주의 사회 구조에 대한 관심이 매우 높았다. 현대 사회에서는 다원적인 집단에 의해 권력이 행사되므로 특정한 엘리트나 계급이 권력을 독점하지 못한다.

그런데 다원주의를 전제로 하는 권력은 매우 비가시적이고 구조적으로 개인의 행위에 영향을 끼칠 수 있다. 예를 들어, 갑이 을에게 영향력을 행사하여 무언가를 강제하면서 두 사람 사이에 명백한 분쟁이 발생했다

면 거기에는 눈에 보이는 권력이 행사된 것이다. 하지만 보이지 않는 형태로 행사되는 권력은 겉으로 드러나는 권력에 비해 파악하기 어렵다. 따라서 분쟁의 대상이 되는 복지 쟁점이 어떻게 결정되는지 주목할 필요가 있다. 의회나 정당에 따라 어떤 복지 문제가 다루어질 때, 문제가 무시되거나 은폐되어 논의의 대상에 오르지 않는 경우도 있을 수 있다. 정책 의제로 표출되지 않도록 특정 인물이나 집단이 의식적·무의식적으로 만들어 내고 방해할 수 있다면 그러한 인물이나 집단은 권력을 가지고 있는 셈이다. 특정 도시의 경제나 고용에 막대한 영향력을 끼치는 거대 기업의 공장이 대기 오염을 일으키고 있음에도 그러한 위험이 의회에서 문제가 되지 않거나 선거의 쟁점이 되지 않을 수도 있다. 기업에 의한 지배가 강하게 이루어지고 있으므로 분쟁이 쟁점화되지 않고 막혀 있는 것이다. 이렇게 되면 정치 제도를 통해 해결할 수 있는 쟁점 자체를 조작하고 분쟁이 드러나지 않도록 작동하는 보이지 않는 권력도 존재하는 것이다. 보이지 않는 권력은 분쟁을 일으킬 가능성이 있는 개인을 정치 제도로부터 미리 배제하여 보이지 않게 할 것이다(Bachrach & Baratz, 1970, p. 8). 물론 이 경우에도 권력자와 개인 사이에는 잠재적 분쟁이나 대립이 존재할 것이다. 하지만 이처럼 두 가지로 권력을 구분해도 현대 사회에서 작동하는 권력을 다 이해하지 못할 수도 있다. 사람들의 인식이나 선호까지 조작하여 애초에 불평이나 불만을 느끼지 못하도록 권력을 행사할 수 있기 때문이다. 현대 사회에 작용하는 권력은 사회적으로 구조화되어 있고 문화적으로 유형화된 제도나 관행에 영향을 받는 경우가 있다. 그것은 사람들의 인식이나 선호 자체를 만들고 잠재적인 대립조차도 생기지 않게 할 수 있다(ルークス, 1995, p. 21). 이러한 경우에 권력은 그 사회에 구조화된 형

태로 존재하는 것이다. 다시 말해서 구조화된 권력이 만들어지는 것이다.

이러한 논의는 개인이나 집단이 권력을 담당할 뿐만 아니라 제도나 구조에 의해 매몰되는 경우도 있다는 점을 시사한다. 구조에 따라 개인의 행위나 의식이 규정되어 버리면 권력을 의식하는 것조차 불가능해질 것이다. 따라서 구조는 행위자의 행동이나 선호를 규정하고 제도의 심층에서 사회질서를 만들어 내는 기본적인 힘이 될 수 있다.

여기서 구조의 관점에서 복지국가의 모순적 상황에 대한 이론을 더 탐구해 보자. 국가와 개인 행위를 규정하는 대표적인 구조는 자본주의이다. 마르크스는 국가가 전체 부르주아 계급의 공통 이익을 위한 사무를 담당하는 위원회 역할을 하므로 자본주의라는 토대를 기반으로 존재하는 상부 구조에 지나지 않는다고 보았다. 그리고 제2차 세계대전 이후 독일 프랑크푸르트학파 등 유럽 마르크스주의는 문화나 이데올로기 등 상부 구조의 자본주의에 대한 자율성을 주제로 논의를 전개하였다. 하지만 그 내용은 추상적인 것에 머물렀고 국가의 제도 구성에 관한 구체적인 분석은 이루어지지 않았다(ペーリアンダースン, 1979, p. 83).

1960년대 이후 케인즈주의 복지국가 발전을 계기로 국가에 의해 규제되는 자본주의, 이른바 후기 자본주의에서의 국가의 역할이 주제가 되었다. 서독 마르크스주의자 사이에서는 개별 자본가의 이익과 구별되는 총자본의 이익에 봉사하는 제도로서 국가를 이해하려는 국가 성격 논쟁이 전개되었다(Barrow, 1993). 이러한 흐름에서 1970년대 네오마르크스주의자라고 불리던 사람들의 논조는 국가의 자율성이 주제였다. 프랑스의 마르크스주의 국가 이론가 풀란차스(Poulantzas)는 자본주의 국가의 가장 특징적인 성격은 자본주의적 구성체에 있어서 정치적·경제적 계급투쟁, 정치적·경제적 권력, 정치적·경제적 계급 이익 각각의 자율성이라고 주장하였다(Poulantzas, 1968, p. 205). 정치와 경제가 서로 자율성을 가진다는 것은 정치가 단순히 자본주의 구조의 반영이 아니라는 점이다. 국가는 자본주의로부터 독립된 기능을 가지고 있다. 자본주의는 자본가 계급과 노동자 계급을 지배하고 있지만 국가 내부에서는 계급투쟁이 존재하지 않는 것처럼 모든 것이 이루어진다. 국가는 의회 민주주의를 통하여 의사 결정을 하고 사회의 보편적 이익을 대표하는 것처럼 보인다. 실제로 피지배자인 노동자 계급의 이익을 사회보장과 복지 정책을 통해 어느 정도 실현할 수 있다. 즉 국가는 자본주의로부터의 자율성을 가지고 있으므로 계급 대립 완화와 사회 통합의 독자적 기능을 수행할 수 있는 것이다.

국가가 계급 구조로부터 자율성을 가지고 있다면 계급 대립이라는 모순을 해결할 수 있는가. 하지만 국가의 자율성은 상대적인 것에 불과하며, 복지 정책의 목적은 노동자 계급의 급진화나 정치적 조직화를 막고 개별 노동자를 분열시키는 것이다. 장기적으로 볼 때 국가는 자본가 계급에 의한 지배, 즉 헤게모니 유지에 기여하는 것이다. 국가의 기능은 자본가 계급의 장기적 지배를 위해 봉사하는 것이므로, 결국 국가는 자본주의 구조에 의해 성격이나 조건이 정해진다. 다시 말해 구조적으로 규정되어 있는 것이다. 이러한 이해를 바탕으로 네오마르크스주의자는 자본주의 국가가 모순을 내재하고 있다고 판단하였다. 계급 대립을 완화하는 국가의 역할이 확대될수록 자본주의의 가치 증식 기능이 위협받아 국가와 자본주의 간의 모순이 현재화된다. 세금 증가는 자본주의 발전의 동력을 저해함에도 불구하고, 이는 종종 국가기구의 비대화로 이어져 오히려 세수 부족과 재정 위기를 초래하는 모순을 낳는다. 또 공기업이나 관료제가 확대될수록 경제적 비효율성 때문에 민간기업과의 갈등이 심해질 것이다(田中拓道, 2023, p. 25). 1970년대의 경기 침체나 재정 위기는 자본주의 국가의 구조적 모순의 결과라고 설명할 수 있다.

유사한 시기에 오코너(O'Connor)는 현대 국가의 재정 위기를 주제로 유사한 논리를 전개하였다. 자본주의 국가는 축적 기능과 정당화 기능이라는 두 개의 기능을 가지고 있다. 국가는 사회자본을 정리하고 자본주의의 발전을 보조하는 것으로 자본의 축적에 공헌한다. 다른 한편, 국가는 복지 정책을 통하여 계급 대립을 완화하고 사회질서를 안정시키는 정당화 기능을 담당한다. 이러한 두 개의 기능은 모순되므로 현대 국가는 필연적으로 재정 위기에 빠진다는 것이다(O'Connor, 1973). 이와 같이 네오마르크스주의는 복지국가를 개별 정책의 집합으로 보는 것이 아니라 자본주의 구조와의 관계에서 분석하려고 시도하였다. 나아가 단선적인 발전론이 아니라 복지국가의 발전 그 자체가 모순을 낳는다는 동태적 논리를 제공하였다. 1970년대에 경제성장이 멈추고 재정 위기에 대한 우려가 제기되는 등 현실 복지국가를 둘러싼 사회경제적 변동 현상을 설명하는 데 있어서 유용한 이론이라 할 수 있다. 하지만 한계도 지적할 수 있다. 당시 경기 침체나 재정 위기가 자본주의 국가에 내재하는 구조적 모순의 결과인가. 그렇지 않으면 일시적인 기능 부진에 불과한 것인가. 위기가 심각해지고 최종적으로는 자본주의의의 붕괴에 이른다는 마르크스주의자의 전제가 올바른 것인가. 자본주의 국가의 구조적 모순이라는 주제는 마르크스주의자의 조건에 불과하므로 타당성을 경험적으로 확인하기는 불가능하다.

프랑크푸르트학파 2세대에 해당하는 오페와 하버마스 등은 위기라는 개념을 부각시키며 네오마르크스주의자와 다른 이론을 제기하였다. 그들은 문화적인 수준을 이론에 조합하여 정당화의 위기라는 새로운 개념을 만들었다. 현대 자본주의의 특징은 무엇인가. 그것은 후기 자본주의라고 규정하였다. 즉 후기 자본주의에서는 국가가 자본주의를 규제하고 재분배하는 데 큰 역할을 한다. 계급 대립이 그 형태 그대로 나타나지 않고 자본주의 국가는 필연적으로 위기에 빠진다고 할 수 있다. 오페는 위기를 자본주의라는 하나의 하부 구조로 규정하는 것이 아니라 경제·정치·문화라는 세 개의 하부 시스템의 모순으로 개념화하였다(Offe, 1984, p. 38). 먼저 자본주의 시스템은 상품화에 수반하는 모순을 안고 있다. 자본주의는 노동력의 상품화를 진행한다. 그렇지만 노동력이 상품화되면 충분한 노동력을 갖고 있지 못하여 빈곤에 빠지거나 생활이 어려워지는 사람이 발생한다. 그리하여 국가에 의한 소득 재분배, 고용 정책, 교육 및 의료 등의 사회 서비스가 확대된다. 즉 자본주의의 상품화는 국가에 의해 탈상품화된 인구를 필연적으로 증가시킨다. 국가에 의한 복지 정책 확대는 자본주의의 가치 증식 과정을 위협하게 하고 경제 불황이나 재정 위기를 일으킨다. 그 결과 자본주의와 정치 시스템 사이의 모순이 격화되어 간다.

한편, 이러한 모순은 문화 시스템에 의해서도 나타난다. 즉, 상품화된 사람과 탈상품화된 사람 사이에 자본주의적 가치를 받아들일지를 두고 가치 갈등이 생겨난다. 문화 시스템의 대립은 시스템 전체의 정당화 위기를 초래한다(Offe, 1984, p. 133). 이 모순은 최종적으로 자본주의적 생산 양식의 위기를 일으킨다는 것이다. 오페의 논의는 세 가지 하부 제도 사이의 모순을 주제로 하였다. 그런데 그 출발점이 자본주의 시스템의 모순에 있으며 그것이 정치·문화 시스템에 파문을 일으킨다고 주장하는 점에서 자본주의에 의해 구조적으로 규정된다는 전제를 완전하게는 불식시키지 못하고 있다. 그러나 자본주의 시스템에 의한 모순이 언제, 어떠한 형태로 정치 시스템이나 문화 시스템의 위기를 일으키며 시스템 전체의 위기를 초래하는지를 경험적으로 판단하기 어렵다.

반면, 오페의 주장이 마르크스주의의 전통에서 완전히 벗어나지 않았던 데 대하여 하버마스는 시스템 통합과 사회 통합이라는 두 개의 수준을 구별하면서 복지국가론을 새롭게 해석하고자 하였다. 그의 초기 대표작인 『공공성의 구조 전환』(1962)에서는 복지국가를 두 가지 시각으로 바라보고 있다. 첫 번째는 자본주의에 내재하는 계급 대립을 조정하기 위한 사회국가의 확대이다. 국가에 과중한 요구가 부과되고 시장에 대한 개입이 강화되기 시작하면서 재정 위기, 경제 불황이 발생한다. 두 번째, 관료제 확대는 시민의 자율적 커뮤니케이션 공간을 위협하면서 정당성의 위기를 초래한다. 이 단계에서는 오페와 마찬가지로 자본주의에 내재하는 모순이 정치·문화 시스템으로 파급되어 위기가 초래될 것으로 생각하였다. 1970년대 초 발간된 『후기 자본주의의 정당화 문제』(1973)에서는 사회 시스템 이론의 영향으로 위기를 단순하게 이야기할 수 없다는 것을 인식하게 된다. 사회 시스템의 관점에서 정치·경제·법 등 사회 시스템은 기능별로 분화되어 있으며, 분화된 시스템들은 중앙에서 조정되지 않고 상호작용하면서 환경과 분리된 독립적인 자율 체계이다. 따라서 시스템 전체의 기초를 이루는 사회계약이나 규범은 존재하지 않는다. 기능 저하는 하위 시스템 수준에서 나타나는 것이며 시스템 전체의 위기와 같은 초월적 관점은 존재하지 않는다. 이러한 논리를 근거로 경제와 정치 등 하부 시스템의 기능 부진이 사회 시스템 전체의 위기를 초래하는지를 판단할 수 있는 전지적 관점은 존재하지 않는다. 따라서 시스템 수준에서 위기를 말할 수는 없다. 그렇다면 복지국가의 위기는 무의미한 수사에 불과하다는 것인가. 이에 하버마스는 시스템과 구별되는 규범적 정당화라는 논리를 전개한다. 시스템이 기능하기 위해서는 사람들의 의식 세계에서 자기 정체성이나 사회질서에 대한 신뢰가 형성되어야 한다. 사람들은 의미를 어떻게 이해하느냐에 근거해서 동기를 가지고 시스템을 지지하게 된다. 그러므로 사람들 각자에게 의미 있는 세계를 만들어 주는 것은 일상생활에서의 제한 없는 커뮤니케이션이다. 그런데 사회국가가 확대되면 이러한 커뮤니케이션이 경제적 이익을 획득하기 위한 경쟁이나 행정 관료에 의한 개입으로 인하여 왜곡될 수 있다. 경제·행정 시스템은 개개인에게 맞는 실질적인 의미 세계를 만들어 내지 못하므로 사람들은 자율적으로 동기화되지 못한다. 그리하여 사회국가의 확대는 사람들을 수동적으로 사생활 유지에 매몰되게 하고 생계에 내몰려 사회적 차원의 정당화 위기를 초래한다(田中拓道, 2023: 29). 사회 성원이 구조 변화에 의한 정체성 위기를 느끼지 못하면 사회 문제의 심각성을 알지 못할 것이다. 그렇다면 복지국가의 위기는 자본주의의 구조 때문이 아니라 사람들이 규범의식을 스스로 정당화하는 것에 위기를 느끼기 때문이라는 것이다. 그런데 사람들이 규범의식의 위기를 모두 똑같이 위기라고 받아들이지 않으면 그 대응을 둘러싸고 갈등이 일어날 수 있다. 따라서 정당화의 위기는 숙의적 토의 등 이상적인 언어화 과정을 거쳐야만 올바로 정할 수 있다. 그의 이론에 비춰 보면, 사회 성원이 모든 규칙이나 제도의 옳고 그름을 자유롭게 질문할 수 있는 토의 공간이 중요하다. 그런데 현실의 커뮤니케이션 공간이 왜곡되는 경우 문제가 생긴다. 추상적인 언어적 개념으로 만들어진 기준은 그대로 현실 사회에 적용하기 어렵기 때문이다(田中拓道, 2023,

p. 30). 따라서 커뮤니케이션이 왜곡된 결과, 빈곤과 차별 등 사회적 문제를 해결하기 위한 다양한 복지 정책에 대한 찬반 운동이 각 방면에서 분출될 수 있을 것이다.

지금까지 1960년대부터 1970년대까지 구조적인 시각에서 복지국가를 일반적 체제로 보고 그 한계를 분석하고자 시도한 여러 이론에 대해서 살펴보았다. 네오마르크스주의는 자본주의 계급 대립에 의해 국가가 구조적으로 규정되는 것으로 이해하였다. 독일 비판 이론은 복지국가를 시스템 권력의 일부로 이해하고, 그것과 구별된 생활세계에서의 규범적 정당화 과정에서 필연적으로 발생하는 위기를 강조하였다. 이 이론은 당시 선진 국가들의 사회적 분쟁 증가, 스태그플레이션, 재정 위기를 설명하는 데에 있어서 일정한 설득력이 있다고 생각한다. 물론 이처럼 포괄적인 시각을 제공하지만, 복지국가의 제도 구조를 경험적으로 분석하기 위한 개념은 부족하다. 1980년대 이후 복지국가의 다양한 변용이 두드러지면서 이러한 이론들은 현상 분석이나 대항 전략 구축에 효과적인 이론적 프레임으로 작동하기는 어렵게 되었다.

3. 복지국가의 구조에서 제도로

1980년대부터 서구 자본주의 사회는 더 이상 산업 발전의 수렴 현상을 따르지 않는다는 수렴의 종말론이 등장하였다(Goldthrope, 1984). 1980년대 이후 경제 불황이나 실업에 대한 여러 복지국가의 정책 차이가 명확해지면서 수렴론은 뒷전으로 밀리고 오히려 각국의 분절적 대응을 초래한 요인이 무엇인지 탐구하는 연구가 부상하였다. 이후에 연구의 주류가 된 것은 제도(institution)에 착안한 비교 복지국가론이었다. 여기서 제도는 통치에 관한 명문화된 법이나 규칙뿐 아니라 비공식적 관습, 사회적 규범도 포함된다. 단 관찰이나 검증 가능성이 중요하게 여겨졌으므로 주요 고찰 대상은 관찰 가능한 선거 제도, 정당 제도, 정부 관계 등의 정치 제도, 노사 관계, 금융 제도, 교육 제도, 복지 제도 등 공식적인 것으로 한정되는 경우가 많다.

앞서 살펴본 구조론은 자본주의가 초래하는 모순, 자본주의와 국가의 관계와 같은 거시적 주제에 집중하였다. 하지만 제도론은 개별적이고 구체적인 제도, 제도와 제도 간의 구조가 주제가 된다. 여기서 좀 더 구체적으로 1980년대 이후 구조론으로부터의 탈피가 어떻게 이루어졌는지 살펴보고자 한다.

일찍이 각국의 경제 정책 차이에 주목한 대표적인 이론이 네오코포라티즘론이다. 이 이론에서는 선진 자본주의 국가를 이익집단의 자유로운 경쟁을 특징으로 하는 다원주의와, 노동자 및 사용자 단체의 협조 관계가 제도화된 코포라티즘이라는 두 개의 모델로 구분할 수 있다고 주장한다(桐谷仁, 2002). 이 시기에 코포라티즘이 주목받게 된 배경에는 현대 자본주의에 대한 독특한 인식이 있었다. 원래 노동자와 사용자 사이에는 고용, 노동 조건, 임금을 둘러싼 계급분쟁이 생긴다. 현대 자본주의 사회에서는 자본의 집권화가 강해짐과 동시에 노사분쟁을 조정하기 위하여 국가의 역할이 커질 수밖에 없었다. 그러한 역할은 완전고용 실현, 인플레이션 억제, 경기 대책, 노동 조건 규제, 복지 정책 등이다. 그렇기 때문에, 사회의 다양한 집단의 이익이나 요구를 국가로 집결시키는 통로가 필요해진다. 코포라티즘은 자본주의가 계속 유지되기 위하여 여러 조건을 재생산하고 자원을 더욱 축적하기 위한 절대적 요구 또는 필요조건과 관련된다. 다시 말해 코포라티즘은 현대 자본주의를 유지하기 위한 핵심적인 구조라고 할 수 있다.

노사의 계급 대립을 배경으로 노동자는 조직화를 진행하고 고용의 유지와 임금 인상을 사용자에게 요구할 것이다. 그런데 노동자의 임금 인상이 이어지면 그것이 물가에 반영되어 인플레이션이 유발된다. 그러면 사용자는 노동자를 새롭게 고용하는 데 소극적으로 되고 실업이 늘어날 것이다. 노동운동의 성공이 역설적으로 인플레이션과 실업을 초래한다는 것이다. 이러한 현대 자본주의의 모순적 구조를 완화하기 위하여 요구된 것이 코포라티즘이었다. 코포라티즘은 산업별 노동조합과 사용자 단체를 중앙의 대표 조직이 통일적으로 조직하고 그들이 국가에 의해 독점적 대표권을 가지게 되는 구조를 말한다. 중앙조직의 대표가 정부 위원회에 들어가 임금, 고용 정책, 사회보장 정책 등의 결정에 관여한다. 이 모델은 이익집단이 자유롭게 경쟁하는 다원주의와 달리 서로 다른 계급을 대표하는 엘리트 간 협조 모델이라 할 수 있다. 노사의 중앙 교섭이 공식적인 제도로서 정책 과정에 편입되므로 개별 노동조합에 의한 임금 인상 경쟁이 억제되고 결과적으로 인플레이션이 억제될 수 있다. 국가가 경기 대책이나 고용 대책을 준비함으로써 실업률도 억제할 수 있다. 즉 노사 협조라는 제도에 의해 계급 갈등이나 스태그플레이션 같은 구조적 모순을 극복할 수 있다는 것이었다.

이를 증명하듯이 1970년대부터 1980년대까지는 코포라티즘이 제도화되어 있는 국가가 이익집단이 자유롭게 경쟁하는 다원주의 국가보다 우수한 경제 성적을 보였다는 점을 경험적으로 제시하는 연구가 다수 출현하였다. 예를 들어 서양과 동양의 18개 국가의 경제성장 정도를 1965년부터 1981년까지 검증한 연구에 의하면 코포라티즘이 제도화된 국가, 즉 노동조합의 조직률 정도, 중앙조직의 대표성 정도, 전국 수준의 노사 교섭, 노동자의 경영 참가 계획 등이 제도화된 국가가 실업과 인플레이션 억제에 성공하고 있다는 결과를 보여 주었다(田中拓道, 2023, p. 34). 또한 북유럽과 같은 강소국의 경우 대외적으로 경제의 개방성을 유지하면서도 정부와 노동자, 사용자의 협조를 통해 노동자의 임금 상승을 억제하여 인플레이션을 방지하였다. 더욱이 세금을 인상하여 공공 분야에서 고용을 늘리거나 직업훈련을 시행하였다. 1970년대를 통하여 이러한 국가는 미국이나 유럽 대륙 국가보다 인플레이션과 실업 억제에 성공했다는 연구 결과가 보고되었다(Katzenstein, 1985). 이처럼 1970년대부터 1980년대 전반까지 유럽 주요국을 비교한 결과의 공통적인 지적은 사회민주주의 정당을 통해 코포라티즘 기능이 이루어진 국가일수록 인플레이션과 실업 억제에 성공했다는 것이었다. 코포라티즘 이론은 이후 복지 레짐이나 자본주의 다양성 이론에 일정 부분 편입되었다.

이어서 1980년을 전후로 사회과학 연구에 제도가 전면적으로 등장하게 되었는데, 이는 국가의 귀환(Bringing the State Back in) 이론 때문이었다(Evans et al., 1985). 1950~1960년대 사회과학의 특징은 사회 중심 접근이었다. 다원주의나 계급론에 의하면 사회의 여러 집단 즉 이익집단이나 사회계급은 서로 경합하면서 국가에 영향을 끼친다. 국가는 이러한 여러 집단의 권력관계가 반영되는 장이며, 사회로부터 유입된 요구를 정책으로 산출하는 매개에 지나지 않는다고 생각하였다. 그렇지만 점차 국가가 가진 고유한 역할, 즉 사회관계를 형성하는 독자적인 기능을 인정하는 연구가 늘어나기 시작한다. 국가는 고유한 인적 자원, 권력자원을 가지며 사회집단과 구별된 목적이나 의도를 가지고 있다. 예를 들어 관료나 군대는 독자적인 전문지식과 정보, 이익을 가지고 있다. 정치 제도, 행정 조직, 관료와 이익집단 네트워크 등 국가에 관계되는 제도가 정책을 규정한다. 예를 들어, 미국의 사회보장법은 국민건강보험이 존재하지 않았고 제한된 공공부조, 불충분한 고용 정책이 특징이었다. 이러한 미국의 자본주의, 국민 문화, 노사 관계는 사회적 관점으로서는 충분히 설명할 수 없다. 오히려 연방제와 분권적 정당제 같은 정치 제도, 관료제 등 국가와 관련되는 제도의 형태에 의해 설명할 수 있다. 이처럼 국가의 귀환 이론에서는 국가가 강한 자율성을 가졌다고 가정한다. 다시 말해 국가는 독자적인 권력자원을 가진 행위자일 뿐만 아니라 사회집단을 조직하고 정치 문화를 형성한다. 국가의 귀환 관점에서는 자본주의의 구조적 모순은 논의 대상이 아니다. 특히 네오마르크스 이론에 따르면 복지국가가 자본주의에 의한 자본 축적 기능을 해치고 경기 침체, 재정 위기 등을 초래한다. 그러나 이러한 논의는 각국의 복지 정책 차이, 경제 상황의 다양성을 설명할 수 없다. 그렇기 때문에 거시적 구조론이 아니라 제도를 비교하며 개별 정책의 차이를 설명하는 중범위(middle-range) 이론을 구축하는 것이 중요하다 (Evans et al., 1985, p. 28). 다만 국가의 귀환론은 사회로부터의 국가의 자율성이 강조된 나머지 국가와 사회의 상호 관계를 고찰하는 프레임이 충분히 제시되지는 못했다. 이를 보완하여 1980년대 후반부터 주류가 된 논의가 권력자원 이론이었다.

복지국가는 산업화와 함께 필연적으로 발전된 체제가 아니며 자본가 계급의 단순한 지배 도구도 아니다. 그 형태는 사회계급, 특히 노동자·사용자 계급 간의 권력관계와 정치 전략에 따라 다양하다. 따라서 노사 계급이 동원할 수 있는 권력자원에 주목하기 때문에 권력자원 이론(Power Resources Theory)이라고 부른다. 대표적 학자인 에스핑-안데르센에 의하면 권력자원 이론의 특징을 세 가지로 구분할 수 있다(Esping-Andersen, 1990, p. 14). 첫 번째는 구조론으로부터의 탈피이다. 네오마르크스주의 이론은 국가가 상대적 자율성을 가지면서도 자본주의에 의해 구조적으로 규정되어 있다고 했다. 하지만 그것만으로는 복지 선진국이 공통적으로 국민 총생산 중 상당한 비중을 복지 예산으로 사용하고 있다는 사실을 설명할 수 없다. 오히려 의회 민주주의 제도가 발전하고 노동자의 대표가 정치에 참여할 수 있게 되면 의회 정치를 통해 자본과 대립하는 계급의 이익에도 봉사할 수 있다. 국가는 결코 자본가 계급의 지배에 전적으로 종속된 것이 아니다. 오히려 역사적으로 보면 사회보험을 처음으로 도입한 것은 자본가나 보수적인 관료층이었다. 그러나 일단 도입된 제도는 노동자 계급에게 권력자원이 된다. 파업 등으로 일시적으로 소득이 줄어도 생활이 보장되기 때문이다. 복지 제도에 의해 노동자는 파업을 쉽게 단행할 수 있게 되고 그 조직이나 동원의 힘이 강화된다. 노동자의 권력자원이 강해지면 그들의 정치적 영향력으로 인해 복지는 더욱 확대된다(Korpi, pp. 180-208). 다시 말하면, 제도의 피드백 효과로 인해 자본가 계급의 지배 구조를 극복할 수 있게 된다.

권력자원 이론의 두 번째 특징은 국가와 사회의 상호 관계에 주목한다는 점이다. 국가의 귀환 이론처럼 국가 관료의 일체성이나 독자적인 이익이 존재하는지는 경험적으로 확인할 수 없다. 한편 국가의 형태를 결정하는 것은 노동자 계급의 자원도 아니다. 노동자 계급만으로는 의회 다수파를 형성할 수 없으므로 노동자는 다른 계급과 정치적인 연합을 만들 필요가 있다. 이 연합 전략이 복지국가의 형태를 결정하게 된다. 예를 들어 스웨덴 사회민주당은 1930년대에는 농민 계급, 제2차 세계대전 이후에는 중간 계급과 연합을 형성하여 의회 다수파를 차지하였다. 그 결과 노동자 계급의 이익을 넘어 시민 전체를 대상으로 하는 소득 보장과 사회 서비스를 도입할 수 있었다. 사회민주당이 선택한 연합 전략에 따라 스웨덴은 보편주의적인 복지국가 형성에 성공하였다(Esping-Andersen & Korpi, 1984, pp. 180-208).

세 번째로 권력자원 이론은 복지국가의 차이를 비교하는 지표로서 탈상품화(Decommodification) 개념을 도입하였다. 탈상품화는 시민이 일, 소득, 일반적인 복지 수급권을 상실할 가능성 없이 필요한 경우, 자유롭게 노동에서 벗어날 수 있는 정도를 말한다. 사회지표의 양적 평가가 아니라 질적 평가라는 의미에서 탈상품화는 권력자원론의 핵심적인 개념이다. 이 지표는 특정 계급의 의도를 해석하기 위하여 도출되었다. 다시 말해 복지국가 발전의 역사 속에서 결정적인 역할을 했다고 간주되는 행위자들이 실제로 무엇을 목표로 하였는지를 파악하려는 데서 출발한 것이다(Esping-Andersen, 1990, p. 21). 스웨덴 노동운동에서는 계급 이익의 추구보다도 시민 전체에 대한 충분한 사회 서비스와 소득 보장이 목표였다. 탈상품화는 북유럽을 중심으로 한 노동운동에서 볼 수 있었던 목적을 복지국가 일반의 평가 기준으로 전용하는 데 성공한 개념이었다. 권력자원론은 과거 제도의 프레임 속에서 사회계급(행위자)이 어떠한 의도를 가지고 어떠한 정치 전략을 선택했는지에 주목하는 것으로 복지국가의 다양성을 설명하는 데에 성공하였다. 그 다양성은 세 가지 복지국가 유형으로 분류되었다. 첫 번째는 노동자 계급이 약하고 자본가 계급의 주도로 최저생활 보장을 중심으로 하는 복지 정책이 도입된 미국이나 영국과 같은 자유주의 레짐, 두 번째는 노동운동이 분열되고 교회나 직업조합 등의 제도적 유산 위에 직역보험 중심의 복지국가가 만들어진 독일, 프랑스 등 유럽 대륙 중심의 보수주의 레짐, 세 번째는 노동자 계급이 통일적으로 조직화되고 계급 이익을 초월한 보편주의적 서비스와 소득 보장이 형성된 북유럽 국가 중심의 사회민주주의 레짐이었다.

<표 1> 각 국가의 탈상품화 정도(1980)

미국	캐나다	영국	일본	프랑스	독일	오스트리아	덴마크	스웨덴
13.8	22.0	23.4	27.1	27.5	27.7	31.1	38.1	39.1

출처: Esping-Andersen, 1990, p. 52.

1980년대에 등장한 새로운 복지국가 비교 이론은 자본주의에 의한 계급 간의 분쟁이나 대립을 인정하면서도 자본주의적 구조 결정론과 거리를 두고 국가에 관한 제도를 주제로 하였다. 제도는 공식적·비공식적 규칙이나 결정을 모두 의미하며 노사 관계, 고용 및 복지 제도, 금융 제도, 관료 제도, 정책 네트워크 등을 의미한다. 제도의 강한 결정성을 전제로 하므로 비교 제도 분석의 새로운 길이 열렸다. 그 결과 각국의 정책 차이를 제도를 통해 설명하는 경험적 연구가 발전하게 되었다. 1980년대부터 1990년대까지 선진 복지국가는 지속적인 긴축 압력에 노출된다. 경제 세계화와 정보 혁명, 산업의 서비스화는 노동자의 조직력을 약화시켜 복지 확대보다도 새로운 환경에 대한 적응 전략이 주제가 되었다. 따라서 행위자를 중심에 두는 합리적 선택과 제도론의 통합이 추진되고 제도의 행위자에 대한 영향력에 집중하는 논의가 주목받기 시작하였다. 이 시기에 제도 분석을 통해 복지국가 연구를 이끈 것은 피어슨(Pierson)이었다. 그는 복지 확대기와 복지 축소기의 정치 과정을 구별하였다. 복지 확대기에 중요한 것은 노사의 계급 관계와 연합 전략이며, 복지 축소기에 중요한 것은 과거 정치 제도나 복지 제도의 영향이다. 일단 만들어진 제도는 수익자를 만들어 낸다. 수익자가 많고 조직화가 진행될수록 제도 변화에 강한 정치적 저항이 생긴다(Pierson, 1994, p. 30). 또 도입된 제도를 사람들이 학습하거나 그것을 바탕으로 다른 제도를 만들면서 제도 변화에는 치러야 할 비용이 생기게 된다. 이들의 피드백 효과에 따라 정치적 결정은 과거 제도의 경로 의존(path dependency)의 영향을 받으면서 이루어진다. 다시 말해 역사적으로 형성된 제도가 현재의 정치적 결정의 방향성을 구속하게 된다. 동일한 자유주의 레짐으로 분류되지만, 영국은 1986년 민간보험 중심의 대표적인 연금 개혁이 실시되었다. 반면, 미국의 연금 개혁은 소규모로 그쳤다. 그 이유는 영국의 과거 제도, 다시 말해 수상의 권한이 강한 집권적 정치 제도와 공공 연금 수익자의 분열 때문이고, 미국의 경우 연방제와 대통령제 등과 같은 분권적 정치 제도와 연금 수급 계층의 높은 조직화 때문이라는 것이다. 그런데 전체적으로 의료 및 소득 보장 제도 수급 계층의 규모가 큰 정책에서는 영국과 미국 모두 복지 축소는 이루어지지 않았다. 경로 의존 메커니즘에 의해 삭감에 반대하는 정치적 저항이 강했기 때문이다.

에스핑-안데르센에 의하면, 1980년대 이후의 복지 레짐 재편 과정은 과거 레짐에 따라 다양하게 분화되었다고 보았다(Esping-Andersen, 1996, p. 6).

탈상품화가 약하고 수익자가 빈곤층으로 편재되어 있는 자유주의 레짐은 공공부조를 더 삭감하고, 노동시장을 유연화하는 방향을 채택하였다. 높은 수준의 탈상품화가 보장되고 수익층이 보편적인 사회민주주의 레짐은 사회복지 서비스를 확충하고 젠더 서비스를 평등하게 하며 노동시장 정책을 적극적으로 강화하는 방향으로 나아갔다. 남성 정규직 노동자의 탈상품화를 기초로 하는 보수주의 레짐은 노동시장 경직화와 젠더 불평등을 유지하면서 남성 노동자의 노동시간 단축으로 향하였다. 과거 제도의 피드백 효과에 의해 세 가지 레짐의 특징이 더욱 강화되었다는 것이다.

이 시기 제도 이론의 특징은 크게 두 가지로 요약할 수 있다. 첫 번째는 제도가 환경으로부터 강한 자율성을 가지고 있다는 것이다. 경제 세계화와 후기 산업화 등은 모든 국가에 공통적인 환경으로 간주된다. 환경 변화에 수반되는 복지 축소의 압력에도 불구하고 과거 제도의 경로 의존이 작동하면서 복지 축소는 똑같이 수렴되지 않고 다양하게 분기되었다고 설명한다. 두 번째로 제도의 행위자에 대한 영향력이 강조된다. 개인이나 집단과 같은 행위자의 상호 행위에 주목하는 합리적 선택론, 즉 제도에 주목하는 제도론 관계에서 볼 때 합리적 선택론은 행위자가 이익이나 효용의 최대화를 추구하여 다른 행위자 사이에서 전략적인 상호 교섭을 할 것으로 본다. 여기에는 이익이나 효용이 미리 전제되기 쉽다. 한편 제도론에서 개인의 선호는 규칙이나 규범의 상호작용에 의해 형성된다. 제도는 공정성의 기준을 제시하고 자기 이익의 최대화에 머물지 않는 행위의 목적을 지향한다. 또한 행위자의 선호 형성 및 전략에 있어서 기저를 이루며 행위자 사이의 상호 조정 기능을 담당하면서 합리적으로 질서를 유지한다. 역사적 제도주의는 합리적 선택을 수용하여 제도의 미시적 기초,

다시 말해 행위자 사이의 이익 균형이나 제도의 피드백 효과를 고려하면서 제도의 재생산 메커니즘을 정밀하게 분석하였다. 이리하여 역사적으로 형성된 제도가 경로 의존에 의해 행위자의 행위를 규정하는 것으로 정리하였다.[5] 이처럼 1980년대부터 1990년대에 걸쳐 복지국가 변화를 설명하는 주류 이론은 신제도주의라 할 수 있다. 이러한 논의에서는 환경으로부터의 제도의 자율성이 주제가 됨으로써 각국의 복지 제도와 개별 행위자, 정치 지도자, 노사 관계, 정당에 의한 복지 지출 삭감 등의 전략 관계가 주제가 되었다. 제도론은 합리적 선택론이나 신제도주의 시각을 수용하여 제도가 행위자의 선호나 전략을 규정한다는 측면을 강조하였다. 하지만 신제도론은 방법상의 제약도 존재한다. 먼저 경제 세계화, 후기 산업화 등 거시적 환경 변화 그 자체가 어떤 모순이나 대립을 초래하고 있는지를 주제로 하지 않는다. 다음으로 국민적 가치, 정치적 문화 등 실증하기 어려운 개념은 대상에서 제외되었다. 그 결과, 제도가 사회 규범 차원에서 수용되고 정당성을 조정하면서 안정화되는 메커니즘 또는 정당성을 상실하여 불안정해지는 메커니즘에 대한 검토는 고려 대상이 되지 않는다. 거시적인 구조로부터의 자율성을 당연하다고 여긴다면, 어떠한 조건 아래에서 제도의 자율성이 손상되고 변동에 이르는지도 설명할 수 있어야 할 것이다.

---

5 역사적 제도주의 이론의 대표적 연구로 다음 저작을 참고할 만하다. 독일 직업훈련 제도가 기업 전략에 끼친 영향을 논한 Wolfgang Streek, *Social Institutions and Economic Performance*, Sage, 1992, 미국의 퇴역군인 조직이 복지국가 형성에 끼친 영향을 논한 Theda Skocpol, *Protecting Soldiers and Mothers*, Harvard University Press, 1992, 구빈 제도나 관료 제도가 영국, 미국, 캐나다 연금 제도의 차이를 초래했다고 논한 Ann S. Orloff, *The Politics of Pension*, University of Wisconsin Press, 1993.

4. 복지국가 제도의 다양성

2000년대 이후 본격적으로 등장한 자본주의의 다양성(Varieties of Capitalism) 이론의 주요 관심사는 경제 세계화라는 공통적인 환경 변화 속에서 각국의 서로 다른 레짐이 왜 지속되는지를 설명하는 데에 있었다(Hall & Soskice, 2001). 얼핏 각국의 경로 의존성을 강조하는 흐름의 하나로도 볼 수 있다. 하지만 다른 점은 제도를 기업과 사용자에 의한 경쟁력 강화라는 전략과 연결하여 생각하고 있다는 것이다. 1980년대 이후 스웨덴을 비롯한 많은 국가에서 노동조합 조직률이 하락하고 노사 교섭이 쇠퇴하였다. 노사 관계 특히 노동자가 제도 형성에 끼치는 영향력을 대신하여 기업이나 사용자의 전략에 이목이 집중되었다. 예를 들어 사용자들이 항상 자유로운 시장을 지지하지는 않는다는 점이다. 자유로운 임금 경쟁에 일정한 규제를 가하거나 공공 실업보험이나 연금을 도입하는 것은 임금 인상 억제, 노동자의 안정적인 확보라는 점에서 사용자에게도 이익이 된다. 사용자가 어떠한 복지 정책을 선호할지는 필요한 노동자의 기능, 사용자 단체의 조직 형태에 따라 다르다. 그동안 강력하게 조직되었던 노동조합의 힘으로 형성되었다고 생각했던 스웨덴의 고용 및 복지 정책조차 광범위하게 조직된 사용자 단체가 임금 인상을 억제하고 높은 숙련 기능을 가진 노동자를 안정적으로 확보하려는 목적으로 도입되었다는 것이다. 이러한 정책은 노동자와 사용자의 대결보다도 오히려 협력의 성과였다. 각국의 고용 및 복지 정책을 계급 교차 연합(cross-class alliance)의 결과로 이해해야 한다는 것이다(Swenson, 2004, pp. 1-29). 또 기업 전략을 중심으로 자본주의에 관계되는 제도의 다양성을 설명하는 연구 결과도 제시되었다. 기업은 불완전한 계약, 종업원의 도덕적 해이, 다른 기업이나 국가와의 거래 비용 등 다양한 조정 문제에 직면하고 있다. 특히 높은 인적 자본을 가진 노동자의 안정적 확보는 기업의 경쟁력에 직결되는 중요한 문제이다. 개별 노동자의 경우 자신의 기능에 대한 투자를 반드시 보상받는다고 할 수는 없으므로 자본주의는 고도로 숙련된 노동자를 안정적으로 확보할 수 없다. 기업은 수익성을 요구하고 개발, 생산, 유통에 관한 핵심적인 경쟁력을 개발하고 활용하려는 행위자라 할 수 있다. 노동자의 기능 형성은 노사 관계, 고용·교육·복지 등 다양한 제도와 관련이 있다. 노동자의 기능은 모든 산업에 적합한 일반적인 기능과, 특정 산업이나 기업에만 적합한 특수 기능으로 양분할 수 있다. 어떠한 기능 형성에 적합한지에 따라 자본주의에 관계되는 제도의 조합은 크게 두 유형으로 구분할 수 있다. 첫 번째로, 자유로운 시장경제(Liberal Market Economies)라 할 수 있는 제도의 조합은 노동자의 일반적 기능 형성에 따라 효율적이며 급진적인 IT와 인공지능 등 혁신적 사업의 비교우위를 불러온다. 두 번째로, 조정된 시장경제(Coordinated Market Economies)라 할 수 있는 조합은 노동자의 산업 및 기업 특수적인 기능 형성에 있어서 효율적이며 점진적인 혁신에 관련되는 산업, 다시 말해 공작 기계, 내구 소비재, 운송 설비 등에 비교우위를 불러온다(Hall and Soskice, 2001, chapter 1). 즉 복지국가 유형의 차이는 비교우위를 가진 산업의 차이, 그리고 기업이나 사용자에 따라 고숙련 노동자의 조정 전략의 차이에 따라 설명할 수 있다는 것이다. 또한 각국의 고용 및 복지 제도의 차이를 사용자에 의한 전략의 차이로도 설명하고 있다. 노동자의 기능 형성을 위하여 대기업 사용자가 선택하는 전략과 노사의 계급 교차 연합에 따라 독일과 프랑스에서는 사회보험형 복지국가가 발전하였다. 고용 및 복지 제도는 노동자의 기능 형성에 관한 시장의 실패를 해결하는 구조로 발전하였다. 후기 산업 사회에서는 노동자의 기능을 끊임없이 향상할 필요가 있다(Mares, 2003; Iversen, 2005). 결론적으로 각국의 고용 및 복지 제도의 차이는 후기 산업 사회에 대응하는 사용자 집단의 전략 차이로 설명할 수 있다는 것이다.

그런데 자본주의 제도의 다양성은 여러 이익의 균형자로서 지나치게 제도 결정론에 치우쳐 있기도 하다. 따라서 정치적인 분쟁이나 대립을 무시하고 있다는 비판이 제기된다(Croch, 2005; Howell, 2003, pp. 103-124). 이러한 비판을 반영하여 2000년 이후 자본주의의 다양성 이론에서도 경제 세계화와 후기 산업화에 대응하는 제도 변화를 설명하는 것에 주목하였다. 대표적으로 실렌(Thelen)의 경우, 제도를 여러 이익의 균형보다는 과거의 집단 간의 분쟁이나 권력관계를 반영한 질서로 이해하였다(Thelen, 1999, pp. 369-404). 제도는 재생산과 변화 모두 가능하므로 역사의 결정적 국면에 있어서 비연속적으로 변화할 뿐 아니라 행위자의 작용에 따라 점진적으로 변화할 수 있다는 것이다. 오늘날 경제 환경이나 자유화의 압력 아래에서는 행위자의 작용에 의해 제도 변용의 여러 유형을 도출할 수 있다고 한다(Streek and Thelen, 2005). 첫째, 독일의 은행 중심 금융 제도에 미국형 주식 시장이 도입된 것처럼 낡은 제도를 새로운 제도가 교체하는 치환(displacement), 둘째, 공적 연금에 사적 연금이 부가되는 경우처럼 새로운 제도가 더해져 과거 제도의 기능이나 역할이 변질되는 중층화(layering), 셋째, 미국의 공적 의료보험이 다양한 리스크를 커버하는 형태로 발전하는 대신에 민간보험이 발전한 것처럼 환경 변화에 제도가 대응하지 않고 그 기능을 상실하는 표류(drift), 넷째, 프랑스의 국가 개입이 시장 제약적인 성격에서 시장 경쟁 친화적인 성격으로 변한 것처럼 기존 제도가 서로 다른 목적으로 이용되는 전용(conversion), 다섯째, 완전고용 시대에 기능하였던 독일의 조기 퇴직 제도가 대량 실업 시대에는 큰 장애가 되었던 것처럼 시간과 함께 제도의 전제조건이 상실되고 제도가 기능할 수 없게 되는 소모(exhaustion)이다.

또한 각국의 고용 및 복지 제도가 전체적으로 자유주의가 강해지는 방향으로 가고 있어도 과거의 자본주의 유형이나 노사 관계에 따라 세 가지 방향으로 분기할 수 있다. 먼저, 노사 조정 제도의 부재에 따라 전반적인 규제 완화로 발전한 미국, 둘째, 국제 경쟁에 직면한 핵심 제조업에서는 보호나 직업훈련 제도가 유지되는 한편, 서비스 노동자에 대해서는 자유화가 진행되고 전체적으로 이분화로 향한 독일과 일본, 셋째, 임금 교섭이나 고용 보호에서의 자유화가 진행되는 한편, 국가가 보편적인 적극적 노동시장 정책을 시행하고 체화된 유연화가 실현되고 있는 덴마크이다.

2000년대부터 현재까지 복지국가 이론의 특징은 다음과 같이 정리할 수 있다. 경제 세계화, 후기 산업화의 발전을 배경으로 환경으로부터 제도의 자율성이 침식되고 제도 변용을 어떻게 분석할지가 주제였다. 노동 권력의 전반적인 약화를 배경으로 제도 변용을 초래하는 주요 행위자로 상정된 것은 기업이나 사용자층이었다. 제도 변용은 이들 행위자의 작용에 의한 새로운 환경에의 적응 전략으로 이해할 수 있다. 특히 새로운 경제 환경에 적합한 노동자의 인적 자본 형성에 주목하여 교육, 직업훈련 등의 사회적 투자가 복지 개혁의 핵심으로 간주되었다. 케인즈주의적 복지국가에 대한 재검토가 이루어지던 1970년대 이후 선진 산업국의 다양한 대응을 고찰하는 복지국가 비교 이론이 크게 발달하였다. 그 이론적 프레임의 흐름을 보면 구조-제도-행위자로 초점이 이동되었다. 1970년대는 자본주의적 계급 구조에 의한 제도의 결정성이나 구조 결정론이 아닌 제도의 상대적 자율성이 논점이 되었다. 네오마르크스주의나 독일 비판 이론은 복지국가가 자본주의적 구조에서 나오는 모순을 반영하거나 정치, 경제, 문화 시스템 사이의 모순을 반영하므로 위기에 직면하였다고 보았다. 1980년대 이후의 정치경제학은 환경에 대한 제도의 강한 자율성을 전제로 삼았다. 구조적 모순이나 위기는 경험적인 검증이 어려운 명제이므로 논의의 대상이 되지 않았다. 관찰할 수 있는 제도를 주제로 삼아 비교 제도 분석을 통해 새로운 환경에 대한 적응 전략의 차이가 어떻게 생겨나는지를 고찰하였다. 더욱이 제도에 주목하는 연구는 제도의 행위자에 대한 영향력이 강조되었다. 행위자는 항상 존재했던 제도 속에서 이익이나 전략을 형성하며 다른 행위자와 상호작용을 한다. 역사의 어느 시점에서 만들어진 제도는 경로 의존적으로 행위자의 결정을 구속할 것이라고 이해하였다.

그러나 2000년대 들어 경제 세계화와 후기 산업화라는 환경 변화를 배경으로 제도 변용을 어떻게 설명할지가 문제가 되었다. 노동 세력이 약해지면서 변용을 초래하는 주요한 행위자로 간주된 것은 기업이나 사용자 집단이었다. 제도 변용은 이러한 행위자의 작용에 의한 환경에 대한 적응 전략으로 설명하였다. 제도의 재생산과 변용 메커니즘이 정밀하게 분석되고 경험적인 비교 제도 분석이 축적되는 한편, 이러한 메커니즘은 점차 기업이나 사용자 집단의 이해관계에 근거하여 이해되었다. 따라서 복지국가론의 주된 연구는 노동자의 취업 지원을 위한 교육과 훈련, 사회적 투자와 같은 생산적 복지 정책으로 주요 관심이 수렴되는 경향이다. 물론 이러한 수렴 경향은 복지국가 연구 범위를 좁게 할 수도 있다. 현재 선진국은 정치의 분권화, 불안정화, 기성 정당에 대한 불신이 확대되고 있다. 이러한 현상의 배경에는 생활 불안과 격차의 확대가 자리하고 있다. 새로운 경제 환경에 대한 적응 전략, 즉 노동자의 인적 자본 형성에 관심을 집중하는 주요 연구는 사람들이 안고 있는 사회적 위험의 다양성, 노동 방식의 다양성과 불안정성, 사회적 시민권의 약화, 분배의 불공정과 같은 보다 광범위한 여러 문제에 정면으로 대응할 수가 없다(田中拓道, 2023, p. 49). 행위자 중심의 접근을 수정하고 구조-제도-행위자의 상호 관계를 고찰할 수 있도록 이론의 확장이 필요하다. 특히 중요한 점은 복지국가의 구조적 변화에 집중하여 구조에 대한 관심을 상대적으로 더 집중할 필요가 있다는 것이다. 자본주의가 전 세계적으로 우월해지는 것은 당연한 환경이 아니며, 그 자체가 사회 속에 대립이나 분쟁을 일으키는 동태적인 과정이다. 자본주의는 어떠한 구조적 모순이나 한계를 내재하고 있는가. 자본주의에 대항하는 움직임은 어떤 형태를 띠고 있으며 어떤 규범과 객체에 의해 지탱되고 있는가. 또한 국가의 제도는 자본주의에 대하여 어느 정도 자율성을 가지는가. 장기적으로 보면 경제 세계화 속에서 국가가 선택할 수 있는 정책은 수렴하고 있는가. 국가가 일정한 자율성을 가진다면 그 근거는 무엇인가. 오늘날 통치보다 거버넌스로의 변화는 세계적 수준의 자본주의의 전개와 어떤 관계가 있는가. 더욱이 경제 세계화, 국가의 거버넌스화는 사회적으로 어떠한 대립과 운동을 초래하고 있는가. 과거 복지 정책은 성장 대 분배라는 대립축으로 규정할 수 있었지만, 오늘날 복지 정책을 규정하는 대립축은 무엇인가. 이러한 의문을 바탕으로 복지국가의 기반을 명확히 하면서 그 구조 변화를 이해하기 위한 이론을 모색해야 할 것이다.

제 3 장

상품화와 탈상품화·재상품화

지금까지 복지국가 연구의 주요 흐름이 구조-제도-행위자로 전개되는 논리를 살펴보았다. 그 역사적 과정에서 복지국가의 다양한 전개는 자본주의·국가·사회운동의 상호 관계에 따라 고찰할 필요가 있다. 먼저 자본주의 경제의 특징과 한계를 상품화와 탈상품화라는 개념을 중심으로 고찰하고 복지국가의 기반을 명확히 하고자 한다. '자본가(capitalist)'라는 용어는 17세기 중반부터 자산을 투입하여 이자로 생활하는 사람이라는 의미로 사용되기 시작했다. '자본주의'라는 단어는 17세기 중반에 프랑스 사회주의자 존 푸르동 등에 의해 자본의 점유라는 의미로 사용된 이후 19세기 후반부터 국제적으로 정착되었다(田中拓道, 2023, p. 51). 이 용어가 보여 주는 당시 사회의 실태는 17~18세기 서구 사회에 등장하여 19세기 산업화를 통해 확산되었다고 할 수 있다. 자본주의를 몇 가지 주요 요소를 통해 정의해 보자. 첫째, 사회적 소유권이 법적으로 인정되고 재화의 생산과 분배가 시장에서의 자유로운 교환을 통하여 조정되는 것, 둘째, 재화의 생산과 투자가 이윤 획득을 목적으로 이루어지는 것, 셋째, 투자와 채권을 지탱하는 은행을 축으로 하는 금융 시스템이 정비되는 것, 넷째, 노동자 대부분이 임금 노동자로 전락하는 것이다. 한마디로 자본주의는 모든 재화나 서비스가 이윤 획득을 목적으로 생산되고 시장에서 판매되는 상품으로 되는 것이다.

17세기 이후 유럽 농촌 지역에 섬유 산업, 금속 가공업 등 수공업이 발전하면서 금융 구조가 정비된 네덜란드나 잉글랜드 여러 도시에는 국제 교육 발전에 따라 자본 축적이 진전되었다. 이러한 배경으로 19세기 서구에서는 직물업, 철광 등에서 대규모 공업화가 진행된다. 19세기 이후 공업국에서는 자신의 노동력을 상품으로 판매하고 임금을 획득하여 생활하는 노동자가 인구의 대부분을 차지하게 되고 자본주의적 경제 시스템이 다른 시스템보다 우월하게 된다. 왜 자본주의가 특정 지역을 초월하여 보편화되었는가. 이 질문에 답하기 위해서는 자본주의 시장의 우월성이 어디에 있는지를 살펴야 한다. 예를 들어, 자본주의가 성립되는 17세기 이후 그 특징과 우월성이 역사적으로 어떻게 논의되었는가. 자본주의에 내재하는 모순을 외부의 여러 제도와의 관계에서 어떻게 이해하고 설명해야 할 것인가.

1. 자본주의 상품화의 의미

화폐를 매개로 한 물물 교환으로 이루어지는 시장경제는 자본주의 이전부터도 존재하였다. 하지만 이윤 획득을 목적으로 하는 경제활동은 오랫동안 도덕적으로 비열한 행위로 간주되었다. 예를 들어 고대 그리스에서는 정치에 참여할 수 있는 시민의 자격이 경제활동에 종사하지 않더라도 스스로 살아갈 수 있는 자산을 가지는 것이었다. 경제활동은 시민이 관계해야 할 활동은 아니었다. 중세 기독교에서는 식욕이나 탐욕을 종교적인 청빈에 역행하는 것으로 여겨, 특히 고리대금업을 큰 죄를 짓는 일로 간주하였다. 고대부터 중세까지 시장은 소위 도덕적으로 바람직하지 못한 것으로 인식되고 있었다. 그런데 국제적인 원거리 무역이 발전함에 따라 17세기 유럽에서는 상업 시장이 형성된다. 같은 시기 잉글랜드에서는 기독교를 배경으로 하는 중세 자연법 사상을 대신하여 자연권을 기초로 하는 새로운 사상이 등장한다. 자연권을 개인의 자기 보존과 소유권 중심으로 다시 해석하면서, 자연권 보장을 목적으로 국가 권력을 정당화하는 홉스와 로크 등에 의한 사회계약론이 등장하였다. 여기서 근대 자연권 사상은 봉건적인 신분 제도 질서를 부정하고 개인은 태어나면서부터 자유롭고 평등한 권리를 가진다고 보았다. 중요한 것은 이러한 사상이 추상적인 차원에 그치지 않고, 시장에서 노동하고 재화를 소유하면서 자활하는 개인의 등장이라는 역사적 사실에 의해 확인되었다는 것이다. 다시 말해 각자가 노동을 통해 재물을 소유하고 그것을 서로 교환하는 것으로 평화와 상호 협력, 안정적인 질서를 형성할 수 있다는 생각이 확립된 것이다. 18세기에 들어오면 자기 이익의 추구는 비열한 게 아니라 오히려 개인과 사회에게 모두 바람직하며 도덕적으로 우월하다고 주장하는 사조가 유럽 여러 지역에 등장하였다. 이러한 사조에 의하면 자기 이익의 추구는 인간에게 있어서 자연스러운 것일 뿐 아니라 권력 추구와 같은 위험한 생각을 억제하고 상호 협력과 평화로운 질서를 초래한다는 것이다. 자기 이익의 추구를 통한 여러 이익의 균형이야말로 사회 전체의 권리 향상으로 연결된다. 프랑스 사상가 몽테스키외는 『법의 정신』(1748)에서 상업은 야만스런 관습을 세련되게 만들고 온건하게 만든다고 하였다. 사람은 상업을 통하여 서로의 이익을 고려하고 협력하는 것을 배우고 평화로운 질서를 형성한다는 것이다(田中拓道, 2023, p. 54). 상업 사회의 도덕적 우월성이 문명으로 연결되면서, 18세기 유럽에서는 자기 이익의 추구가 더 이상 비난받을 행위가 아닌, 개인과 사회 모두에게 긍정적인 도덕적 결과를 가져온다는 인식이 널리 확산되었다. 자기 이익의 추구를 통한 여러 이익의 균형이야말로 사회 전체의 복지 향상으로 연결된다. 누구나 자기 이익을 추구함으로써 경제활동이 장려되고 결과적으로 사회 전체가 풍요해지고 공공의 이익이 실현된다. 18세기 중반에 활약한 흄은 『도덕·정치·문학 논집』(1758)에서 상업 활동과 지식과 인간성은 연쇄적으로 연결되어 있으며 상업의 발전에 따라 특정 국가의 부가 확대되고 전체의 행복이 증대할 뿐 아니라 사람들의 기능이나 지식이 발전하며 세련된 사교의 정신이 생긴다고 주장하였다. 즉 상업이야말로 문명 일반을 발전시키는 것이다(田中拓道, 2023, p. 55). 사익 추구는 인간의 도덕성을 파괴하는가, 아니면 역설적으로 사회적 덕성과 문명 발전을 이끄는 동력으로 작용하는가. 이와 관련하여 애덤 스미스의 사상은 경제학의 출발점이 되었는데, 그의 사상은 시장 메커니즘을 명확히 해명할 뿐만 아니라 시장을 지지하고 정당화하는 도덕적 원리도 분명히 하고자 했다. 그의 대표작인 『국부론』(1776)은 분업론에서 시작된다. 『국부론』에 따르면 인간은 다른 사람과 교환하고 교역하려고 하는 개성을 본성으로 가지고 있다. 교환이 이루어지면 보다 많은 이익을 얻기 위하여 개인은 본인이 잘할 수 있는 노동에 특화하여 기능을 닦고, 더 많은 물건을 생산하고자 한다. 그리하여 사회 전체로 분업이 발전하고 부도 증대한다. 스미스는 분업과 교환에 의해 성립되는 사회를 누구나가 어느 정도 상인이 되는 상업 사회로 불렀다. 상업 사회에서는 각자가 기능을 높일 뿐만 아니라 누구나 타인과 협력해야만 자기 이익을 충족시킬 수 있으므로 성실한 매너가 전국적으로 확산되고 상업 사회는 문명사회가 된다. 스미스의 중요한 발견은 자유로운 시장에서 자기 이익의 추구와 공공 이익의 발전이 일치한다고 지적한 점이었다. 생산물이 최대의 가치를 가지도록 산업을 운영하는 것은 자기 이익을 위한 것이다. 그렇지만 이렇게 함으로써 다른 다수의 경우와 마찬가지로 이 경우에도 보이지 않는 손에 이끌려 스스로 의도하지 않았던 목적을 촉진하게 된다(田中拓道, 2023, p. 55). 스미스가 말하는 공공의 이익을 실현한다는 사람은 실제로 그것을 행하는 것은 아니다. 오히려 사람들이 자기 이익을 추구한 결과, 공공의 이익이 실현되는 것이야말로 자유로운 시장의 특징이다. 시장 재화의 가격은 수요에 따라 오르고 내린다. 수요가 늘어나면 가격은 올라가고 수요가 줄어들면 가격은 하락한다. 지주나 자본가 등 재화의 공급자는 토지의 지대, 이윤을 고려하면서 이것들의 가치에 부합하도록 공급량을 조정한다. 가격이 내리면 공급을 줄이고 가격이 올라가면 공급을 늘린다. 이리하여 자유로운 시장에서는 수요와 공급이 어디까지나 보이지 않는 손의 작용을 받아 자기조정이 일어난다. 국가에 의한 관세나 규제, 동업 조합 등에 의한 직업의 자유에 대한 규제가 없는 사회, 즉 잘 통치되는 사회에서는 가장 효율적인 생산과 분배가 이루어져 사회 최하층까지 널리 부유함이 퍼져 나간다(田中拓道, 2023, p. 56). 그런데 상업 사회에서 타인을 속이고 부당한 이익을 얻거나 부를 독점하여 자유로운 경쟁을 방해하는 사람은 나오지 않을까. 자유로운 시장이 상호 협력 관계를 초래한다고 말할 수 있는 근거는 무엇인가. 자유로운 시장을 지지하는 도덕적인 기반에 대하여 『국부론』을 보완하는 논의는 이미 그 이전에 출간된 『도덕 감정론』(1759)에 들어 있다. 『도덕 감정론』에서 스미스는 인간을 아무리 이기적인 동물로 상정한다 해도 그 본성에는 분명히 동정(compassion)과 공감(sympathy)이 있다고 보았다. 공감은 타인의 고통이나 기쁨을 보고 들었을 때 상상력을 이용하여 그 사람의 입장이 되어 동일한 감정을 느끼는 힘이다. 공감 능력은 사회질서 일반을 이루는 원리일 뿐만 아니라 상업 사회, 문명사회를 지탱하는 원리이다. 공감은 경쟁을 구동하는 원리도 될 것이다. 인간은 슬픔보다도

기쁨에 대해서 전면적으로 공감한다. 빈곤한 사람에 대한 공감은 불쾌한 감정을 일으키지만 성공한 사람이나 부를 이룬 사람에 대한 공감은 유쾌한 감정을 불러일으킨다. 불쾌함을 피하고 쾌락을 추구하는 본성으로 인하여 인간은 성공한 사람에 대해 더 강한 공감을 느끼며 스스로 부유함을 추구하고 빈곤을 피하게 될 것이다. 그 결과 누구나 부와 명예와 출세를 노리는 경쟁에 나서게 된다. 스미스는 허영심을 악덕이 아니라 명예와 명성을 추구하는 능동적 감정으로 평가하였다(アダム·スミス, 2003, p. 23). 그러한 감정으로 인하여 사람은 기능을 연마하면서 스스로의 능력을 최대한으로 발휘하려고 노력하게 될 것이다.

그리고 사람은 시장에서 타인과 경쟁하면서 공정한 경쟁의 규칙을 몸에 익힌다. 스미스는 이 메커니즘을 중립적인 관찰자로 설명하고 있다. 공감은 자신을 타인의 처지에 두고 타인의 감정이나 사고를 상상할 수 있는 능력이다. 사회관계 속에서 다양한 타인과 접하면 사람은 공감 능력을 매개로 특정한 타인뿐 아니라 더 많은 사람에게 적용할 수 있는 일반적인 관점을 배울 수 있다. 스스로 태도를 중립적인 관찰자에 두고 그 시비를 판단할 수 있게 된다. 중립적 관찰자 입장에서 도출되는 일반적 규칙은 정의라 부를 수 있다. 정의는 사회관계 속에서 누구라도 최소한으로 지켜야 하는 기준으로서, 그것을 거스르면 사람들의 원망을 산다. 시장경쟁에서 중요한 규칙이 공정한 게임의 정신이다. 사람들은 시장에서 부와 명예와 출세를 노리고 경쟁에 뛰어들어 자신의 능력을 최대한으로 발휘하고자 한다. 경쟁의 승자에게는 사람들의 칭찬이 집중된다. 그렇지만 공정한 경쟁을 하지 않고 누군가를 속이거나 방해한다면 관찰자들의 관용은 완전히 중단된다. 부정한 행위로 경쟁에 이겨도 명성이나 칭찬을 얻을 수 없다. 공정한 게임을 침범한 데 대한 경멸이나 분노의 감정과 일치하게 된다. 시장 질서는 자기 이익의 추구뿐 아니라 그것을 규제하는 공감이라는 원리에 의해 성립된다. 공감이라는 원리를 매개하는 것으로서 사람은 시장에서 자신의 기능이나 능력을 최대한으로 늘리고 부정행위를 혐오하며 공정한 게임이나 정의의 기준을 내면화한다. 이것들은 인간의 본성에서 나오는 것이며 국가 등 외부로부터 강제된 것이 아니다. 다시 말해 시장은 수요 공급의 자기 조절 메커니즘을 가질 뿐만 아니라 시장을 지지하는 도덕 그 자체를 만들고 자기 강화하는 메커니즘을 내면화한다. 시장이 자기 조절 기능을 가지고 스스로 유지하는 도덕을 낳는다면 국가가 외재적으로 그것을 규제하는 것은 바람직하지 않다. 국가의 역할은 자유로운 시장을 규제하지 않고 그것을 유지하는 데에 한정된다. 다시 말해 국가의 역할은 다른 국가의 침략을 막고 치안을 유지하는 것, 부정이나 억압으로부터 개인을 보호하고 계약과 소유권을 보장하는 사법적인 기능을 유지하는 것, 도로나 다리, 운하, 항만 등 인프라를 정비하고 교육하는 등의 공공 사업 기능을 유지하는 것이다. 19세기 이후 서구에서는 섬유업, 철강, 철도 등으로 대공업이 발전하고 자유방임주의가 대세를 이룬다. 국제적으로는 곡물 거래 등의 규제가 폐지되고 자유무역이 발전한다. 시장이 가진 자기조절 메커니즘을 명확히 하는 논의가 체계화되기 시작한다.

19세기 이후 스미스의 영향을 받은 학자들은 시장의 움직임을 수요와 공급의 관계로 보고 설명하는 지식의 체계화를 진행하였다. 프랑스 경제학자 세이는 『정치경제학 요강』(1803)에서 생산자가 다른 생산자와 각자의 생산물을 교환하면 그 생산물의 판로가 만들어진다고 주장하였다. 자유로운 교환이 이루어지는 시장에서는 생산과 소비가 스스로 일치한다. 이 주장을 공급 그 자체가 수요를 낳는다는 세이의 법칙이라 할 수 있겠다. 리카르도는 국내의 생산비로 비교우위에 있는 상품을 수출함으로써 무역 국가는 서로 이익을 얻는다는 비교우위론을 내세워 자유무역을 이론적으로 정당화하였다. 밀은 경제학을 부의 생산과 분배에 관계되는 법칙을 탐구하는 학문으로 정의하였다. 이론의 체계화에 결정적인 계기가 된 것은 1870년대 이른바 한계혁명(Marginal Revolution) 이론이라 할 수 있다. 제본스의 『경제학의 이해』(1871), 멩거의 『국민경제원리』(1871), 월레스의 『순수경제학이론』(1874~1877)과 같은 저술이 서로 다른 국가에서 거의 비슷한 시기에 출간되었다(田中拓道, 2023, p. 59). 이들에게 공통적인 것은 매우 미세한 재화의 증가나 감소에 의해 생기는 효용, 다시 말해 한계효용에 착안하여 완전경쟁 상태 시장에서의 가격 결정 메커니즘을 해명하는 것이었다. 재화의 가격은 생산 비용이나 투입된 노동의 양이 아니라 시장의 수요와 공급의 균형으로 표현할 수 있다는 것이다.

애덤 스미스는 상업 시장의 발전과 함께 최하층까지 폭넓게 부유가 퍼져 간다고 하였다. 과연 부의 분배의 불평등이나 불공정이라는 문제를 복지국가의 정치경제학 관점에서는 어떻게 인식하고 있는가. 영국은 1870년대의 대공황을 거쳐 도시 하층 계급의 빈곤이 사회 문제로 간주되었다. 자유무역이나 자유방임주의에 대한 회의감이 확대되고 노동운동이나 사회주의 운동이 격렬해졌다. 1870년대부터 20세기 초반까지는 사회 문제에 대한 정책적 대응이 문제시되던 시기였다(Jose Harris, 1993, 239ff). 이 시기 옥스퍼드 대학을 중심으로 관념론(idealism) 철학에 기반하여 사회 문제의 실천적 해결을 주도하며 자유방임주의를 도덕적으로 비판하는 옥

스퍼드학파가 형성되었다(Finlayson, 1994). 한편 케임브리지 대학을 중심으로 공리주의에 기반하여 정부에 의한 규제나 분배 정책의 필요성을 설명하고 국민 전체의 복지 확대를 추진하려는 복지경제학이 등장하였다. 케임브리지학파 중 일부는 제2차 세계대전 후 공공경제학, 사회적 선택 이론으로 계승되어 복지 정책을 분석하는 학문이 되었다(田中拓道, 2023, p. 60). 그 대표자인 피구는 민중의 복지 일반이 아니라 화폐에 의해 측정할 수 있는 경제적 후생만을 대상으로 하고 개인적 효용의 총합으로서 국민소득을 최대로 하는 정책을 탐구하였다. 피구에 의하면 국민소득분의 평균이 클수록, 특히 빈곤층에 대한 국민분배분의 비율이 클수록 사회 전체의 복지는 증가한다(ピグ−, ア−サ, 2012). 이러한 명제를 기반으로 피구는 독점 금지, 산업 국유화, 실업 대책, 재분배 등 정부에 의한 광범위한 정책을 지지하였다. 다만 개인 사이의 복지 비교는 불가능하다는 비판을 받기도 하였다. A의 만족과 B의 만족을 비교하여 그 크기를 검증하는 수단은 아무것도 없다는 것이다. 왜냐하면 어떠한 종류의 실증과학에 비춰 보아도 정당화될 수 없기 때문이다(田中拓道, 2023, p. 61). 개개인의 효용, 예를 들어 상품 A를 구입한 사람과 B를 구입한 사람의 만족을 비교하는 과학적 방법은 존재하지 않는다. 사람마다 가치관이 다양하기 때문에 효용의 단순한 총합을 계측할 수는 없다는 것이다. 이러한 비판을 수용하여 파레토 최적(Pareto optimal)이라는 기준이 활용되었다. 이는 어떤 상태로부터 매우 미세한 변동이 어떤 개인의 효용을 증대하게 하지만, 다른 개인의 효용은 감소하게 할 수밖에 없는 상태이다. 다시 말해 다른 개인의 복지를 감소하지 않고서는 어떤 개인의 복지를 높일 수 없는 상태가 자원이 가장 효율적으로 분배된 균형 상태라는 것이다. 목표로 하는

사회상은 복지 총량의 최대화가 아니라 각 개인의 복지의 균형, 즉 최적화라고 보는 것이다. 따라서 시장의 완전경쟁에서는 일반적인 복지의 균형화가 실현된다. 또 모든 효율적 자원 배분은 초기 시점에서 적절한 재분배 상태에서의 완전경쟁 시장에 의해 실현될 수 있다. 아울러 자유로운 시장은 가장 효율적인 분배를 초래하므로 초기 재분배를 적절히 하면 나중에 국가가 시장에 개입하지 않고도 효율적인 부의 재분배로 인한 복지가 달성된다는 것이다. 하지만 현실 시장에서 항상 완전경쟁이 성립될지는 의문이다. 시장의 자기조절 메커니즘에 대한 회의감은 시장 실패 논의를 등장하게 했다.

자유방임과 시장 메커니즘의 신뢰에 근본적으로 반대하는 입장은 특히 두 차례 세계대전 기간에 발전하였다. 그 입장에서 볼 때 시장 실패의 중요한 논리(Barr, 2020, pp. 49-66)를 몇 가지로 정리하면 다음과 같다. 첫째, 외부효과(externalities) 문제이다. 어떤 주체 A의 활동이 시장을 통하지 않고 다른 주체 B에게 영향을 주는 경우 외부성이 존재한다. 예를 들어 기업 공장이 환경을 오염시키면서 제품을 만들면 환경을 원래대로 돌리는 비용을 부담하지 않을 경우 부정적 외부효과가 발생한다. 이러한 부정적 외부효과를 바로잡기 위해서 해당 기업에 세금을 부과해야 한다. 둘째, 불완전한 경쟁이다. 어떤 산업에서 기업 수가 적어 독과점이 발생하는 상태에서는 공급이 과소하게 되어 가격이 높아지는 등 비효율이 발생한다. 셋째, 공공재의 존재이다. 공공재는 또 한 사람이 추가적으로 편익을 받는 경우, 추가 비용이 드는 것(경합성), 재화를 누릴 수 없도록 개인을 배제할 수 있는 것(배제성)과 같은 두 조건에 해당하지 않는 재화를 말한다. 공공재의 예로서 치안, 자연환경, 지식, 도로 등을 들 수 있다. 이러한 재화는 시장에서 공급되지 않거나 충분한 양이 공급되지 않게 된다. 넷째, 실업 문제이다. 예를 들어, 케인즈는 미국 대공황과 뉴딜 정책을 경험한 후 발표한 『고용·이자 및 화폐의 일반 이론』(1936)에서, 우리가 생활하고 있는 경제사회의 결함은 그것이 완전고용을 제공할 수 없다는 것, 부와 소득의 분배가 자의적이며 불공평하다는 것을 들었다. 케인즈에 의하면 노동시장에서 완전고용은 어렵고 비자발적 실업이 발생해 버린다. 비자발적 실업을 줄이기 위해서는 유효 수요를 늘리는 정책, 예를 들어 재정 지출의 증가, 소득세 감세, 화폐 공급량 증가 등의 정책을 선택할 필요가 있다. 다섯째, 불완전한 시장이다. 경쟁이 제약되거나 왜곡되어, 가격이 수요와 공급에 의해 자유롭게 결정되지 않는 경우에 시장은 불완전하다. 이 경우에 정보, 참여자, 진입과 퇴출 조건 등이 제약되므로 시장을 통한 효율적 복지 배분은 어려워진다. 이런 경우는 특히 보험 시장에서 잘 볼 수 있다. 불완전한 시장을 초래하는 가장 중요한 요인으로 20세기 후반부터 주목된 것이 정보의 비대칭성이다. 완전경쟁 시장은 공급과 수요 측면이 서로 완전한 정보를 얻고 있다는 전제에 있다. 그런데 현실적으로는 재화에 관한 정보가 불완전하거나 구매하는 측의 정보가 불완전한 경우가 많다. 예를 들어 중고차 시장은 품질에 관한 정확한 정보가 소비자에게 제시되지 않으므로 조잡한 중고차가 높은 가격으로 매매되어 효율적 시장 질서를 어지럽힐 수 있다. 정보의 비대칭성에 의한 유사한 문제는 의료보험, 노동시장, 증권시장 등 다양한 거래에서 발생할 수 있다.

이처럼 자기 조절적 메커니즘을 가진 자율적인 질서로 간주되던 시장은, 20세기에 들어오면 국가에 의한 규제나 분배 정책을 널리 수용하게 된다. 개개인의 복지가 최대로 되는 균형점을 도출하려는 복지경제학은 파레토 최적이라는 기준에 따라 시장과 국가의 균형을 찾고자 하였다. 시장의 실패가 생기는 요인으로는 외부효과, 불완전한 경쟁, 공공재, 실업, 정보의 비대칭성을 들었다. 이 경우에는 국가에 의한 규제, 공공 서비스, 분배 정책에 의해 비로소 파레토 최적이 회복될 수 있다. 공공 사회보험, 고용 정책, 교육 정책 등은 주로 이러한 논리에 의해 정당화된다. 그런데 정부의 복지 정책에 의해 시장의 실패가 수정되고 파레토 최적이 회복되었다고 해도 소득 분배의 공평성을 실현하는 데는 한계가 있을 수 있다. 어떤 사람들은 사치를 즐기고 또 어떤 사람들은 기아에 시달리는 경우조차 파레토 최적이 될 수 있다. 파레토 최적은 어디까지나 사회 전체 효용의 균형에 관계되는 개념이기 때문에 사람들 사이에서 불평등한 분배가 이루어지고 있는지는 관계가 없다. 그런데 소득의 불평등을 시정하기 위해서는 국가 개입으로 부유한 사람에게서 가난한 사람으로 재분배가 이루어지면, 대부분 파레토 최적을 얻을 수 있을 것이다. 이때 효율성과 공평성의 상충 관계라는 문제가 생긴다. 따라서 이러한 상충 관계에 어떻게 대처할 것인지가 과제가 될 수 있다.

상충 관계를 해결하는 논리는 두 가지 시각으로 구분할 수 있다. 하나는 벤담의 공리주의이다. 인간 효용을 과학적으로 비교하기 어렵지만, 공리주의라는 규범 원리를 도입함으로써 최대 다수의 최대 행복이라는 목적을 설정하여 대응하려는 것이다. 또 하나는 롤스의 정의론이다. 파레토 최적이라는 기준은 노예 제도나 계급이 극단으로 분단된 사회조차 정당화될 수 있다고 보고, 효율적이지만 정의를 충족하지는 못한다고 비판하였다. 또 분배에 있어서 자연적 또는 사회적 우발성 의 강한 영향력을 비판하였다. 출발점이 평등해도 물려받은 능력이나 재능을 가지고 태어난 사람은 그렇지 않은 사람에 비하여 더 많은 부를 얻기 쉬워진다. 그리하여 롤스는 능력이나 기회의 혜택을 보지 못하는 불우한 사람에게 먼저 분배하는 격차 원리를 주장하였다.

효율성과 공평성의 상충성을 조정하기 위한 원리는 하나가 아니며 이론적 합의가 이루어져 있지 않다(田中拓道, 2023, p. 66). 효율성의 실현을 넘어서 어떻게 공평한 분배를 초래할 것인지에 대해서는 효율성과 공평성의 상충 관계라는 개념이 논의되어야 한다. 시장이 사회질서 전체 속에서 인간의 복지 실현에 있어 어떠한 위치에 있는지는 여전히 의문시될 수밖에 없다. 왜냐하면 공정한 분배 질서를 유지하고 재생산하기 위한 기준이 분명하지 않기 때문일 것이다. 이러한 문제는 시장 내부에서의 논의만으로 해결되지 않을 것이다. 공평한 복지 실현 등에 대하여 국가나 사회가 시장과 어떠한 관계로 상호작용을 하는지도 논리적으로 설명할 수 있어야 할 것이다.

2. 노동력의 상품화와 탈상품화의 근거

19세기 전반, 유럽은 산업 발전과 자본가의 이윤 추구가 노동자 계급의 빈곤을 초래한다는 비판이 제기되고 국가에 의한 산업 규제, 노동자의 자주적 관리, 사유 재산제 철폐 등을 주장하는 사회주의 운동이 분출하였다. 이 시대에는 다양한 사회주의 사상이 등장하고 자본주의를 대신하는 대안 사회를 탐구하였다. 이 과정에서 자본주의에 대해 가장 체계적으로 비판한 사람이 마르크스였다. 그의 사상은 복지국가의 이론적인 기초를 제공한 것은 아니다. 그는 국가를 자본가 계급의 이익을 대변하는 권력 장치로 파악하였다. 그의 자본주의 이해는 주류 경제학이 경시하고 있던 요소를 포함하고 있다. 자본주의 생산 양식이 지배적인 사회의 부는 거대한 상품의 집적으로 나타난다. 자본주의 시장은 누군가에게 도움이 되는 것을 만들거나 그것을 다른 사람과 교환하지 않는다. 모든 상품은 시장에서 판매되며 교환의 목적은 이윤을 획득하는 데에 있다. 자본가는 자본과 원자재, 공장 등의 생산 수단을 소유하고 있는 사람이다. 자본주의에서 자본가들은 사용 가치를 생산하는 것이 아니라 이윤을 획득하고 자본을 더욱 늘리기 위한 목적으로만 상품을 생산하고 공급한다. 자본주의 시장에서는 부의 증식이 목적이며 자본가는 어디까지나 자본을 인간의 몸과 같이 여기는 사람, 다시 말해 자본의 운동에 봉사하는 사람처럼 행동한다(田中拓道, 2023, p. 69). 마르크스는 초기에 자본주의 구조가 노동자의 소외를 초래하는 것으로 보았다. 노동자는 자신의 노동을 통해 생산한 물품을 스스로 소유할 수 없다. 나아가 자본 축적이라는 목적을 위하여 동원되며 노동 본래의 목적을 놓치게 된다.

인간은 본래 상호 협력하는 사회적 존재이지만 자본주의는 이러한 본성을 왜곡한다. 즉, 노동자들을 생존을 위한 개별적 경쟁으로 내몰아 서로를 고립시키며, 이는 결국 인간 본연의 공동체적 삶으로부터 노동자들을 소외시키는 결과를 낳는다. 초기 마르크스의 소외론은 자본주의라는 특수한 경제 체제에서 사람들의 관계가 상호 협력이 아니라 화폐만 추구하는 관계로 전도되었다는 점을 강조하였다. 그 배후에는 인간 본래의 공동성에 관한 마르크스의 도덕적인 직관이 있었다. 그러나 이러한 도덕적인 직관이 어디에서 생기고 어떻게 정당화되는지는 논의하지 않았다

(石村正英 編, 1992). 그 후 인간의 의식은 다양한 사회적 관계, 즉 생산관계 등 물질적인 여러 관계에 의해 규정된다. 자본주의적인 생산관계는 사람들이 자발적으로 만들어 낸 협력 관계가 아니며 자본가의 이윤 획득이라는 목적으로 규정된 관계, 노동자가 보면 소원한 외적 강제력을 가진 관계로 나타난다. 다시 말해 사람들의 의식과 존재의 괴리가 문제가 아니라 사람 외부에서의 강제적인 힘으로 나타난다. 이에 마르크스는 개인의 의지와 무관하게 물질적 강제력으로 작용하는 생산관계 자체에 주목했다. 그의 핵심 과제는 구조 내에서 어떤 모순이 필연적으로 발생하는지를 규명하는 것이었다.

자본주의에서는 모든 물품이 상품이 된다. 특히 노동력의 상품화가 중요하다. 노동자는 자신의 노동력을 상품으로 팔기 때문이다. 노동력이 상품화됨으로써 자본주의에 의한 자본 축적이 가능해진다. 그러면 노동력은 다른 상품과 어떠한 차이가 있는가. 노동력이 상품으로 판매된다는 것은 두 가지 중요한 의미가 있다. 소유자가 노동력을 상품으로 팔기 위해서는 본인이 자유롭게 처리할 수 있어야 한다. 즉 그 노동 능력의 자유로운 소유자여야 한다. 노동력을 판매하려는 사람과 구매하려는 사람은 서로 대등한 상품 소유자로서 시장에서 만난다. 노동자는 자신의 신체적·정신적 능력의 소유자이다. 노동력을 상품으로 판매할 수 있게 되면 노동자는 다른 누구에게 의존하지 않고 자신의 힘만으로 생활할 수 있는 자유로운 인격이 된다. 자본가는 대가를 지불하고서 노동력을 구매하고 노동자는 원하는 시기에 본인의 노동력을 원하는 상대에게 판매한다. 이런 구도에서 자본가와 노동자는 자유로운 인격으로서 대등한 관계가 된다. 그런데 노동자는 노동력 이외에는 판매할 수 있는 상품을 갖고 있지 않다. 자본과 생산 수단 모두 소유하지 못해 자본가에게 노동력을 판매하여 얻는 임금만으로 생활한다. 노동력은 살아 있는 인간에게 전속되어 있으므로 노동력과 임금을 분리할 수 없다. 노동력의 주체인 살아 있는 인간은 식사, 의복, 주거 등을 확보하고 노동력을 재생산하지 않으면 필연적으로 죽음에 이르러 사라진다. 따라서 노동자는 노동력의 상품화에 의해 자유로운 인격이 되는 한편, 항상 생존을 위해 임금을 획득하며 노동력을 재생산해야 하는 조건을 감당해야 한다. 이러한 이중성이 자본가와 노동자가 대등한 관계인 것처럼 보이게 하면서 실질적으로 지배-종속 관계로 만드는 요인이다. 일반적으로 상품의 가치는 그것을 만들어 내기 위하여 투입된 추상적인 인간 노동을 통해 결정된다. 추상적이란 특정한 어느 인간에 의해서가 아니라 모든 시대와 사회에서 평균화되었다는 의미이다. 특정 상품의 생산을 위하여 투입된 사회적으로 필요한 평균 노동시간이 적으면 그 상품의 가치는 작아지고 시장 가격은 낮아진다. 투입된 평균 노동시간이 많으면 상품 가치는 커지고 시장 가격은 높아진다. 이러한 방식을 노동 가치설이라 한다. 노동력이라는 상품의 가치도 그것을 재생산하는 데 필요한 노동량으로 결정되고 그 가치에 맞는 액수가 자본가에 의해 임금으로 지급된다. 따라서 노동자의 임금은 노동자가 생활하는 데에 필요한 최저한의 가치라 할 수 있다.

그리고 노동력은 그 자체가 가치의 원천이라는 독특한 특성을 가진다. 그것은 스스로 재생산하기 위하여 필요한 수준을 넘어선 가치를 만들어 낼 수 있다. 자본가는 노동시간을 연장하거나 노동 일수를 늘리거나 공장 기계 도입 등으로 노동 강도를 높이면서 노동자에게 더 많은 가치를 생산하게 할 수 있다. 항상 일을 해 임금을 벌어야 하는 노동자는 이러한 조건을 거부하기 어렵다. 그리하여 노동력이라는 상품은 재생산에 필요한 양을 초과하는 새로운 가치, 다시 말해 잉여가치를 만들어 내고 자본가는 이 잉여가치를 얻게 된다. 형식적으로는 등가 교환으로 보이는 자본가와 노동자의 관계를 통해 자본가의 이윤이 발생하는 것이다. 마르크스는 자본가의 이러한 잉여가치 획득을 노동자가 만들어 낸 잉여가치를 속이고 빼앗는 것이라 보고, 착취라는 용어로 규정하였다. 착취된 잉여가치는 자본으로 바뀌면서 자본 축적이 진행된다. 자본가는 점차 풍요해지는 반면 노동자는 생활에 필요한 최저한의 임금을 받을 뿐이다. 그런데 자본주의에서 자본가와 노동자는 자본 축적을 최대의 목적으로 하는 관계, 개인으로 볼 때 외적인 강제력으로 이루어진 물질화된 관계이다. 이 관계 속에서 자본가들은 더 많은 이윤을 얻기 위하여 서로 경쟁하므로 새로운 공장과 기계 등을 도입하여 생산을 한층 더 늘리려고 한다. 더 적은 노동력으로 더 많은 물품을 생산하기 위해 노동자는 더 단순한 노동에 종사하며 최저생활 수준의 임금만 얻게 될 뿐이다. 자본의 집중이 진정되면 자본의 과잉과 소비 부족이 일어난다. 그 결과 주기적인 과잉 생산과 신용 불안, 공황이 발생한다. 공황에 의해 중소 자본가는 몰락하고 대자본가에게로 부의 집중이 일어난다. 자본주의에 내재하는 이러한 메커니즘에 의해 사회는 부를 독점하는 소수의 자본가 계급과 절대 다수의 가난한 노동자 계급으로 양극화가 진행되고, 최종적으로는 노동자 계급에 의한 혁명에 이른다.

마르크스의 사상은 자본주의 시장을 주류 이론과는 전혀 다르게 이해하였다. 자본주의의 내재적 모순을 밝히고자 했지만, 오늘날까지 논쟁의 대상이 되고 있다. 복지국가 이론을 통해 얻을 수 있는 의의를 정리하면 다음과 같다. 첫째는 상품화의 진행이다. 자본주의에서 개인은 서로 도움이 되는 물품을 생산하고 자발적으로 협동하지 않는다. 오로지 자본 축적이라는 목적에 지배된다. 사람들의 욕구에 따라 운영되어야 할 노동을 통한 생산물이 시장의 상품으로 유통되고 화폐를 매개로 한 경제적 관계로 편입된다. 자본주의 시장에서는 수요와 공급의 자기 조절 기능을 근거로 상품 교환이 이루어진다. 그것은 시장에 참여하는 개인들이 볼 때 협동이라는 성격을 기대할 수 없는 소원한 관계로 나타난다. 이러한 자본주의 시장의 특징은 극복해야 할 대상인가. 사회관계가 모두 상품화 중심으로 이루어진다면 분명 분업이나 전문화로 인해 시장뿐만 아니라 행정이나 문화 등도 필연적으로 증가할 것이다. 개인들은 사회에 대한 전체적 역할보다 작은 톱니바퀴처럼 부분적 기능만 담당하게 될 것이다. 당연히 그에 대한 반발로 사회성을 회복하려는 대항적 의식이 생겨날 것이다. 그런데 사회관계의 전문 분화와 함께 경제·행정·문화 등 다양한 영역에서 상품화가 진행되면 그것을 부정해야 할 현상으로만 보기 어려울 것이다. 자본주의 시장에서 노동 분업화와 전문화는 경제 제도의 내부에서 일어나는 사안이다. 커뮤니케이션에 의해 이루어지는 생활 세계로부터 경제 및 행정 시스템이 자율화하고 전문화하는 것은 사회 발전의 필연적인 결과이다. 그것은 복잡한 사회를 관리한다는 관점에서 통합의 결과라고도 볼 수 있다. 중요한 것은 경제 제도가 사회질서 전체를 위협하지 않도록 통제하는 것이다. 따라서 보다 공동체적 자본주의를 위해 사회적 관점에서 어떻게 시장을 관리할 것인지에 대해 고민해야 할 것이다.

둘째는 착취 개념이다. 마르크스는 노동자가 생산한 잉여가치를 자본가가 취득하는 것을 착취라고 했다. 착취 개념은 노동자와 자본가 사이에서 불공정한 가치의 분배가 일어난다는 데에 함의가 있다. 그렇다면 공정한 재분배에 대해 고민해야 한다. 그것을 어떻게 규정할 것인가. 착취 개념은 개인의 신체적·정신적 능력은 개인의 소유물이며 그것들로부터 생겨난 재화는 개인이 소유할 권리를 가진다는 강한 자기 소유권을 전제로 한다. 노동자가 스스로 생산한 재화를 소유할 수 없다는 데 대한 비판은 이러한 강한 자기 소유권에서 나온다. 그러나 이러한 전제는 명확한 논리가 아니다. 분배적 정의를 논의할 때 대부분 자기 소유권은 제약되고 분배적 정의가 우선되기 때문이다. 또 하나의 전제는 노동 가치설이다. 투입된 추상적 인간 노동이 생산물의 교환 가치가 되므로 노동력의 재생산에 필요한 가치가 노동자에게 임금으로 지급된다. 그런데 노동자는 노동력 재생산에 필요한 양을 초과하는 새로운 가치를 만들어 낸다. 이것이 잉여가치가 되며 자본가에게는 이윤이 된다. 다시 말해 잉여가치나 착취라는 개념의 근거가 된 것이 노동 가치설이다. 과거 공장에서 일하는 노동자는 단순노동에 종사하고 겨우 최저임금 정도만 지급받았다. 그러나 노동자의 기능이 축적되면 이러한 상정은 실태에 맞지 않게 된다. 고숙련 노동자의 경우 노동력 재생산에 필요한 추상적인 인간 노동의 양을 상정하기는 매우 어렵다. 숙련 기능을 가진 노동자가 시장에서 유리한 입장을 차지하고 그렇지 못한 노동자보다 많은 임금을 획득하게 된다. 무엇이 착취인지를 통찰하기 어려워진다. 노동자의 임금이 노동력 재생산 비용에 의해 결정되기보다 노동시장에 있어서 수요와 공급 및 노사의 권력관계에 따라 결정된다고 이해하는 게 타당하다. 노동 가치설에 근거하여 분배의 불공정성을 특정하기 어렵게 된 것이다.

셋째는 공황 발생의 필연성이다. 마르크스는 무분별한 경쟁으로 인하여 주기적으로 공황이 일어나고 계급 대립이 격화된 결과 최종적으로 혁명에 이른다고 생각하였다. 그러나 20세기 들어서 자본주의는 국가에 의해 규제된 자본주의가 되었다. 더 이상 공황은 자본주의 그 자체를 전복하는 계기가 되지 않는다. 국가의 역할을 충분히 고찰하지 못했다고 생각한다. 20세기 자본주의에 그 사상을 맞추기는 어려울 것이다. 하지만 마르크스의 사상이 자본주의의 한계를 체계적으로 정리했다는 점은 부정할 수 없다. 노동시장에서 자본가와 노동자는 형식적으로는 대등한 교환관계에 있는 것처럼 보이지만, 실질적으로는 지배-종속 관계에 있다. 자본가는 더 많은 이윤을 얻기 위해 경쟁하고 노동시간을 연장하거나 노동강도를 강화한다. 자본주의는 자본 축적만을 목적으로 자기 증식하는 구조이다. 노동자 관점에서는 소외되는 관계이다. 이러한 관계 속에서 자본가와 노동자 사이에는 임금과 노동 조건, 복지를 둘러싼 끊임없는 갈등이 발생할 것이다. 자유로운 시장이 스스로 노동과 자본의 균형을 추구하지는 않을 것이다. 노동과 자본 관계에서 내부적으로 반드시 분쟁이 발생할 수밖에 없는 폭발력이 있다는 점을 시사하고 있다.

3. 상품화의 한계

자유방임주의를 비판하는 일련의 독일 학자들이 주도하여 1872년에 창립한 사회정책학회에서 경제학과 구분되는 이론이 모색되었다. 슈몰러, 바그너, 브렌타노 등이 주도한 이러한 조류를 독일 역사학파라고 부른다. 이들의 특징은 추상적인 모델로 수요와 공급의 균형이라는 경제 법칙을 연역적으로 도출하는 방법을 비판하며 사회조사 등을 이용하여 사실을 수집하고 귀납적인 방법에 의해 경제 발전의 법칙을 탐구하고자 하였다. 당시 노동자 계급이 처한 어려움을 물질적인 빈곤뿐만 아니라 도덕적·지적인 쇠퇴로 이해하고 이러한 관점에서 국가적 사회 정책을 도출하였다. 국가가 하층 계급의 교화와 교육에 대응하는 것, 노동자 계급의 거주 조건이나 노동 조건에 관심을 가지는 것 등이 이에 해당한다. 재산과 교양을 가진 상층 계급이 주도하여 사회 정책을 실시하고 하층 계급이나 노동자 계급의 도덕적 교화, 노동 조건 개선을 추진할 필요가 있다. 노동력이라는 상품은 노동자의 인격과 분리할 수 없다. 따라서 노동력을 구입한 자본가는 노동자의 육체적·지적·도덕적·사회적 존재 전체에 대한 지배권을 장악한다. 또 노동자는 노동력을 판매하는 것 이외에 생존을 위한 수단이 없으므로 어떠한 임금, 노동 조건이라도 그것을 감수할 수밖에 없다. 그리하여 자본가는 노동자에 대한 무한하고 강력한 지배력을 가지게 된다. 이러한 이유로 볼 때 노동자의 보호가 필요하다는 것이다. 하지만 그들은 자본주의를 완전히 부정하지는 않는다. 자본가와 노동자가 대등한 관계에서 자유롭게 경쟁할 수 있기 위해서 노동조합의 단결권과 노동 규제 입법이 필요하다. 노동조합의 역할은 단순히 안정적인 소득을 확보하는 경제적 기능을 넘어, 노동자의 인격적 자유와 독립성을 보호하고 나아가 지적·도덕적 성장을 지원하는 교육적 차원까지 포괄하는 것으로 제시되었다. 독일 역사학파의 자본주의 이론은 교양 있는 상류층 시민에 의한 하류층 계급의 교화, 그것을 통한 질서 안정이라는 의도에 대응하는 것이었다. 그들은 경제학의 방법적 협소함을 비판하고 도덕적·규범적인 관점을 조합하는 정치경제학을 주도하였다. 하지만 상품화에 대해서는 그것을 보다 충분한 상품으로 하기 위한 보완적 대응을 제언하는 데 그쳤다. 즉 노동자는 어디까지나 국민 경제 발전을 위한 객체인 것이다. 이러한 입장은 노동자의 실제 현실을 반영하기보다는, 특정 가치관에 기반하여 노동자상을 관념적으로 구성한 추상적 정책 이론에 머무른다는 비판을 받을 수 있다. 이후 사회정책학회는 내부 분열에 직면하면서 1936년에 해산하였다.

한편, 폴라니(Polany)는 마르크스와 다른 형태로 상품화의 한계를 논하면서 복지국가 논의에 큰 영향을 끼친 학자이다. 그는 시장은 인간의 자연스러운 질서에 의해서가 아니라 역사적·정치적으로 만들어진 제도라는 점을 강조하였다(Polany, 1944). 폴라니는 19세기 자유방임적 시장경제의 등장과 붕괴, 그리고 국가·사회와의 관계를 규명하고자 하였다. 19세기 문명은 주요 국가의 세력 균형, 국제 금본위 제도, 자기 조절적 시장, 자유주의 국가와 같은 네 가지 요소의 조합으로 존재하였다. 이 중 가장 기저적인 것은 국가의 역할을 가급적 작게 하고 모든 것을 자유시장에서의 조정에 맡겨야 한다는 사고, 다시 말해 자기 조절적 시장이라는 유토피아적 생각이었다. 자기 조절적 시장이란 19세기 서구 사회에서 등장한 특수한 경제 형태를 지지하는 이념을 말한다. 자기 조절이란 모든 생산이 시장에서의 판매를 위해 이루어지고 모든 소득이 그러한 판매로부터 파생하는 것을 의미한다. 모든 재화의 생산과 분배가 시장에서 이루어지고 가격을 통하여 조절될 때 최대한의 효율성을 달성할 수 있다. 자기 조절을 방해하는 오랜 구조는 철폐되어야 한다. 이러한 사고는 19세기를 거치면서 더욱 확대되었는데, 영국의 경우 엔클로저 운동, 1834년 신구빈법 등에 반영되었다. 자기 조절적 시장의 실현에 따라 사회 구조 그 자체가 근본적으로 변하였다. 그는 시장과 사회의 관계를 오랜 인류 역사 속에서 파악하려고 했다. 역사적으로 경제는 독립적 체계가 아니라 호혜, 재분배, 가계와 같은 사회적 관계 속에 깊이 내재되어 있었다. 즉, 생산과 분배는 시장논리가 아닌 공동체의 규범과 관계에 따라 이루어졌으며, 가족은 그 기본적인 자급자족 단위로 기능했다. 경제는 사회 여러 관계 속에 이미 존재하고 있었다. 다시 말해 인류 역사에서 가족이나 공동체라는 사회관계를 유지하기 위하여 경제가 보완적으로 활용되고 있었던 것이다.

그런데 19세기 시장경제의 확산과 함께 경제와 사회관계가 근본적으로 변하였다. 모든 것이 시장에서 교환되는 상품이 되고 사람은 시장에서 소득을 얻어야만 생활할 수 있게 된다. 특히 중요한 것은 토지, 화폐, 노동의 상품화였다. 이것들은 본래 시장에서 판매하기 위하여 만들어진 상품이 아니었다. 토지와 인간 모두 사회를 만드는 기반이다. 본래 상품이 아닌 것이 상품화되고 사회는 시장 메커니즘에 종속된다. 사회는 자기 조절적인 시장 메커니즘을 위하여 존재하게 되고 그것에 적합한 형태로 재편성된다. 즉 여러 사회적 관계가 경제 시스템 속에 매몰되는 것이다. 특히 노동력이라는 상품은 소유자인 인간과 분리할 수 없으며 자유롭게 사용하거나 보관할 수 없다. 살아 있는 사람은 항상 재생산이 필요하기 때문이다. 인간이란 단순한 물질적 존재가 아니라 심리적·도덕적 존재이기도 하다. 인간이 구성하는 사회는 시장뿐만 아니라 다양한 문화적 제도에 의해서도 성립된다. 일정한 문화에 의해 사람은 정체성을 형성하고 다른 사람과의 협력 관계를 구축하며 질서를 유지하기 때문이다. 시장경제는 그러한 문화를 파괴하고 사회질서를 대혼란에 빠지게 한다. 폴라니는 자급자족 공동체가 유럽의 시장 문명을 접하고 붕괴한 점을 예로 들면서 악덕, 추락, 범죄, 기아가 발생하는 것으로 보았다.

19세기는 화폐, 토지, 특히 노동의 상품화가 진행되었다. 이것들은 결코 실현할 수 없는 유토피아였으므로 상품화에 대항하는 운동이 다양한 형태로 전개되었다. 19세기 서구 역사는 자기 조절적 시장을 실현하려는 운동과 그에 대항하여 사회를 방어하려는 반대 운동의 역사였다고 규정하였다. 모든 것을 상품화하려는 운동은 시장 메커니즘 자체에 내재하는데 특히 상업 계급이나 중산 계급에 맡겨졌다. 사회의 방어 운동은 지주 계급, 노동자 계급 등 다양한 계급에 맡겨지고 공장법, 노동자 보호 입법, 토지 거래 규제 등을 초래하였다.

폴라니의 상품화는 어떤 의의가 있을까. 1944년에 출간된 『대전환(The Great Transformation)』에서 폴라니는 마르크스와 다른 입장을 보여 주었다. 마르크스는 노동력 상품화의 모순을 노동력이 만들어 내는 가치와 재생산에 필요한 가치의 차이, 즉 잉여가치가 자본가에 의해 착취당하는 것이라고 규정하였다. 폴라니는 상품화의 모순이란 일정한 문화나 사회관계 속에서 존재하는 인간이 그 존립 기반을 파괴하는 것으로 보았다. 그의 관심사는 분배의 불공정을 교정하는 것뿐 아니라 노동력의 상품화를 제약하고 경제 시스템으로 돌릴 수 없는 사회적 유대를 방어하는 것이었다. 여기에 상품화와 탈상품화의 대항이라는 아이디어의 원천을 볼 수 있다. 또한 상품화와 탈상품화 관계에 있어서 폴라니는 시장의 자기 조절 메커니즘을 보완하는 국가의 정책, 다시 말해 재정 금융 정책, 사회보장, 고용 정책 등의 조합을 이중 운동(Double Movement)이라는 용어로 표현했는데, 이는 제2차 세계대전 후 국가에 의한 재정 금융 정책이나 고용 복지 정책이 폭넓게 인정되어 이른바 혼합경제를 어느 정도 현실화한 것일 수 있다.

자본주의의 특징은 노동력이 상품화되는 것이다. 노동력의 상품화에 의해 생산 수단이나 자본이 없는 개인은 노동력을 자유롭게 처분할 수 있는 자유로운 인격이 된다. 한편 노동력은 살아 있는 인간과 분리할 수 없다. 인간은 자본주의 시장 내부에서 자유롭게 생산하는 것도 재생산하는 것도 불가능하다. 따라서 자본주의는 외부에 있는 사회 제도에 의존해야만 장기적으로 유지될 수 있다. 마르크스 사상은 자본주의와 노동자가 임금과 노동 조건 등을 둘러싸고 부단한 권력투쟁에 들어가는 근거를 명확히 하였다. 단지 그 사상은 착취가 없는 공정한 분배를 어떻게 규정할 것인지, 자본주의는 필연적으로 자멸할 것인지에 대해서는 검토할 여지가 남았다. 폴라니는 노동력 상품화의 한계를 주제로 하면서 그에 대항하는 사회의 방어라는 동태적 역사의 파악을 보여 줬다. 노동력의 재생산을 둘러싼 투쟁은 물질적 수준뿐 아니라 규범적 수준에서도 생겨난다. 자본주의 시장의 발전이 그것을 지지하는 문화나 규범을 파괴하는 데에 자본주의의 본질적 모순이 있다. 폴라니의 사상은 자본주의에 대항하는 운동을 생산관계로 규정된 계급 운동으로서가 아니라 규범의식에 근거한 다양한 사회운동으로 이해할 가능성을 보여 준다. 폴라니와 관련하여 자본주의라는 경제 시스템을 확대하려는 운동과 그것을 규제하려는 대항운동이 어떠한 메커니즘으로 생겨나는가. 또 그 운동에 있어서 국가, 사회단체 등이 어떠한 역할을 하는지 더 깊은 탐구가 필요하다.

4. 탈상품화에서 재상품화로

제2차 세계대전 후 선진국에서는 케인즈주의적 복지국가에 대한 합의가 이루어졌다. 시장 실패를 수정하고 불평등을 시정하기 위한 국가의 역할이 계속 확대되었다. 그런데 경제적 번영이 종말에 이른 1970년대 이후 각 국가는 실업 증대, 스태그플레이션, 재정 적자에 대한 대응에 고심하고 있었다. 이러한 대응에 대해 복지국가의 구조적 위기로 접근하지 않고 제도를 매개로 하는 각 국가의 정책적 대응의 차이로 접근하는 조절 이론이 등장하였다. 거기서는 자본주의로 인하여 나타나는 구조보다는 그 영향에서 자유로운 제도와 정책의 관계에 주목하였다. 이러한 이론에서 자본주의를 어떻게 인식하고 있었을까. 자본주의 시장은 스스로 균형을 이루지 못하고 내부의 위기와 분쟁을 낳는다. 이러한 위기에도 불구하고 자본주의는 왜 재생산되는가. 자본주의의 재생산을 가능하게 하는 것, 다시 말해 자본주의를 조절할 수 있도록 만드는 것은 비경제적 제도와 규범이라는 것이다(ミセル アグリエッタ, 2000, pp. 32-35). 조절 이론에서는 자본주의의 모순을 노동과 자본의 관계 차원에서 논의한다. 자본주의는 임금 노동 관계에 의해 독자적인 성격을 가지는 상품경제이다. 그것은 상품이라는 형태의 재화를 판매하여 이루어지는 경제를 말한다. 중요한 것은 노동력이 상품이 되어 노동시장에서 판매된다는 것이다. 그런데 노동력은 다른 상품과 달리 그 자체가 새로운 가치를 만들어 내는 상품이다. 생산 수단을 소유하는 자본가는 생산의 장에서 노동자에게 명령을 내리고 노동력의 재생산에 필요한 가치를 초월하는 잉여가치를 만들어 낸다. 임금 노동 관계에서는 자본가와 노동자 사이에 잉여가치를 둘러싼 투쟁이 일어난다. 또 유통 과정에서도 모순이 발생한다. 자본주의에서는 노동자가 생산한 상품을 시장에서 판매하고 화폐로 바꾸어야 한다. 상품이 팔리지 않으면 잉여가치를 얻을 수 없고 자본가는 몰락한다. 시장에서 자본가는 생존을 걸고 격렬히 경쟁하고 있으며 서로 생산을 조정하는 수단은 존재하지 않는다. 즉 자본주의는 자본가에 의해 위기를 내포하고 있다. 개별 자본가는 경쟁에서 승리하기 위하여 공장 기계화를 진행하는 등 더 값싸게 더 많은 물건을 만들려고 한다. 그 결과 이윤율이 저하된다. 취약한 자본가는 몰락하고 대자본으로의 집중이 일어나면서 자본의 과잉 축적이 발생한다. 이러한 요인에 의해 갑자기 물건이 팔리지 않게 되는 등 정기적인 공황이 발생하고, 나아가 신용 불안과 금융 공황이 발생한다(ミセル アグリエッタ, 2000, 5-6章). 이처럼 자본주의는 생산과 유통이라는 두 가지 차원에서 위기를 안게 된다. 시장이 스스로 균형을 만들어 내지 않는 것이다. 이러한 인식은 제2차 세계대전 후 선진국에서 이러한 위기를 조절하여 자본주의를 유지하는 다양한 구조가 사회적으로 만들어졌다는 사실이 근거가 될 것이다. 이러한 구조는 20세기 자본주의 형태에서 볼 수 있다. 19세기 영국은 자유방임주의에 의해 산업화가 진행되면서 대규모 자본 축적이 이루어졌다. 자본 축적을 위하여 노동자의 임금을 인하하고 노동시간을 연장하는 등의 방법이 사용되었다. 그러나 자본 축적 과정에서 중소 자본의 몰락과 노동자 계급의 궁핍화, 계급 대립 등 다양한 사회 불안이 발생하였다. 제2차 세계대전 후 특히 미국에서 볼 수 있었던 것은 노동자와 자본가의 단체 교섭을 통해 노동자를 자본주의로 포섭하는 것이었다. 예를 들어 생산성의 향상에 맞게 높은 임금이 지급되었다. 노동력을 유지하기 위하여 실업자나 환자에 대한 생활 보장, 가족수당, 의료, 퇴직자를 위한 연금 등이 마련되었다. 이를 통해 노동자의 경쟁력은 높아지고 자본의 과잉이 억제되며 생산과 소비가 순환될 수 있었다(ミセル アグリエッタ, 2000, 3章). 그리고 생산과 소비의 순환 구조는 포디즘으로 표현할 수 있다. 이는 미국의 포드 자동차 회사에서 비롯된 노무관리 방식인데, 단순히 한 기업의 사례를 넘어, 전후 사회의 생산과 소비 구조 전반을 설명하는 용어로 이해할 수 있다. 포드사는 테일러주의와 같은 과학적 관리법을 도입하고 서로 연결된 단순화된 작업 공정을 통하여 동일한 모델의 자동차를 대량으로 조립하여 생산할 수 있었다. 노동자에게는 생산성에 따른 높은 임금이 지급되었고 그 결과 노동자는 스스로 생산한 자동차를 구입할 수 있게 되었다. 포디즘은 사회 전체적으로 대량생산과 대량 소비를 순환시키는 구조가 도입되었다는 것을 의미한다. 그 대신에 높은 임금이 지급되고 국가에 의한 사회보장 서비스가 제공됨으로써 스스로 생산한 제품을 대량으로 소비할 수 있게 되었다.

조절 이론은 포디즘이 성립되는 데에 노사의 단체 교섭, 사회보장, 금융 제도와 같은 여러 제도뿐만 아니라 생산과 소비에 관계되는 규범이 큰 역할을 했다고 보았다. 포디즘이 기능하기 위해서는 노동자가 정형화된 단순한 순환 작업에 종사하고 생산성 향상에 자발적으로 협동해야 한다. 무미건조한 노동의 대가로서 높은 임금이 지급되고 소비를 통한 자기실현을 할 수 있을 것이다. 그들의 소비 대상이 되는 물품은 냉장고, 세탁기, TV, 자동차 등의 내구성 소비재이다. 누구나 유사한 제품을 구매하며 풍요로운 생활을 누리는 생활양식이 전후 사회의 공통적인 규범이 되었다. 이와 같은 생산 및 소비의 형태가 전후 자본주의의 표준화된 생활양식이라 할 수 있겠다. 이를 통해 포디즘은 사람들이 생산·소비를 표준적인 규율로 삼아 권력에 종속되게 하고, 그에 적합한 규범을 복지국가로 내면화하는 기능을 하였다.

조절 이론을 통해 시장경제와 사회의 관계를 어느 정도 구체적으로 이해할 수 있다고 생각한다. 자본주의는 모순과 위기를 내포하고 있지만, 복지 제도를 비롯한 여러 사회 제도와 규범과 같은 조절 양식에 의해 그 위기를 회피할 수 있다는 것은 매우 설득력이 있다. 다만 이러한 조절 양식을 어떠한 담당 주체가 어떠한 의도로 도입하였는지에 대해서는 논의하지 않았다. 전후 자본주의는 노사의 단체 교섭, 사회보장, 금융 제도, 사회 규범 등 다양한 제도와 규범의 구조에 의해 사실상 기능하고 있었다고 간주된다. 따라서 1970~1980년대에 포디즘이 위기에 빠지는 요인으로 노사 교섭의 무력화, 사회보장의 과잉과 경제성장의 충돌, 대량 생산 및 대량 소비를 지지하는 규범의 쇠퇴 등 다양한 요인을 열거하는 데 머물렀다(Jessop, 2013, pp. 11-26).

이미 지적하였지만, 탈상품화와 관련하여 1990년대의 권력자원론은 상품화에 대항하는 운동의 주체에 초점을 두고 여러 국가의 복지 레짐의 다양성을 설명하였다. 에스핑-안데르센은 1985년 『시장에 대항하는 정치(Politics against markets)』라는 제목의 저서를 발표한다. 여기서 마르크스가 자본주의는 내재적 모순으로 붕괴한다는 테제를 부정하였다. 자본주의에서도 노동자의 처우가 개선될 수 있기 때문이다. 20세기 자본주의는 국가에 의해서 조직된 자본주의가 되고 있었다. 노동자 계급은 의회에 대표로 진출하여 국가의 정책에 영향을 끼치고 자본주의의 부정적 측면을 억제할 수 있게 되었다. 정치적 시민권이 사회적 시민권에 앞서야 하며 이러한 과정은 사회적 시민권에 있어서 불가피하며 정치 참여 확대에 의해 고용 및 복지 정책이 도입되고 자본주의는 수정된다(Esping-Andersen, 1985, p. 22). 그에게 계급이란 생산관계로 규정된 집단이 아니며 정치적 집합이다. 계급은 네 가지 전략을 거쳐 조직화된다. 첫째, 노동자는 시장에서 상품이 됨으로써 개별화되고 단편화된다. 값싼 임금으로 일하도록 경쟁이 강요되며 파업 등 집단행동을 하기는 어려워진다. 따라서 사회민주주의적 계급 형성은 우선 노동자의 집단행동을 가능하게 하므로 노동을 탈상품화하고 시장의 권력을 억제하기 위한 싸움이다. 탈상품화는 노동자 집단의 단결을 가능하게 하는 정치적 전략의 지위를 가진다. 둘째, 노동자 계급에 의한 탈상품화 요구에 따라 실업 및 질병에 대한 보상, 고용 보장, 소득 보장 등이 제도화된다. 셋째, 이러한 정책은 노동자 계급만을 대상으로 하는 데에 머물러서는 안 된다. 사회민주주의의 목표는 의회 다수파를 차지하는 것이므로 노동운동은 다른 계급과 정치적으로 연합하여 보다 넓은 인민(people)의 이익 실현을 지향하게 된다. 넷째, 계급 연합에 의해 보편주의적 복지국가가 실현된다. 모든 시민을 대상으로 하는 사회보험, 소득 보장, 사회 서비스가 도입되는 것이다. 그리하여 사회민주주의 운동은 노동자의 탈상품화 요구로부터 시작하여 계급의 연대에서 계급 사이의 연합으로, 최종적으로는 전체를 대상으로 하는 탈상품화의 제도화로 향한다.

에스핑-안데르센의 주요 저서 『복지 자본주의의 세 가지 세계(The three worlds of welfare capitalism』(1990)에서 폴라니의 논의를 참조하여 탈상품화가 주제로 다루어진다(Esping-Andersen, 1990, p. 37). 노동자는 다른 상품과 같지 않다. 노동력은 살아 있는 인간에 의해 다루어지고, 시장에서 판매하지 않고 오랫동안 보관할 수 없다. 노동자는 항상 스스로 그 사회를 재생산해야 한다는 조건을 안고 있다. 따라서 본인들이 통제력을 발휘할 수 없는 힘에 좌우된다. 노동력이 상품이 됨으로써 노동자는 시장 메커니즘에 종속된다. 불황, 부상, 질병 등으로 실직을 당하면 소득을 상실하고 즉시 생명의 위기에 직면한다. 개별 노동자는 자본가에 대하여 약한 입장에 처한다. 따라서 노동력을 상품화하는 정치는 그 상품화에 대립하는 힘을 육성해야 한다. 노동력의 상품화에 의해 약한 입장에 처한 노동자는 서로 단결하여 탈상품화를 요구하는 운동을 전개한다. 따라서 노동자의 단결이 가장 중요하다. 탈상품화가 보장됨으로써 노동자는 파업 등의 집합행동을 실행할 수 있게 된다. 탈상품화의 주체는 노동자 계급만이 아니다. 역사적으로 볼 때 그 주체는 보수적인 경영자층, 관료층, 종교 단체, 공제조합, 노동조합에 이르기까지 매우 다양하다. 이러한 담당 주체의 차이에 의해 여러 국가의 복지 레짐은 자유주의, 보수주의, 사회민주주의로 구분된다(Esping-Andersen, 1990, ch. 2). 하지만 탈상품화는 상품화의 부정을 의미하지는 않는다. 오히려 탈상품화는 자본주의 시스템의 존속을 위하여 필요하다. 탈상품화가 보장됨으로써 안정된 노동력의 재생산이 가능하고 자본주의의 장기적 유지가 가능해진다. 이 두 관계는 상호 보완적인 기능으로 시스템적 기능이 있는 것이다.

그런데 1990년대 중반 이후 탈상품화뿐만 아니라 복지의 역할이 노동시장에 대한 참여 지원, 이른바 재상품화라는 점도 부각된다. 탈상품화에서 재상품화로의 논리가 가능한 이유는 무엇인가. 그의 이론은 경험적인 타당성에 관하여 다양한 비판을 불러일으켰다(Bambra, 2006, pp. 73-80; Scruggs, 2006, pp. 55-72). 첫 번째는 페미니즘 측면에서의 비판이다. 즉, 안데르센의 분류가 상품화된 남성 노동자를 대상으로 하고 있으며 가족에서 노동력의 재생산을 담당하는 여성의 존재를 너무 가볍게 여기고 있다는 비판이다. 원래 탈상품화는 노동력의 상품화를 전제로 하고 있지만, 여성 대다수는 가정에서 가사와 돌봄 같은 무임금 가사 노동에 종사하고 있으므로 상품화조차 되어 있지 않다. 자율이라는 가치를 중요하게 본다면 여성에게 있어서는 탈상품화에 앞서 상품화의 권리가 필요하다. 여성이 가정의 굴레에서 해방되어 노동시장에서 자유롭게 일할 수 있기 위해서는 공공 돌봄 서비스나 자녀 양육 수당 등의 정책이 필요하다. 이러한 정책을 고려한다면 레짐 분류는 달라야 하는 것이었다. 안데르센은 이러한 비판에 대체로 수긍하여 탈가족화(De-familialization)라는 지표를 포함하게 되었다. 탈가족화는 개인이 가족에 대한 의존에서 해방되는 정도를 가리키는데, 구체적으로는 ① 가족 서비스에 대한 GDP 대비 지출, ② 아동이 있는 가정에 대한 가족수당과 세액공제, ③ 3세 이하 유아에 대한 공공 돌봄 제공 비율, ④ 65세 이상 고령자의 공공 서비스 수급 비율로 측정한다.

둘째는 탈상품화 개념의 협소함에 대한 비판이다. 탈상품화가 일시적으로 일을 할 수 없게 된 사람에 대한 기초적 생활 보장이라는 의미로 한정되어 있다는 것이다(Room, 2000, pp. 37-38). 생산 활동은 여러 개인의 생존을 보장하는 데 머물지 않고 인간 창조성의 전면적 계발을 통한 자기실현을 이끌어야 한다. 그렇지만 자본주의 상품화에서 노동자는 불안정한 생에 직면하며 단순한 노동을 강요당하게 된다. 자기실현이라는 가치를 중요하게 생각한다면 복지의 목적은 단순한 최저생활 보장에 머물지 않고 교육과 직업훈련 등 인간적 능력에 대한 투자로 기능을 향상시켜 취업을 통하여 자기 능력을 발전시키도록 기회를 보장하는 방향을 확대해야 한다는 것이다(田中拓道, 2023, p. 92). 이러한 비판에 안데르센은 탈상품화의 다차원적 접근을 제기하였다. 그는 기초적인 생활 보장은 탈상품화의 중요한 요소인데, 그것만으로는 충분하다고 할 수 없다. 공공 돌봄 서비스를 충실히 하고 여성의 노동시장 참여를 지원하는 것, 성인 교육이나 직업 교육을 충실하게 하고 사람들을 실업 리스크에서 해방하는 것도 탈상품화의 일부로 간주해야 한다. 그는 실질적으로 탈상품화라는 개념을 수정하여 복지의 목적을 자기실현, 자기 발전으로 확장하려 하였다 (Esping-Andersen, 2000, pp. 337-338). 따라서 개인의 생활 기회를 최적화하기 위해 인적 자본에 투자하는 방향이 복지 정책의 주요 목적으로 부상할 수밖에 없다.

복지국가의 환경 변화를 강조하면서 선진국의 산업 구조는 제조업에서 지식 집약형 산업으로 이행하고 있으므로 높은 기능이나 전문지식을 가진 노동자와 그럴 필요가 없는 서비스 산업에 종사하는 노동자 사이의 격차가 확대되는 것은 피할 수 없다. 더욱이 서비스 산업의 확대에 수반하여 여성의 취업이 늘어나면 가족 구조도 변화한다. 남성이 주 소득자인 가족은 줄어들고 맞벌이 가구, 한부모 가구, 1인 가구 등 다양한 형태의 가족이 등장한다. 과거에 여성이 담당했던 육아, 노인 돌봄 등 무임금 노동을 사회화하는 구조가 확립되지 않으면 일부 여성에게 빈곤 리스크가 집중되고 가정 내 돌봄과 취업의 상충 관계가 발생하여 저출생이 진행될 것이다(Esping-Andersen, 2006, pp. 434-454). 노동시장과 가족의 변화에 따라 생겨난 리스크는 새로운 사회적 리스크라고 할 수 있다. 새로운 리스크에 대한 핵심적 대응은 고용 가능성을 향상하는 것이다. 공공 돌봄 서비스를 충실하게 하고 평생교육, 직업훈련을 통해 인적 자본에 대한 투자를 강화하여 모든 사람이 노동시장에 참여할 수 있도록 지원한다. 사회 정책이 시민의 잠재적 생산 능력이나 생활 기회를 최대한 끌어올려 활용할 수 있어야 한다는 것이다. 이와 같은 복지국가의 목적은 탈상품화보다는 취업 능력의 향상과 지원을 통한 재상품화로 이해하는 것이 타당할 것이다.

탈상품화 이론은 1980년대까지 노동자 계급이 운동을 전개하는 의도를 해석하는 데 초점을 두고 복지국가의 핵심적 기능을 탈상품화로 이해하였다. 그렇지만 1990년대 중반 이후 복지국가의 환경 변화를 배경으로 복지 정책의 목적이 자기실현, 잠재 능력과 생활 기회의 활용으로 전환되어 노동시장에 대한 참여 지원, 이른바 재상품화가 핵심적인 기능으로 간주되었다. 이는 애초부터 상품화와 탈상품화를 자본주의를 존속시키기 위한 순환적 기능으로 이해하였기 때문이다. 그 배경은 노동자의 계급적 동질성이 사라지고 더 개별화된 새로운 사회적 리스크가 등장했기 때문이다.

제 4 장

악순환과 생산적 복지국가

1. 불평등과 누적적 인과관계론

스웨덴의 경제학자이자 사회학자인 칼 군나르 뮈르달((Karl Gunnar Myrdal, 1898~1987)은 복지국가를 단순한 비용이나 경제성장의 걸림돌로 보는 관점을 전복시켰다. 사회 정책은 생산적 투자이며 국가의 장기적인 부를 창출하는 핵심 동력이라고 주장했다. 다시 말해 생산적 복지라는 개념을 도출한 것이다(엔뉘 안데르손 지음, 박형준 옮김, 2014). 이는 복지 정책을 빈민 구제라는 시혜적 차원에서 벗어나, 국민의 건강과 교육, 주거, 안정을 통해 인적 자본의 질을 높이고 생산성을 올리는 국가적 성장 전략으로 본 것이다. 이러한 사상의 형성 과정에서 그의 아내이자 동료 학자였던 알바 뮈르달(Alva Myrdal)의 역할은 절대적이었다. 이들 부부는 단순한 지적 동반자를 넘어, 스웨덴 사회민주주의 사상의 발전에 공동으로 기여한 파트너였다. 특히 인구 및 가족 정책 분야에서 그들의 협업은 스웨덴 복지국가의 청사진을 그리는 데 결정적인 영향을 미쳤다(권홍우, 2019). 뮈르달의 '순환적 누적 인과관계(Circular Cumulative Causation)'라는 강력한 논리가 있다. 이는 사회 시스템이 자동적으로 안정과 균형을 이룬다는 신고전학파 경제학의 근본 가정을 부정하는 것이다. 사회는 결코 정지해 있는 시스템이 아니며, 한번 시작된 변화는 스스로를 강화하는 연쇄 반응을 통해 기존의 방향으로 더욱 빠르게 나아가는 역동적인 과정이다.[6] 핵심은 긍정적 피드백 과정에 있다. 어떤 사회경제적 변화는 그 변화를 지지하고 가속하는 다른 변수들의 연속적 변화를 촉발한다. 이 변

6 Gunnar Myrdal, Wikipedia, 2025년 8월 5일에 접속, https://en.wikipedia.org/wiki/Gunnar_Myrdal.

화는 마치 눈덩이처럼 누적적으로 진행되는데, 이 과정은 두 가지 형태로 나타난다. 하나는 빈곤과 차별, 저개발 등이 상호 강화하며 불평등을 키우는 악순환 구조이고 다른 하나는 성장과 투자, 사회 발전이 선순환하며 지속적인 번영을 낳는 선순환 구조이다(Berg, 2025). 이 이론의 적용 사례는 뮈르달의 『미국의 딜레마: 흑인 문제와 현대 민주주의(An American Dilemma: The Negro Problem and Modern Democracy)』에서 볼 수 있다.[7] 그는 이 책에서 미국의 인종 차별 문제가 단순한 편견의 결과가 아니라, 여러 요인이 맞물려 구조적으로 재생산되는 악순환의 산물임을 밝혔다. 이 악순환의 과정은 다음과 같이 전개된다. ① 흑인에 대한 백인의 편견과 차별이 존재한다. ② 이 차별은 흑인의 고용 기회를 제한하고 소득 수준을 낮춘다(경제적 불이익). ③ 낮은 소득은 흑인들의 주거, 영양, 건강, 교육 수준을 악화시킨다(생활 수준 저하). ④ 이렇게 저하된 생활 수준은 다시 백인들의 편견(흑인들은 가난하고 교육 수준이 낮다)을 강화하는 근거로 작용한다. ⑤ 강화된 편견은 더 심한 차별을 낳고, 이는 흑인들의 경제적·사회적 상황을 더욱 악화시킨다. 이처럼 차별과 빈곤은 원인과 결과가 되어 계속 순환하며, 세대를 거치면서 빈곤이 단순히 대물림되는 것을 넘어 더욱 심화된다. 자본이 이윤을 통해 스스로 증식하듯이 빈곤도 스스로 확대 재생산된다는 것이다. 이러한 시각은 보이지 않는 손이 자원을 효율적으로 배분하고 사회적 조화를 이룰 것이라는 신고전파의 균형 이론과 대립한다. 뮈르달은 자유시장에 모든 것을 맡길 경우, 오히려 불평등이 심화될 것이라고 하면서, 이를 설명하기 위해 '역류 효과'와 '파급 효과'를

7 Gunnar Myrdal Legacy, Confinity, 2025년 8월 5일에 접속, https://www.confinity.com/legacies/gunnar-myrdal.

개념화했다. 역류 효과는 자본, 인재, 자원 등이 저개발된 주변부에서 발전된 핵심부로 흡수되어 격차를 더욱 벌리는 현상이다. 반면 파급 효과는 핵심의 성장이 주변부로 확산되는 긍정적 효과이다. 특별한 국가 개입이 없는 한 역류 효과가 파급 효과를 압도하여 부유한 지역은 더 부유해지고 가난한 지역은 더 가난해지는 양극화가 발생한다.[8] 이러한 뮈르달의 이론은 경로 의존성(path dependency)에 대한 이론적 기반도 제공한다. 초기의 작은 차이나 우연한 사건이 어떻게 한 사회를 특정한 발전 경로에 고착시키고, 그 경로에서 벗어나기 어렵게 만드는지를 설명할 수 있다. 한번 형성된 불평등의 악순환은 자체 관성을 가지게 되므로 이를 극복하기 위해서는 국가 시스템 전체의 진행 방향을 바꿀 수 있는 강력하고 포괄적인 국가의 계획적 역할이 필수적이라는 결론에 도달한다(William, 2020, pp. 131-134). 이는 적극적이고 포용적인 복지국가 옹호의 강력한 논리가 된다.

2. 투자 및 생산과 복지국가

뮈르달이 복지국가 이론에 기여한 탁월한 공헌 중 하나는 복지를 비용이 아닌 투자로 재정의한 것이다. 복지가 경제성장을 저해하는 소모적 지출이라는 당시의 지배적인 통념에 정면으로 맞서, 복지국가의 존재 이유

---

8 CUMULATIVE CAUSATION THEORY BY GUNNAR MYRDAL-Barasat Government College, 2025년 8월 4일에 접속, https://bgc.ac.in/pdf/OPEN-EDUCATIONAL-RESOURCES/GEOGRAPHY/GUNNER-MYRDALS-THEORY_UG_II_SS_1.pdf.

를 국가의 장기적 생산성과 경제성장을 담보하는 전략으로 바꾸었다. 국가가 보건, 교육, 주택, 보육 등의 사회 서비스에 투자하는 것은 곧 국민이라는 인적 자본(human capital)에 대한 투자와 같다. 건강하고, 잘 교육받고, 안정된 주거 환경에서 생활하는 사람의 노동력은 그렇지 않은 사람의 노동력보다 더 높은 생산성을 발휘할 수 있다. 이는 사회적 투자가 경제성장으로 이어지고, 그 과실이 다시 더 큰 사회적 투자로 이어지는 선순환 구조를 만든다. 따라서 성장과 복지는 상충되는 이분법적 관계가 아니며, 상호보완적이며 선순환 관계에 있다는 것이다.

이러한 그의 사상이 구체적인 정책으로 나타난 것이 1934년 알바 뮈르달과 함께 쓴 『인구문제의 위기』였다. 당시 스웨덴은 대공황의 경제적 위기와 함께 심각한 출생률 저하 문제에 직면해 있었다(김영미, 2021, pp. 105-108). 뮈르달 부부는 이 인구 위기가 단순히 개인의 선택에 기인한 문제가 아니라, 불안정한 사회경제적 환경이 낳은 구조적 문제라고 진단했다. 따라서 그 해결책은 출산을 강제하는 비민주적 방식이 아니라, 국민이 안심하고 아이를 낳아 기를 수 있는 사회 환경을 조성하는 데 있다고 주장했다. 보편적 아동수당, 저렴한 공공주택, 산모 및 아동 무상 의료 서비스, 공공 보육 시설 확충 등 오늘날 스웨덴 복지국가의 근간을 이루는 정책들이 바로 이 책에서 제안되었다.[9] 이 정책들은 빈곤층만을 선별적으로 구제하는 대책이 아니라 모든 국민에 대한 보편적 서비스로 설계되었다. 뮈르달 부부는 이러한 예방적 대책이 가족의 양육 부담을 덜어 출생률을 높이는 인구 정책인 동시에, 미래 세대의 건강과 교육 수준을 높여 국가

9 Gunnar Myrda, EBSCO Research Starters, 2025년 8월 4일에 접속, https://www.ebsco.com/research-starters/history/gunnar-myrdal.

전체의 생산성을 향상시키는 가장 효과적인 경제 정책이라고 역설했다. 이러한 접근은 복지 담론을 바꾸는 전략적 함의를 지닌다. 그동안 복지는 빈민 구제라는 낙인과 연결되어 있었고, 지배 계층은 이를 자신들에게 희생을 강요하는 부담으로 여겼다. 뮈르달 부부는 복지 정책을 경제 침체와 인구 감소라는 당면한 국가적 위기에 대한 해결책으로 제시함으로써, 이 문제를 계급 간의 제로섬 게임이 아닌 국가 전체의 생존과 번영이 걸린 포지티브섬 게임으로 재구성했다(Davanzati, 2013, pp. 3-21). 다시 말하면, 복지를 자선이 아니라 투자와 성장의 영역으로 옮겨 온 것이다. 이러한 전환은 스웨덴이 광범위한 국민적 합의를 바탕으로 복지국가 계획을 추진할 수 있게 만든 결정적인 지적 자산이 되었다.

뮈르달의 생산적 복지와 누적적 인과관계 이론은 스웨덴 사회민주당이 내세운 국민의 집(Folkhemmet)이라는 국가 비전의 지적인 설계도 역할을 했다.[10] 국민의 집은 계급 갈등을 넘어 모든 국민이 평등과 연대의 가치 아래 하나의 가족처럼 살아가는 사회를 만들겠다는 이상이었고, 뮈르달의 이론은 이 정치적 이상에 과학적 합리성과 경제적 타당성을 부여했다. 뮈르달은 스웨덴 복지국가의 건설을 계획된 것이라 했지만, 이는 소련식의 중앙집권적이고 경직된 계획은 아니었다. 오히려 당시 시급한 사회 문제(예를 들어, 인구 위기)에 대응하기 위한 점진적인 개입 과정에 가까웠다. 즉, 개별적인 정책적 개입들이 누적적 인과관계 논리에 따라 서로 영향을 주고받으며, 시간이 흐름에 따라 하나의 일관된 경로 의존적 시스템으로 발전한 우연한 계획화의 과정인 것이다(William, op. cit., pp. 131-133). 국

10 Gunnar Myrdal, Wikipedia, 2025년 8월 4일에 접속, https://en.wikipedia.org/wiki/Gunnar_Myrdal.

가의 역할은 시장이 낳은 부정적 경향(역류 효과)을 지속적으로 교정하고, 누적적 과정을 긍정적인 방향(선순환)으로 유도하는 것이었다.

이렇게 복지국가가 한번 구축되면 성공적인 복지 정책이 국민 대부분에게 실질적인 혜택을 제공하면서, 국민의 가치관과 정치적 태도 자체를 변화시킨다. 더 나은 건강, 향상된 교육과 안정된 노후 등 구체적으로 삶을 개선해 주는 복지국가의 성공은 더 이상 정부가 제공하는 몇몇 프로그램의 집합이 아니라, 사회 정의와 높은 조세 윤리에 기반한 사회계약의 핵심이자 국가 정체성의 일부로 자리 잡게 되었다(김인춘, 2005, pp. 55-63). 시민들은 이러한 혜택을 시혜나 자선이 아닌, 모두가 마땅히 누려야 할 사회적 권리로 인식하기 시작한다. 복지국가가 경제적으로나 사회적으로나 혜택이 더 크다는 인식이 널리 퍼지면 어떤 정당도 복지 제도의 근간을 흔드는 급진적인 후퇴를 감행하기 어려운 정치적 환경이 조성된다. 이른바 복지국가는 비가역성을 띠게 되는 것이다.

성공적인 복지 정책은 단지 문제를 해결하는 데 그치지 않고, 그 정책을 지지하는 새로운 정치적 지형과 강력한 이해 집단을 만든다. 보편적 공공 보육 정책은 여성의 경제활동을 촉진하고 가계 소득을 증대시키는 등 광범위한 수혜자 집단을 낳는다. 이들은 자연히 해당 정책을 유지 또는 확대하려는 강력한 정치 세력이 될 것이므로 만일 이를 폐기하려면 엄청난 정치적 비용을 감당해야 할 것이다. 보편적 복지국가가 경제 위기나 신자유주의적 공격 속에서도 굳건한 회복력을 보이는 이유는 복지 제도가 경제적 효율뿐만 아니라, 정치적으로도 지지를 강화하는 누적적 인과관계의 속성이 있기 때문일 것이다.

3. 탈상품화와 생산적 복지국가

뮈르달의 복지국가 이론은 국가의 적극적인 역할을 재정립하였다. 반면 뮈르달과 대립적인 관점을 가진 이로 하이에크가 있다. 두 사람은 1974년 노벨 경제학상을 공동 수상하였다(K. G. 미르달 지음, 최광열 옮김, 2018). 하이에크는 시장의 자생적 질서(spontaneous order)를 옹호하며, 국가의 계획적 개입이 결국 개인의 자유를 억압하는 '예속으로의 길'로 이어진다고 경고했다. 그러나 뮈르달은 시장의 자유로운 작동이 누적적인 불평등을 낳는 원천이며, 합리적인 국가 개입이 필수적이라고 보았다. 대립적인 관점을 가진 학자의 공동 수상은 사회경제적 현상의 상호 의존성에 대해 대립적 분석틀이 모두 중요하다고 인정한 것이다. 이는 시장을 통한 상품화의 필요성과, 상품화 억제를 위한 복지국가 정책의 정당성을 동시에 인정한다는 의미로 볼 수 있다. 이와 관련하여 영국의 T. H. 마셜도 뮈르달과 마찬가지로 복지국가의 정당성을 확립한 학자이지만, 뮈르달과는 차이를 보이는데, 마셜에게 복지국가는 산업 사회 구성원에게 인간다운 삶을 보장하기 위해 시민적 권리를 완성한 것이었다. 반면, 뮈르달은 경제적이고 기능주의적 관점을 갖고 있어서, 평등의 가치를 중요하게 여기면서도 핵심 논리는 생산성과 발전이었다.

특히 복지국가 유형론을 정립한 에스핑-안데르센의 사회민주주의 복지국가 모델은 뮈르달에게 큰 영향을 받았을 것이다. 에스핑-안데르센의 탈상품화 개념은 높은 수준의 소득 대체율을 보장하는 각종 사회수당을 통해 개인이 노동시장에서 벗어나더라도 기본적인 생계를 유지할 수 있도록 보장하는 것이다. 하지만 뮈르달의 생산적 복지는 활성화(activation)

에 가깝다. 다시 말해 인적 자본에 대한 투자를 통해 시민들이 노동시장 내에서 최대한 생산적으로 참여하도록 역량을 강화하는 것이다(옌뉘 안데르손 지음, 박형준 옮김, 2014). 고령화와 노동력 부족 문제에 직면한 오늘날의 복지국가에서, 학문적 논란 이전에, 어느 쪽이 더 적합한지 논의의 대상이 될 수 있겠다. 물론, 복지국가의 정당한 정책 수단으로 탈상품화와 활성화 전략이 모두 유용하게 활용될 수 있을 것이다. 하지만 어느 쪽이 더 지속 가능하고 현실적인 대안이 될 수 있을지, 또한 복지국가의 궁극적 목적이 완전한 고용인지, 완전한 탈상품화인지를 두고 논쟁이 될 수 있겠다.

뮈르달의 이론은 한국의 복지국가 문제를 진단하고 대응하는 데 유용한 분석틀을 제공할 수 있다. 교육, 소득, 주거, 지역 격차 등 개별적으로 보이는 문제가 어떻게 서로 맞물려 악순환되는지를 살펴볼 수 있다. 예를 들어, 과도한 사교육비 부담이 교육 기회의 불평등 심화를 낳고, 사회적·경제적 지위로 인한 소득 격차로 연결된 결과, 다음 세대에서 더 큰 교육 격차로 이어지는 반복된 과정을 낳게 된다. 뮈르달의 이론은 이러한 문제에 단편적인 정책이 아니라 포괄적이고 구조적인 접근이 필요함을 역설한다. 세계 최고의 저출생 문제도 마찬가지다. 이는 개인의 선택 문제가 아니라 극심한 경쟁과 높은 주거 및 양육 비용, 불안정한 미래 등 사회 전체의 구조적 불안정성 문제가 낳은 결과라 할 수 있다. 뮈르달식 해법에 따르면 현금 지원만으로는 부족하다. 빈곤과 돌봄 문제 대응을 위한 생산적 투자 전략을 통해 장기적인 성장 잠재력을 확충해야 할 것이다. 뮈르달의 이론은 성장 중심의 발전 모델이 남긴 불평등의 악순환을 끊고, 새로운 성장 동력을 창출하기 위한 대안적 패러다임을 제시한다. 그것은 물적 자본 축적에서 인적·사회적 자본 투자로 이동하는 것이며, 생산적 복지국가를 성장의 결과물이 아니라 경제·사회 발전을 위한 핵심 동력으로 삼는 것이었다. 뮈르달 이론은 불평등의 구조적 본질을 직시하게 만들고, 생산적이고 실용적인 복지국가의 비전을 제시하였다.

제 5 장

국가 이론과 복지국가

자본주의와 복지국가의 관계에서 자본주의는 상품화를 진행하면서 다른 한편으로 자본주의 시장 외부에서 국가의 대응으로 상품화를 제약하는 대항적 관계를 형성하였다. 여기서는 그러한 국가의 역할을 해설하는 이론을 구체적으로 검토하고자 한다. 국가는 자본주의로부터 어느 정도 자율성을 가지고 있는가, 또 특정 국가 내에서 펼쳐진 복지국가의 정치경제 환경이 세계적 차원으로 전환된 상황에서 국가의 거버넌스 현상을 어떻게 이해할지 검토할 것이다. 경제 세계화가 진행되면서 국가가 쇠퇴하고 있다는 주장은 더 이상 새롭지 않다. 금융과 산업, 무역 영역에서 사기업에 의해 통합된 세계시장이 정치적·사회적 권위를 가지는 국가보다 더 강력해진 것이다. 하지만 이미 지적한 것처럼 국가의 역할이 단순히 축소되고 있다고 보기는 어렵고 변용하고 있다고 보는 것이 맞다. 현대 복지국가는 세계적 수준의 시장 경쟁의 영향을 받고 있는데, 혁신과 도전적 창업, 노동시장의 유연화, 수동적인 복지와의 결별, 교육이나 직업훈련에 중점을 두는 등 취업을 위한 복지로 전환하였다. 국가 권력은 국제기구, 비정부 조직 등으로 분산되고 일극 통치에서 다층적 거버넌스로 향하고 있다(Stephenson, 2013, pp. 817-837). 예를 들어 유럽연합(EU)은 유럽 위원회, 유럽 이사회, 유럽 의회, 유럽 사법재판소 등의 결정이 회원국 정부를 구속한다. 이러한 결정은 대부분 국경을 초월하는 시장 통합에 부합하도록 회원국의 정책을 조정하는 것이 목적이다. 이러한 동향을 생각하면 세계적 수준의 자본주의가 전개됨에 따라 국가의 역할이 자본주의에 종속되고 그것을 보완하는 것으로 전락한다는 주장에 수긍이 간다. 과연 국가는 자본주의에 종속되지 않을 수 없는 것인가. 이러한 의문에 답하기 위해서는 국가 권력의 기반과 기능, 자본주의와 국가의 관계에 대하여 역사적·이론적 고찰을 진행해야 한다.

1. 근대적 국가 이론

먼저 근대 국가의 의미에 대해서 살펴보자. 국가의 기원은 기원전 메소포타미아로 거슬러 올라간다. 오랫동안 국가 권력은 종교적 권위와 분리되지 않고 융합되어 있었으며, 동시에 지방 영주들 역시 강력한 자치권을 행사했다. 이러한 권력 분산 구조로 인해 중앙정부가 독자적으로 동원할 수 있는 고유 자원은 제한될 수밖에 없었다. 국가가 중앙집권적인 관료제와 강제력을 갖추고 질서 유지에 결정적인 역할을 하게 된 것은 대체로 16~17세기였다고 한다(Spruyt, 2009, p. 212). 일반적으로 근대 국가의 세 가지 요소는 주권, 영토, 국민이다. 이 중 근대 국가의 본질을 보여 주는 개념이 주권이라고 할 수 있겠다. 베버는 국가에 관한 유명한 정의를 통해, 국가는 일정한 영역 내에서 정당한 물리적 폭력을 독점적으로 행사할 수 있는 인간 공동체로 규정하였다. 다시 말해 근대 국가의 특징은 물리적인 강제력을 독점하며 다른 모든 집단보다 우월하게 질서를 보장할 권한을 가진다고 하겠다. 주권이 정치의 중심적 용어가 된 것은 16세기 이후 질서를 최종적으로 보장하는 세속 권력의 역할에 주목하게 되면서부터였다. 특히 16세기 위그노 종교 전쟁 과정에서 국가를 절대적이고 영속적인 권력으로 정의하는 논의가 제기되었다. 주권은 실정법에 의해 속박되지 않고 법 그 자체를 창출하는 근원적 힘이라는 것이다(田中拓道, 2023, pp. 103-104). 나아가 17세기 잉글랜드 청교도 혁명에서는 토마스 홉스가 국가 없는 자연 상태를 '만인의 만인에 대한 투쟁' 상태라고 주장하였다. 따라서 인간 사회에 질서를 부여하기 위해서는 사회계약에 의해 절대적이며 불가분의 권력인 주권을 설립해야 한다. 주권의 목적은 대외적인 침략과 내란에 대한 평화와 안전의 보장이다. 주권은 분할이나 양도가 불가능하며 일단 성립되면 절대적인 권위를 가진다.

이러한 사상을 바탕으로 20세기 헌법학자 카를 슈미트(Carl Schmitt)는 주권을 포괄적으로 정의하였다. 주권자는 예외적인 상태에 관하여 결정을 내리는 사람이라고 한다(田中拓道, 2023, p. 104). 통상적인 법질서가 기능하고 있는 상태에서는 주권이 드러나지 않는다. 예외적 상태란 통상적인 법이 기능하지 않고 전쟁이나 내란으로 인해 질서가 해체될 위험에 노출된 상태를 말한다. 이러한 상태에 빠졌을 때 법질서를 회복하기 위하여 절대적인 주권이 나타난다. 주권은 법에 앞서며, 예외적인 상태에서 결정권을 개념상 필연적으로 항상 가지고 있어야만 한다는 것이다. 이리하여 20세기까지 근대 국가의 본질은 주권으로 표현할 수 있을 것이다. 그것은 경제적·사회적·종교적 권력보다 우월하며 법 그 자체를 만들어 내는 근원적인 힘, 질서를 최종적으로 보장하는 절대적인 힘으로 개념화되었다. 두 차례의 세계대전을 거쳐 국가 권력의 폭력성이 명확히 드러났다. 하지만 국가 내에서 다양한 이익을 가진 집단이 사회적으로 조직되었고 사회질서는 이들 집단의 상호 의존을 통해 성립한다는 생각이 확대되었다. 국가의 역할은 상대적이며 사회집단 중 하나에 불과한 지위로 간주되기 시작한 것이다. 일반적으로 사회질서는 여러 집단의 기능이 분화되고 서로 의존하면서 성립된다. 따라서 국가의 역할 중 여러 집단을 통합하는 기능이 중요해진다. 시스템적 사고에서도 국가는 사회 전체의 하위 시스템 중 하나에 해당하는 제도가 될 수 있다(田中拓道, 2023, p. 104).

국가가 다른 사회집단과 마찬가지로 전문 분화된 일부 기능을 담당할 뿐이라면 주권 이론을 비판할 수 있게 된다. 이는 국가를 다원주의 관점으로 보는 입장이다. 국가는 사회 내 다수 집단 중 하나이므로 국가 권력은 항상 제한적일 수밖에 없다. 따라서 현대 사회의 과제는 직업 사이의 이익을 조화롭게 하는 것이므로 국가가 절대적인 권위를 가지고 상부에서 결정을 내리는 것은 혼란만 가져올 뿐이다. 제2차 세계대전 후 사회경제집단의 조직화가 진행되면서 더 이상 국가는 일방적 존재가 아니며 여러 집단의 이익을 매개하여 정책으로 전환하는 장에 불과하다는 인식이 강해지게 되었다. 따라서 국가는, 사회의 다양한 요구에 응답하여 가치를 배분하는 정치적 과정을 집행하는 제도에 불과하다고 보았다(Skocpol, 1985, p. 4). 이익집단의 자유로운 정치적 경쟁이 전개되는 장에서 국가는 경쟁의 결과를 정책으로 반영하는 매개체이다. 따라서 더 이상 국가는 주인공이 아니며 주변적인 위치에 놓이게 되었다.

결국 국가는 두 가지 관점에서 정의할 수 있다. 하나는 국가의 본질을 주권으로 보는 것이었다. 국가는 대외적으로 유일한 권력으로 나타날 뿐만 아니라 대내적으로는 질서를 최종적으로 보장하는 절대적인 권력, 지상 최고의 권력이다. 신을 대신하는 초월성을 가졌다고 할 정도이다. 다른 한편, 국내적으로 사회경제집단의 조직화가 진행되고 그것들이 정치에 작용하게 되면서 국가는 여러 집단의 이익에 종속되고 그것을 정책으로 반영시키는 매개에 지나지 않는다는 견해도 확산되었다. 이에 따르면 국가 권력은 경제사회 속에 편입되어 있으며 그 속에서 하나의 기능에 불과하다. 기능적으로는 사회경제 영역에 편입되어 있으면서 개념상으로는 거기에서 초월하여 특수한 통합 기능을 가지는 국가의 양면성을 어떻게 이해해야 할 것인가. 이러한 의문을 바탕으로 근대 국가의 기원을 고찰한 것이 전쟁 국가 이론이다.

2. 전쟁 국가

사회학자 틸리(Charles Tilly)는 근대 국가의 기원을 폭력의 독점과 전쟁의 독점에 있다고 지적하였다. 그의 주장은 "전쟁이 국가를 만들었다.(War makes States.)"라는 표현으로 상징할 수 있다. 이른바 국가론이다. 국가의 기원은 조직화된 법 집단에 있었다. 폭력을 점유하는 이러한 집단은 일정한 범위 내의 주민을 보호하는 대신 그들로부터 부를 징수하였다. 주민으로부터 일방적으로 부를 징수하기보다 그들을 보호한다는 명목으로 징수하는 편이 장기적으로 이익이 된다. 폭력을 점유하는 정당성이 인정되는지는 주민의 합의가 아니라 다른 폭력 점유자에 의하여 좌우된다. 다시 말해 전쟁 능력이 있는 자들 사이에서 실력을 서로 인정하고 영역 내에서의 지배를 서로 승인하는 것이다(Tilly, 1985, pp. 169-191). 예를 들어 왕정 국가에서는 국왕이 무법자나 폭력 집단을 종속시키고 폭력을 독점할 수 있다. 잉글랜드는 15~16세기 튜더 왕조에서 국왕에 의한 귀족층의 무장 해제가 진행되었고 프랑스에서도 17세기 국왕 루이 13세에 의해 귀족층이 진압되고 절대왕정이 확립되었다. 18세기 후반까지 서유럽 대부분의 국가는 국왕에 의한 폭력의 점유가 진행되었다.

특히 도시 국가가 근대 국가로 발전한 경로는 몇 가지로 구분할 수 있다. 첫째, 군사력의 집권화는 진행되었지만, 무역과 금융 등 자본 발전이 지체된 경우이다. 북유럽, 러시아, 폴란드 등이 그러하다. 둘째, 그와 반대로 자본 발전은 진행되었지만, 군사력의 집권화가 지체된 경우이다. 포르투갈, 네덜란드, 이탈리아 등이 그러하다. 셋째, 자본의 발전과 군사력의 집권화가 함께 진행되고 가장 강력한 국가 형성에 성공한 경우이다. 잉글랜드, 프랑스 등을 예로 들 수 있다(Tilly, 1990, pp. 60-66). 서양에서 근대 국가가 발전한 것은 그 지역이 하나의 제국에 의해 통일되지 않고 다수의 국가 사이에서 전쟁이 계속되었기 때문이다. 이 전쟁 과정에서 16세기에 군사혁명이 일어나 화기와 병기가 비약적으로 발전하고 전쟁의 강도가 높아졌다. 16세기에 견고한 이탈리아식 축성이 확대됨에 따라 그것을 공략하기 위하여 머스킷 총이 보급되고 군대의 조직화와 대규모화가 진행되면서 군사 조직이 유럽의 정치사회를 변하게 했다(Downing, 2020). 틸리는 16세기부터 20세기까지 유럽 국가 사이의 전쟁 빈도를 조사하였다(Tilly, 1990, p. 72). 유럽은 16~17세기 대부분 전쟁이 계속되었고 19~20세기가 되면 전쟁 빈도가 크게 낮아졌다. 그런데 국가마다 연간 평균 전사자 수를 보면 16세기에는 3,000명인 데 반해 20세기에는 22만 3,000명이나 되었다. 전쟁 자체는 감소했지만, 그 강도가 비약적으로 높아져 결과적으로 전사자 규모가 늘어난 것이다. 근대 이후 전쟁 규모가 지속적으로 확대됨에 따라 전쟁 비용을 충당할 수 있을지, 다시 말해 국가가 어느 정도 공공 부담이나 조세를 통해 비용을 충당할 수 있을지가 국가의 운명을 좌우하게 된다. 예를 들어 북유럽의 소국이었던 네덜란드가 17세기 한 시기에 유럽 패권을 장악한 것은 뛰어난 금융 시스템이 정비되고 다량의 자금을 은행에서 빌릴 수 있었기 때문이다(Tilly, 1990, p. 73).

이처럼 군사와 재정이 연결됨에 따라 국가는 경제에 의존하는 동시에 경제나 사회에 깊게 개입하게 된다. 징세가 무거워지면서 17세기에 폭동이나 반란이 증가하였다. 이에 대하여 국가는 대의제를 정비하고 인민의 동의에 근거하여 세금을 징수하게 되었다. 한편 18세기에는 용병을 대신하여 국민군이 정비되고 국가는 군사력의 원천인 인민의 생활, 생산, 분배에도 큰 역할을 다하게 되었다(Tilly, 1990, pp. 97-110). 그리하여 19세기 중반이 되면 국가의 역할은 군사에서 민정(civilian administration)으로 전환되었다. 군사 지출이 줄어들고 경찰, 교육, 복지, 노동자 보호, 공중위생 등에 대한 지출이 증가하였다. 틸리는 이것을 민정화(civilianization)로의 전환이라고 규정했다(Tilly, 1990, pp. 114-120). 물론 근대 국가 형성에서 군사력 이외에도 경제 발전, 제도적 유산 등 다양한 요인을 고려해야 한다. 하지만 전쟁이 국가 형성의 주요 원인이었다는 지적은 결코 무시할 수 없다. 여기서 주요 논점의 하나는 근대 군대의 혁신을 거쳐 국가의 재정 능력이 군사력, 나아가서 국가의 존속을 결정하는 요인이 되었다는 점이다. 재정, 군사, 국가 형성 관계에 주목한 이론을 재정 중심의 군사 대국론이라 할 수 있다. 슘페터는 국가의 본질은 재정으로 나타난다고 하였다. 15세기 이후 궁정 비용이나 전쟁 비용이 급증하면서 중세의 봉건 영주는 재정 위기에 빠지게 된다. 이때 세금 징수 능력의 확대야말로 근대 국가 형성을 촉진한 원인이었다. 이렇게 성립된 조세국가는 본질적인 모순을 안고 있다. 조세 징수를 위해서는 사적 경제, 다시 말해 자본주의 발전이 필요하다. 자본주의의 원칙은 자유로운 이익 추구이며 국가 개입으로부터의 자유이다. 따라서 국가는 자본주의에 기생하며 자본주의를 손상하지 않는 범위에서만 징세를 시도한다. 그럼에도 불구하고 국가의 징세는 점차 확대되었다. 영국을 예로 들어 보면, 국가 세입이 1680년 350만 파운드에서 1912~1913년 1억 8,880만 파운드로 확대되었다(田中拓道, 2023, p. 110). 특히 제1차 세계대전은 국가가 경제력을 총동원하게 만들었을 뿐 아니라, 전쟁 수행에 필요한 막대한 비용을 충당하기 위해 국채를 발행하면서 심각한 재정 부담까지 떠안기는 결과를 낳았다. 조세국가와 자본주의의 모순이 정점에 이르러 국가의 위기가 찾아온 것이다.

17세기부터 18세기 말까지 영국은 끊임없는 전쟁에 시달렸다. 약 100년 동안 육해군 규모가 3배로 커지고 전쟁 시에 국가 재정이 확대되었다. 그에 따라 재정 지출을 충당하기 위하여 전문적인 관료 제도가 정비되고 징세 능력이 높아졌다. 더욱이 런던에서 신용 시장이 발전하고 국가는 잉글랜드 은행 등에서 거액의 자금을 차입할 수 있게 되었다. 조세 징수와 국채에 의한 자금 조달에 있어서 중요한 것은 국가에 대한 신용이다. 절대왕정 프랑스에서는 징세 시스템이 불투명하며 법의 지배가 관철되지 않고 국가의 신용도 낮았는데, 그 때문에 국채에 높은 이자가 부과되었다. 한편 영국에서는 의회에서 결정된 법에 근거하여 재정이 운영되고 투명성과 신뢰도 모두 높았다. 이러한 요인에 의해 영국은 더 큰 재정 능력을 확보하여 프랑스와의 경쟁에서 승리함으로써 18세기 세계 최대의 군사 강국이 되었다.

그런데 계급 대립이나 이익집단, 엘리트 계층, 관료 제도 등 단일한 요인으로 국가를 설명하지 않고 국가의 다양한 발전 경로를 설명하려는 이론이 등장하였다(田中拓道, 2023, p. 112). 근대 국가의 발전은 네 가지 서로 다른 요인이 영향을 미친다. 구체적으로는 자본주의 발전, 대의정치 확대, 국민에 기반한 중앙집권 제도, 군사 제도의 전문화와 관료제화이다. 이 네 가지 요소 모두를 근대화하는 것은 국가의 생존을 위한 필수 조건이었다. 이러한 변화의 출발점은 1540년에서 1660년 사이에 일어난 군사혁명(Military Revolution)이었다(Michael, 1956, p. 195). 총기와 새로운 축성 기술 발전, 용병과 상비군, 군사 조직의 중앙집권화에 의해 서구 주요 국가의 군대 규모는 이 시기에 10배나 확대되었다. 더욱이 잉글랜드를 예로 들면, 1695~1815년 거의 전 기간에 걸쳐 전쟁이 계속되었다. 영국의 국가 지출은 이 시기에 610만 파운드에서 4,400파운드로 7배나 확대되었다. 재정 확대로 인해 국가는 자본주의 발전을 촉진하고 그에 의존하게 된다. 자본주의는 국가와 국가 사이에서보다 중상주의의 틀 내에서 발전을 계속하여 국내에서 생산·분배·교환·소비 네트워크가 형성되었다. 자본주의와 재정 기반 군사 국가는 서로 의존하면서 발전을 계속했던 것이다. 더욱이 1740~1815년에는 국가 규모의 격변이 일어난다. 영국, 프랑스, 프로이센 등 다수 국가는 이 기간의 3분의 2를 대규모 전쟁으로 소비하면서 군사 체제화가 진행되었다. 산업자본주의의 발전과 병행하여 국가의 지출도 계속 확대되었다. 영국 중앙정부의 지출을 예로 들면 1760년에 1,800만 파운드였던 것이, 1820년 5,750만 파운드로 확대되었다(田中拓道, 2023, p. 112). 국민군의 징병, 조세 징수권 등에 의해 국가는 점차 시민사회에 깊게 침투하며 그 힘에 의존하게 된다. 국가 자체가 시민사회를 형성하면서 아울러 시민사회의 동의에 근거하여 통치가 일어나게 되었다. 이리하여 서구 주요 국가는 19세기를 지나며 민정 지출이 군사 지출을 역전하게 되었다. 예를 들어 영국의 국가 지출에서 군사 지출과 민정 지출이 차지하는 비율을 비교하면 1760년에 군사 지출은 75%, 민정 지출은 6%, 1910년에 군사 지출은 40%, 민정 지출은 47%였다(田中拓道, 2023, p. 113). 민정 지출의 대상은 대체로 세 가지였다. 첫째는 도로, 운하, 철도, 우편사업, 공중위생, 하수도, 주택, 초중등 교육 등 사회적 인프라 구축이다. 이는 자본주의 발전에 필수적이며 동시에 국민이라는 공동체와 이데올로기를 형성하는 역할을 하였다. 둘째는 금속, 화학, 기계 등 주요 산업에 대한 산업자본주의 국가의 지원이다. 이는 일부 국유화 조치나 자원 투입의 형태로 이루어진다. 셋째는 경찰 권력에 의한 치안 유지와 구빈 행정의 확대이다. 구빈 행정 확대는 이후에 사회적 권리에 기반하는 복지국가의 설립으로 연결된다. 이러한 내용에 기반하면 전쟁 국가에서 출발하여 국가가 점차 자본주의에 의존하게 되고 19세기에는 시민사회 그 자체를 형성하는 권력으로 변모했다는 것을 이해할 수 있다.

지금까지의 논의를 정리하면 다음과 같다. 국가의 기원은 폭력의 독점에 있다. 국가 간 전쟁이 계속되면서 일정 지역에 군사력이 독점되고 주권이 형성되며 전쟁 국가가 성립하였다. 국가는 자본주의에 앞서 존재했으며 독자적인 자원과 기능을 가지고 있었다. 하지만 전쟁의 규모가 커지면서 국가 재정도 확대되었다. 징세 및 공적인 책임과 의무를 확대하기 위해서는 관료제와 금융 시스템을 정비하고 자본주의를 발전시키는 동시에 법의 지배를 관철하고 인민의 동의에 근거하여 통치할 필요성이 생겨났다. 17세기부터 18세기에 걸쳐 이러한 조건을 충족하지 못한 국가는 종속적인 지위로 전락한 반면, 성공한 국가는 패권적 지위를 차지하게 되었다. 국가는 자본주의에 점차 의존하면서 대의정치로 통치하게 된다. 그리하여 19세기가 되면 국가 기능의 대전환이 일어난다. 군사 지출에 비하여 민정 지출이 증가하고, 국가는 자본주의나 시민사회에 의존할 뿐만 아니라 그것들을 형성하고 발전시키는 역할도 담당하게 된다. 자본주의를 지탱하는 인프라의 정비, 교육을 통한 국민의 형성, 공중위생, 구빈 행정의 역할이 그것이다. 그 결과 재정에 기반한 군사 국가는 민정 중심의 국가로 전환한다. 20세기 복지국가는 19세기의 국가 기능 전환에 따른 결과였다고 할 수 있다. 19세기 이후 국가는 결코 초월적 주권을 가진 존재는 아니었으며 오히려 사회경제 영역에 깊이 침투하여 거기에 의존하는 존재가 되었다. 물론 국가가 사회경제집단 중의 하나로 격하되었다고 볼 수는 없다. 국가는 사회경제 영역에 깊게 침투하여 그것들을 유지·발전시키고 복지를 공급하는 능동적 역할을 담당하고 있다고 보아야 할 것이다.

3. 국가의 이중성

근대에 자본주의 발전과 국가 확대는 보충적으로 이루어졌다. 국가는 자본주의에 의존함으로써 자원을 획득하고 자본주의는 국가에 의해 발전이 가속화되었다. 헤겔에 의하면 국가는 보편적인 이익의 실현을 목적으로 하는 공동체이다. 국가는 개인을 억압하는 게 아니라 오히려 개인의 인격 자립을 목표로 한다. 개인은 스스로 국가의 일원으로서 의무를 자각하고 자발적으로 국가를 지원함으로써 자유로운 권리가 보장된다. 다시 말해 국가는 개인의 자유 실현을 목표로 하며 개인은 국가의 일원이 됨으로써 권리를 보장받는다. 구체적인 국가의 역할로는 치안 유지, 재산권 보장, 복지 정책 등을 들 수 있다. 근대 국가는 사회적 분열이나 모순을 조정하는 보편적인 공동체로서 개념화할 수 있다. 하지만 자본주의 현실 사회는 산업화에 의해 노동자의 대량 빈곤이 문제가 되는 상황에서 자유롭게 해방된 시민이 누구인지에 대해서는 마르크스주의적 비판이 제기될 수 있다. 다시 말해 산업화된 사회에서 자유로운 시민이란 재산과 교양을 갖춘 자본가에 불과하다는 것이다. 재산과 생산 수단이 없는 노동자는 노동력을 팔아서 생활임금을 벌어야 하는 종속 상태에 빠지게 된다. 현실 세계를 규정하는 것은 이상적인 관념이 아니라 물질적 토대, 즉 현실의 생산력과 교환 형태이다. 그렇다면 자본주의 사회에서는 결국 자본가 계급의 지배가 우세해지고 그러한 지배 구조를 토대로 국가의 역할이 결정된다. 근대 국가는 조세를 징수하거나 국채를 발행하기 위하여 자본가에게 전면적으로 의존할 수밖에 없다. 따라서 국가는 전지전능하게 모든 사람의 보편적 이익을 보장하는 것이 아니다. 국가가 자본가 계급의 이익을 위해 봉사하는 도구에 불과하다는 비판이 제기되는 것이다. 그렇다면 자본가 계급의 이익을 반영하기 위한 국가의 역할은 무엇인가. 첫째는 자본주의가 지속되기 위한 조건을 정비하는 것이다. 사적 소유와 계약을 법적으로 보장하며, 화폐와 신용 제도를 확립한다. 사적 소유를 국가가 강제력을 통하여 보장함으로써 자본의 본원적 축적이 시작되었다. 둘째는 노동자 보호를 위한 법을 도입하는 것이다. 노동력의 주체인 인간은 시장에서 자유롭게 생산하거나 재생산할 수 없다. 극한까지 지적·신체적 능력을 혹사당하기도 하고, 아동 노동에 대한 규제도 없었다. 따라서 국가는 아동 노동이나 장시간 노동을 규제하고 초등교육, 직업훈련 등 노동력 재생산을 보충한다. 더욱이 자본주의에서는 호황과 불황이 주기적으로 발생하므로 노동력의 수급 변화에 대응하기 위해서는 상대적 과잉인구가 존재해야 한다. 따라서 국가에 의해 구제받는 빈민 등에 대한 복지 정책은 호황이나 불황에 대비하여 노동력을 조정하는 기능도 갖게 한다. 셋째는 국가에 의한 보편적 이익을 도출하는 것이다. 국가는 현재의 질서가 사회적으로 보편화된 인식에 따른 개인의 자발적 선택에 의한 것처럼 외형을 갖춘다. 그것을 통해 불평등과 차별의 구조적 현실을 은폐하고 장기적으로 자본주의를 유지하는 역할을 한다.

국가가 자본에 종속된 수단인지, 자율적인 정책 주체인지는 여전히 논쟁적일 수 있지만, 자본주의의 장기적 발전에 필수적임은 분명하다. 다시 말해 현실의 국가는 자본주의 경제가 지속될 수 있도록 조건을 정비하는 역할을 한다. 따라서 사회보장이나 사회복지 정책을 통해 노동력의 생산과 재생산을 돕고 갈등을 완화하거나 없애기 위한 효과를 기대할 수 있는 것이다. 특히 제2차 세계대전 후 선진 산업 국가에서는 케인즈주의적 복지국가가 확대되었다. 자본 전체와의 관계에서 볼 때 지속 가능성을 위해서도 복지국가는 필요하다. 국가는 시장경제의 보장뿐만 아니라 지나친 이윤 경쟁 규제, 노동력의 재생산 보장, 계급 대립 완화 등의 역할을 해야 한다. 따라서 자본주의 그 자체로부터 독립된 자율적인 권력 장치로서 국가가 출현한 것이다. 물론 국가의 경제 규제나 재분배는 자본주의의 잉여가치 산출 및 자본 축적과 상충하는 면이 있다. 하지만 네오마르크스주의의 관점처럼, 국가는 독립된 자율성을 바탕으로 계급분쟁을 조화시키며 오히려 자본주의 체제를 존속시키는 데 핵심적인 역할을 수행한다고 볼 수 있다(Miliband, 1969).

국가의 역할을 두 가지로 구분해야 할 것이다. 국가는 계급 대립으로 분열된 자본주의 사회의 모순을 반영한다(Poulantzas, 1969, p. 39). 국가는 자본주의 사회의 모순으로부터 생겨난 계급 갈등을 반영한다는 점에서 사회에 기반을 두고 있다. 그러나 동시에 권력을 모아서 사회를 통합하는 독자적인 기능을 한다. 계급 관계를 초월한 자율적인 지위를 차지하고 있는 것이다. 이런 점에서 국가는 이중적이다. 따라서 지배-피지배 계급의 형태는 국가 제도 자체에는 나타나지 않는다. 계급 대립에 의한 갈등이 항상 존재하지만, 정치적 수단을 통해 통합적으로 관리하고 있는 것이다. 국가는 보편적인 이익의 대표자로서 독자적인 사회 통합 기능을 하고 있다. 하지만 그것이 궁극적인 목표인지에 대해서는 네오마르크스주의자인 풀란차스의 지적처럼, 복지국가를 통해 노동자 계급의 단기적인 이익을 실현할 수는 있지만, 장기적으로는 노동자 계급의 동질성을 해체하여 지배계급의 정치적 이익과 지배를 지속시키는 역할을 할 뿐이라는 비판이 제기되었다(Poulantzas, 1969, p. 206).

결국 현대 자본주의 국가의 자율성은 다음과 같이 정리할 수 있겠다. 자본주의 국가는 철도, 교통, 통신수단 등 생산의 물질적 조건을 마련할 뿐만 아니라 주거, 보건위생, 공공 시설, 교육이나 복지 서비스를 통한 노동력 재생산, 유효 수요의 창출 등 다양한 역할을 하고 있다. 하지만 국가는 자본주의로부터 상대적 자율성을 가지는 데 불과하다. 그 역할은 자본주의가 안고 있는 구조적 한계 내에 있다. 예를 들어 세금을 무제한 징수하는 것은 불가능하며 산업의 국유화, 관료 기구의 비대화가 진행되면 민간 자본가의 저항이 일어날 것이다. 따라서 국가의 개입이나 재분배는 어디까지나 자본주의 내에서 계급 지배를 방해하지 않는 범위로 제한된다는 것이다.

그런데 국가가 계급 대립에서 벗어난 자율적인 권력 장치라면 국가가 자본주의에 의해 구조적으로 규정된다는 전제는 성립될 수 없다. 또한 자본주의에서 노동자 계급이 착취당하고 궁핍화된다는 마르크스 이론의 전제도 근거를 상실하게 된다. 국가에 의한 복지 정책이 노동자 계급의 조직화를 방해하고 여전히 자본가 계급의 지배를 위해 봉사한다는 것도 경험적 사실과 다르다. 자본주의와 근대 국가가 서로 의존하면서 발전했다는 점은 인정할 수 있지만, 완전히 종속되어 있다고 볼 수는 없다. 오히려 북유럽 복지국가와 같이 정치를 통하여 계급을 조직화할 수도 있다. 집권적인 국가는 자본주의 이전에도 존재하였다. 국가는 자본주의 권력관계를 응집하고 자본주의를 일정하게 규제하거나 그것에 개입하고 있다는 점에서 강력한 자율성을 가진다. 근대 국가는 자본주의에 의존할 뿐만 아니라 그에 대항하는 이중적 성격을 가지는 것이다. 자본주의보다 국가가 앞선다는 것은 국가의 자율적 성격을 이해하는 데 중요한 지점이다. 자본주의가 지속적으로 발전할 수 있는 조건은 강력한 집권적 국가와 민주주의적 정치 참여에 의한 욕구의 표출 때문이라고 할 수 있다. 사회 내부적인 분쟁을 끝내고 사적 소유권을 보장하며 재분배를 포함한 공공복지 서비스를 제공하기 위해서는 강력한 국가가 존재해야 한다. 식민지나 노예제를 경험한 많은 지역에서는 이러한 조건이 결여되어 있었다. 그 때문에 주민의 안전이나 복지는 항상 위협받고, 자본주의가 발전하지 않았다. 반면 서양 사회는 전쟁을 거쳐 강력한 국가가 형성되고 그 후에 다양한 사회계급이 생겨나 국가에 영향을 끼치면서 포용적인 사회 제도가 구축되었다(田中拓道, 2023, p. 125). 즉 강력한 집권적 국가는 다원적 정치 참여와 지속적인 자본주의 발전을 위해서도 필수적인 전제조건이 될 수 있다. 물론 자본가와 노동자 계급뿐만 아니라 여러 다른 분파도 국가에 일정한 영향력을 끼칠 수 있다. 예를 들어 페미니스트는 노동력의 재생산을 주로 담당하는 것은 국가가 아니라 젠더화된 가정이라고 주장한다. 국가는 계급, 젠더 등 사회 여러 집단의 권력투쟁이 일어나는 전략적인 장이다. 따라서 국가는 여러 분파의 조직화를 촉진하고 그에 따른 권력관계를 통해 조화로운 대책을 끌어내는 독자적인 권력 장치로 볼 수 있다.

4. 자본주의 국가와 세계 체제

자본주의와 국가 이론의 마지막 논의는 세계 체제론이다. 세계 체제론에서는 국가를 독립적인 단위로 인식하지 않고 세계 수준으로 확대된 정치경제 체제의 일부로 간주한다. 여기서 세계 체제는 고유한 경계와 조직 구조, 구성원, 법체계, 동질감을 가진 사회 체제를 말한다(Wallerstein 지음, 정진영 편역, 1985). 국경을 초월하여 통합된 자본주의라는 단일 경제 체제와, 복수의 국가로 이루어지는 정치 체제의 복합체이다. 월러스타인에 의하면, 유럽에서 국경을 초월한 자본주의 세계 경제가 등장한 것은 1450년에서 1640년 무렵이었다. 지중해 등 무역권이 통합되고 하나의 자본주의적 세계 경제가 탄생하였다. 자본주의는 봉건 지대에 의한 중세까지의 수탈과 다르게 시장에서의 교환을 통한 효율적인 잉여 수탈 형태였다고 한다. 세계 체제론에서 볼 때 자본주의적 세계 경제는 중심-반주변-주변이라는 지리적 분업으로 성립한다. 지중해를 포함한 서유럽의 중심 지역에서는 도시가 생겨나고 상인이 경제적으로 힘을 얻고 농노가 해방되어 임금 노동자가 되었다. 이들 지역에서는 자유로운 노동과 상업 시장이 발전하였다. 한편 스페인령 라틴아메리카나 동유럽 등은 세계 체제의 주변에 위치하였다. 이들 지역에서는 농노 해방이 진행되지 않고 환금 작물을 재배하기 위한 강제 노동이나 영주에 의한 노동 지배가 강하였다. 양쪽 중간에 위치하는 남프랑스, 북이탈리아 등 반주변 지역에서는 반농노제가 채택되었다. 이 세 지역은 독립적으로 발전한 것이 아니라 오히려 주변 지역의 노예제나 농노제로 인해 값싼 농작물이 공급됨으로써 중심 지역의 상업자본주의가 발전하였다(イマニュウエル·ウォーラーステイン, 2013,

pp. 88-110). 중심 지역은 16~18세기에 걸쳐 집권적 국가가 형성되었다. 강력한 국가는 봉건제의 경제 위기를 벗어나 근대 자본주의로 전환하는 데 필수적이었다. 국가는 관료제와 상비군을 정비하고 재정 능력을 높이고 법의 지배, 동질적인 국민을 형성하였다. 한편 주변부로 편입된 동유럽은 대토지를 보유한 계층이 세력을 강화하고 국가의 조세 기반이 약해지는 등 중앙 국가기구가 해체되었다(イマニュウエル·ウオーラーステイン, 2013, pp. 154-164). 1600~1750년 무렵의 경제 수축기에는 중심 지역에서 국가기구 강화가 진행되고 네덜란드, 영국, 프랑스의 패권 다툼이 전개되었다. 한편 스페인령 아메리카나 동유럽 등 주변부에서는 국가의 힘이 약해지고 노예제나 농노제가 다시 강화되면서 중심 지역과의 경제적 불평등이 확대되었다. 스페인, 포르투갈, 스웨덴, 독일 서남부, 이탈리아 북부 지역 등에 이르는 반주변부 지역은 중심부와 주변부 사이의 완충지대 역할을 하였다(イマニュウエル·ウオーラーステイン, 2013, p. 411). 1750~1850년 무렵 경제 확장기에는 중심 지역의 패권 경쟁 속에서 광대한 세계 지역이 유럽 세계 경제로 편입되었다. 인도 대륙, 오스만 제국, 러시아, 서아프리카가 새로운 주변 지역이 되어 중심 지역에 원재료를 공급하기 위한 플랜테이션 농업으로 특화되고 제조업은 쇠퇴하였다. 이들 지역은 지금까지 있었던 제국이 해체되거나 국가가 사회를 장악할 능력을 상실하고 유럽 세력의 지배에 굴복하게 되었다. 이처럼 세계 체제론에 의하면 강력한 집권적 국가는 중심 지역에만 존재하였다. 그 이유는 중심 지역에서 발달한 자본주의가 집권적 국가를 형성할 재정적 기반을 마련해 주었기 때문이다.

또 다른 이유로는 중심부의 독점적이며 높은 이윤의 제품, 주변부의 경쟁이 치열하고 낮은 이윤의 원재료 사이의 불공정한 교환을 들 수 있다.

자본주의 체제는 주변부에서 중심부로 부를 수탈하고 중심부 자본가에 의해 부가 독점되는 구조이다. 불공정한 교환이 이루어지려면 주변부 지역을 식민지 등으로 새롭게 세계 체제에 편입해야 한다. 중심부 지역의 집권적 국가는 주변부를 종속적 지위에 머무르게 하는 역할을 하였다. 더구나 국가가 여러 개 존재하기 때문에 중심-주변의 지배 구조는 유지되었다. 자본주의 체제에서는 중심부 지역의 자본가에 의해서 부가 독점된다. 그런데 자본가와 노동자의 계급적 대립은 국가 간 대립으로 인하여 은폐되고 가시화되지 않게 된다. 자본주의 체제에 대한 저항은 주변부 지역의 독립을 요구하는 민족 운동 등으로 전개되었다(イマニュウエル·ウオーラーステイン, 2022, pp. 96-98).

세계 체제론은 서양 중심의 국가론에서 벗어난 이론이다. 전쟁 국가론에서는 서양이 하나의 제국에 의해 통합되지 않고 다수의 국가로 분리되어 전쟁을 반복하다가 주권 국가를 성립하게 되었다고 한다. 하지만 세계 체제론에 따르면 서양의 집권적 국가 성립은 중심부가 주변부의 부를 수탈하는 자본주의 체제가 성립되었기 때문에 가능하였다. 나아가 세계가 여러 개의 국가로 분열되고 중심부 지역만 강력한 국가를 가지게 됨으로써 중심-반주변-주변과 같은 계층적 분업이 유지된다고 보았다. 이러한 거대한 이론 체계를 정립하여 어느 정도 일관된 역사적 서술을 시도한 것이 세계 체제론의 중요한 공헌이라 할 수 있다. 그런데 중심부의 자유로운 노동을 통한 고이윤 제품과 주변 지역의 강제 노동을 통한 저이윤 생산물과의 불공정한 교환에 의한 자본 축적 논리는 18세기까지 서양의 상업자본주의 발달을 설명하는 데는 어느 정도 설득력이 있다. 하지만 19세기 이후 산업자본주의, 다시 말해 노동력의 상품화와 공장 노동의 일반화에 의한 자본 축적에도 합당할는지는 의문이다. 세계 체제론의 자본주의 설명은 물리적인 힘을 배경으로 하는 부등가 교환을 통한 부의 수탈을 강조한다. 반면 자본주의에 내재하는 부의 확대 체제에 대해서는 언급이 없는 것 같다. 또 국가의 역할이 중심-반주변-주변과 같은 계층적 자본주의 체제로 규정되어 있으므로 기본적으로 개별 국가는 자본주의 체제라는 구조에 의해 규정되어 있다고 할 수 있다. 하지만 자본주의가 발전하기 위해서는 국가의 자율적인 개입도 중요하다. 자본주의가 국가를 일방적으로 규정한다고 보기 어렵다. 국가의 자율성을 과소평가하고 있다는 점에서 특히 20세기 이후의 선진 자본주의 복지국가 발달을 설명하는 이론으로는 부족해 보인다.

지금까지 살펴본 국가의 자율성과 역할에 대한 이론을 요약해 보자. 자본주의 형성과 발전에서 집권적 국가의 존재는 필수적이었다. 국가는 다른 국가와의 전쟁 속에서 재정 기반을 강화하기 위하여 자본주의 발전을 촉진하였다. 예를 들어 토지나 생산 수단의 사적 소유를 보장하고 법의 지배를 확립하고 교통이나 통신수단 등 인프라를 정비하였다. 노동력의 생산과 재생산을 위하여 노동자 보호, 교육, 복지 정책에 힘을 쏟았다. 나아가 사적 영역과 공공 영역, 경제와 정치가 분리되고 국가가 자본주의로부터 자율적인 권력 장치로서의 지위를 확립하였다. 국가는 국민의 보편성과 공통성을 창출하고 사회를 통합하는 역할을 하였다. 세계사적으로 보면 중심-반주변-주변과 같은 계층 구조 속에서 중심 지역에서 상업자본주의가 발전하였다. 이러한 계층 구조는 국가가 여러 개로 존재하였기 때문에 유지되었을 가능성이 있다. 이러한 이론은 자본주의에 의해 국가가 구조적으로 규정된다는 관점이다. 이러한 전제는 충분한 설득력이 없다. 국가는 노동 계급, 젠더, 인종 등 사회 여러 집단이 권력 경쟁을 하는 전략적 장이다. 오히려 그러한 권력관계를 모아서 구조화하는 독자적 제도라고 이해해야 할 것이다. 국가는 필연적으로 자본가 계급의 지배에 봉사하기로 정해져 있는 것도 아니며, 또 가부장제 국가, 인종주의 국가로 되는 것도 아니다. 국가의 역할은 사회집단 간의 권력투쟁이나 경쟁에 의해 영향을 받는다.

5. 헤게모니에서 거버넌스로

국가는 여러 사회집단의 권력관계, 즉 물질적 분배와 관련되는 권력관계가 응집된 것으로 이해할 필요가 있다. 하지만 단지 응집에만 그치는 것은 아니다. 19세기 이후 국가는 전쟁 지출보다는 민간에 대한 지출을 확대하였다. 예를 들어 인프라 구축, 교육, 공중위생, 복지 서비스 등 시민의 삶의 질 향상을 위한 복지국가 형성 그 자체에 큰 역할을 하였다. 현대 복지국가는 시민사회로 깊게 침투하여 복지 향상을 위해 시민사회의 여러 제도와 권력을 분담하고 있다. 국가 권력이 중앙정부뿐 아니라 국제조직, 지방 조직, 비정부 조직, 민간 조직 등으로 나누어져 네트워크형 권력으로 변하고 있는 것이다. 이러한 통치의 분화 상태를 거버넌스라고 할 수 있다. 이처럼 네트워크화된 권력을 어떻게 파악하고 국가와 시민사회의 관계를 어떻게 이해해야 할지 거버넌스 이론을 중심으로 살펴볼 필요가 있다.

1) 헤게모니 이론

20세기 마르크스주의자 가운데, 서유럽에서 혁명이 일어나지 않았던 원인을 하부 구조가 아니라 문화나 의식의 형태에서 찾으려는 마르크스주의자가 등장하였다. 그 주류였던 프랑크푸르트학파는 헤겔의 재해석과 초기 마르크스의 소외론과 같은 철학적 논의에 집중하였다. 한편 시민사회의 이데올로기 형태에 주목한 것이 이탈리아와 프랑스의 마르크스주의자 그람시와 알튀세르였다. 1920~1930년대 이탈리아 감옥에서 많은 수기 원고를 남긴 그람시는 국가를 통치 기구가 아니라 시민사회의 사적인 제도를 포함하는 것으로 인식하였다. 시민사회는 개인 간의 자유로운 재화의 교환으로 성립되지 않는다. 시민사회는 학교, 교회, 문화, 출판, 결사체 등 사적 기구에 의해 자본가 계급의 지배에 대한 자발적인 동의가 형성되는 장이다. 그람시는 노동자 계급이 사유 재산, 노동 규율 등 자본주의 규범을 수용하고 내면화한 상태를 '헤게모니'라고 불렀다. 넓은 의미에서 국가는 정치사회와 시민사회 모두 포함하며 시민사회 내의 헤게모니에 의해 그 기능이 유지된다. 즉 국가는 정치사회(통치 기구)와 시민사회(학교, 교회, 조합, 미디어 등)의 결합에 의해 유지되는 것이다(안토니오 그람시, 1994). 그람시는 이탈리아 상황을 고려했지만, 같은 시대 미국에 대한 고찰도 남기고 있다. 당시 미국에서는 식사 시간이나 휴식 시간까지 관리하는 등 생산과 노동을 철저히 관리하면서 고임금을 통해 소비를 촉진하는 새로운 포드주의 모델이 만들어지고 있었다. 포드주의의 목표는 선전이나 교육을 통해 관리된 노동을 스스로 수용하고 소비 기대를 충족할 수 있는, 과거와 다른 새로운 인간형을 만드는 것이었다. 그람시는 단순히 시민사회가 자본주의에 의해 규정되고 자본가 계급의 헤게모니를 재생산하는 장이라고 생각하지는 않았다. 시민사회는 지배 계급의 헤게모니가 관철되는 장이 아니며 노동자를 조직하는 당이나 조합 등의 운동체가 대항적 문화나 규범을 형성하여 헤게모니 투쟁을 하는 무대라고 보았다. 또한 알튀세르는 그람시의 사상을 이어서 이데올로기의 역할을 체계적으로 분석하였다. 자본주의 사회는 일정한 생산관계에 따라 생산력을 재생산해야 한다. 생산력은 원재료나 공장 기계와 같은 생산 수단과 노동력으로 구성된다. 알튀세르는 이 중 노동력의 재생산에 주목한다. 노동력은 물, 식량, 주거 등 물질적 조건뿐만 아니라 노동 능력도 재생산해야 한다. 일반적으로 노동 능력에는 교육이나 경험에 의해 생겨난 전문 기능이나 지식이 있다. 그런데 알튀세르는 노동 능력을 구성하는 요소로서 지배적 이데올로기에 대한 복종까지 강조하였다. 자본주의는 개별 노동자가 사적 소유, 노동 규율, 능력주의와 같은 규칙을 내면화하고 자발적으로 따르게 됨으로써 기능한다(루이 알튀세르, 2007). 이데올로기는 물리적인 강제력이 아니다. 가족, 학교, 교회, 조합, 출판 및 방송, 문화 등 시민사회의 여러 제도에 의해 침투된다. 정부, 행정기관, 군대, 경찰, 사법기관을 국가 장치로, 시민사회의 여러 제도를 국가의 이데올로기 장치로 보았다. 따라서 국가는 정치 행정 제도뿐만 아니라 시민사회로 확산되는 여러 이데올로기 장치로 이루어진다. 개별 노동자는 자본주의적인 생산관계에 종속된 지위에 있는데, 자신이 자유로운 주체로서 그러한 관계를 스스로 선택하고 노동시장에 참가하여 자립적으로 생활하고 있는 것처럼 관념화되어 있다. 이처럼 이데올로기화되는 과정을 통하여 개인은 스스로 책임 있는 주체로서 자본주의적 질서에 자발적으로 적응하게 된다. 여기서 중요한 것은 국가와 시민사회를 단순히 대립시키지 않고 모두 일정한 기능을 담당한다고 보는 것이다. 자본주의 체제는 국가의 강제력을 통해 사적 소유, 계약의 자유 등을 보장하는 것만으로는 움직이지 않는다. 시장 자체가 노동력 재생산을 안정적으로 시행할 수 없는 이상, 국가와 시민사회에 의존하지 않을 수 없다. 그람시와 알튀세르는 노동력의 물질적 재생산뿐만 아니라 규범의 재생산에 주목한 것이다. 그람시는 자본주의에 적합한 새로운 인간형 창출이 필요하다고 지적했고, 알튀세르는 노동력 재생산에 있어서 지배적 이데올로기에 대한 복종이 불가피하다는 점을 강조한 것이다. 문화나 규범의식을 형성하는 시민사회의 이데올로기 장치는 가족, 학교, 미디어, 교회, 비정부 조직 등이다. 이러한 여러 장치는 자본주의에 적합한 이데올로기를 개인에게 내면화하는 것에 그치지 않는다. 시민사회는 자본주의의 모순이 나타나는 장이며 헤게모니 투쟁이 일어나는 무대이기도 하다. 따라서 국가나 시민사회가 자본주의에 절대적으로 구속된 구조는 결코 아니다. 노동자의 재생산성은 국가와 시민사회의 여러 제도, 즉 이데올로기 장치에 의존하지 않을 수 없다. 하지만 시민사회는 자본주의를 보완하는 이데올로기뿐만 아니라 그에 대항하는 이데올로기도 존재한다. 국가와 시민사회가 자본주의와 어떤 관계를 맺을지는 시민사회 내에서의 규범을 둘러싼 헤게모니 싸움을 통해서만 규정될 수 있다. 그것을 전개하는 운동 주체의 권력관계가 국가로 모아져 여러 정책이 조합되는 구조가 만들어지는 것이다. 따라서 국가, 시민사회와 자본주의의 관계는 서로 의존하는 동시에 대립하는 이중성을 가진다고 해석할 수 있다.

2) 푸코의 통치 이론

푸코는 1970년대 중반의 여러 강의에서 17~18세기 서양 사회의 권력 변화를 주제로 하였다. 이 시대에 국가 간의 끊임없는 전쟁을 배경으로 권력을 둘러싼 담론의 중심에 있었던 것은 주권이었다. 군대는 사람들을 효율적으로 관리만 하는 것은 아니다. 규율 및 관리 권력은 군대로부터 감옥, 작업장 등 사회경제 영역으로 확산되었다(미셸 푸코 지음, 오생근 옮김, 2020). 18세기 무렵 개인을 효율적으로 규율하고 관리할 뿐만 아니라 인간을 하나의 영혼으로 이해하고, 집합적으로 생물학적 삶의 증식을 도모하려는 새로운 권력이 등장한다. 전 인구를 대상으로 하여 출생률, 질병, 공중위생, 섹슈얼리티(sexsuality) 등을 관리하는 이 권력을 푸코는 생체 권력(bio-power)이라고 했다. 생체 권력이 등장한 배경에는 인구가 국력이라는 생각이 있었다. 국가의 관심이 더 이상 군사가 아니라 내정으로 전환되어 생산, 유통, 화폐, 자원 관리, 공중위생, 구빈 등이 생체 권력의 대상이 된다. 그런데 인구나 경제 영역은 국가의 직접적인 개입이 아니라 국가와 구별되며 자율적으로 조직된 시민사회에 의해 통제당하게 되었다. 시민사회는 국가와 대립하기보다는 오히려 통계, 경제학, 공중위생학 등의 전문적 지식을 근거로 인간의 삶을 집합적으로 관리하고 통치하는 영역이다. 푸코는 국가 권력을 제한하는 자유주의 사상을 시민사회의 새로운 통치 영역을 정당화하는 이데올로기로 보았다(ミシェルフーコ, 2008, p. 367). 19세기 이후 개인을 대상으로 하는 규율 권력과, 인구를 대상으로 시민사회로 확산되는 생체 권력이 사람들의 생활 영역 전반을 지배한다는 것이다. 규범은 규율 권력과 인구를 결합하는 접점이었다. 개인은 시민사회에 의해 부과된 규범을 내면화하여 일정한 가족 구조, 노동, 생활

양식을 수용함으로써 삶의 안녕을 보장받게 된다. 20세기에 등장한 복지국가는 이러한 역사 과정을 거쳐 출현한 통치 기법이 집적된 것이다. 사회보장 시스템은 개인에게 결정된 생활양식을 부과하고 거기에 종속되게 한다. 그러한 양식을 수용할 수 없는 모든 집단과 개인은 제도적으로 배제된다. 따라서 복지국가는 모든 개인의 생존을 보장하는 구조가 아니다. 오히려 일정한 가족 구조, 노동, 생활양식을 개인에게 부과하고 집합적인 삶을 증식시키기 위한 목적으로 개인의 행동과 내면을 규율하고 관리한다(田中拓道, 2023, pp. 138-140). 그러한 규율이나 규범을 받아들이지 않는 개인은 이상한 사람으로 보이게 하여 주변부로 밀어내는 메커니즘을 작동시킨다. 푸코의 생체 권력 이론 관점으로 볼 때 복지 정책은 통치 시스템이다. 부랑 빈민에 대한 인구 경제적 가치가 발견되면서 그들을 노동력으로 유용하게 활용하려는 구빈 제도, 일할 수 있는 빈민에 대한 노동 강제 기법은 그러한 의도가 투영된 장치라고 할 수 있다.

19세기 들어 빈민의 생활 상황이나 건강 상태를 관찰하는 사회조사, 공중위생, 사회 의학 등의 분야에서 전문가 역할이 늘어난다. 빈민의 윤리에 개입하여 생활 습관을 개선하고, 빈곤을 예방하며 노동에 종사하도록 지도하는 목적의 통치 기법이 시민사회 내부로 퍼져 나간다. 프랑스 혁명의 인권선언이나 법률로 규정된 자유주의 원리는 개인의 권리와 책임의 범위를 규정하였다. 사유 재산권과 노동의 자유가 보장됨에 따라 빈곤은 개인의 탓으로 인식되었다. 빈민에 대한 자선과 구제는 교화의 수단이며 시민사회의 자발적 대응이었다.

그런데 1830년대 공장 노동이 일반화되면서 산업재해, 불황, 전염병이 빈발하고 대중적 빈곤이 증가하였다. 빈곤은 개인을 둘러싼 환경의 문제,

이른바 사회 문제라는 인식이 생겨났다. 19세기 초부터 사회조사가 활발히 이루어지면서 산업재해, 실업, 빈곤 등이 일정한 확률로 발생하는 집합적 리스크라는 인식이 확산되었다. 리스크는 더 이상 개인의 책임이 아니므로 보험이나 공제조합을 통하여 집합적으로 대처해야 한다고 생각하게 된 것이다. 1880년대는 새로운 법과 권리의 원칙이 등장한다. 그 출발은 직업적 리스크 개념이었다. 공장 노동자에게 일어나는 사고는 일정한 확률로 발생하는 리스크이다. 따라서 노동자 개인이 아니라 사용자가 보상 책임을 져야 한다. 이러한 개념을 근거로 도입된 산업재해보험 제도는 사고 보상 책임을 져야 할 사용자에게 보험 가입을 촉구하였다(田中拓道, 2023, pp. 140-141). 사회보험으로 시작하여 사회보장의 보편적 적용이 확대되는 과정은 개인의 삶 전반에 관계되는 질병, 상해, 실업, 노령 등이 집단적으로 발생하는 리스크로 인식되고 사회 전체가 그것을 보험 방식으로 보장한다는 사고가 확대되는 과정이었다. 푸코의 이론에 의하면 개인은 가족, 위생, 음식, 친구 관계까지 사회로부터 감시당하고, 리스크를 예방하기 위한 규율 및 관리의 대상이 된 셈이다. 새로운 사회질서가 만들어진 것이다. 이러한 질서는 집단적으로 발생하는 사회적 리스크를 최소화하고자 하는 것이 규범이 된 것이다. 이 규범에 따라 개인을 규율하고 관리하는 정치적 권력이 작동한다. 국가는 시민사회와 대결하지 않고 협력적으로 기능한다. 따라서 국가와 시민사회의 상호 의존이 깊어진다. 물리적인 강제 방식이 아니라 개인이 모든 생활을 스스로 규율하며 자발적으로 노동을 담당하는 주체가 되도록 유도하는 방식인 것이다. 하지만 20세기 복지국가를 생체 권력과 규율 권력만으로 온전히 파악할 수 있을지 의문이다. 오히려 사회 여러 집단의 헤게모니 경쟁이나, 국가에 따라

고유한 역사나 경험이 복지국가 발달과 변화에 영향을 미칠 수도 있다. 국가와 시민사회의 복합체로서 관료, 보수적 사용자, 자유주의적 사용자, 중산 계급, 노동자 등 다양한 사회집단의 권력관계에 따라 다양한 형태가 나타날 수 있다.

19세기 이후 국가 권력이 시민사회로 침투하고 시민사회 자체가 통치 권력의 일부가 된 것은 분명한 것 같다. 다만 그 과정을 인구 증가라는 목적으로만 규정된 것으로 이해하거나 규율 권력, 생체 권력으로만 파악하려고 하면 시민사회 내부의 헤게모니 투쟁을 놓칠 수 있다.

3) 세계화와 거버넌스

세계화에 의해 국가 권력은 어떻게 변화되었는가. 1990년대 이후 글로벌 거버넌스 개념이 주목받게 되었다. 그 배경은 첫 번째로 국내에서 관료 제도의 비효율성 등이 널리 인식되고 중앙정부와 지방정부, 비영리 단체, 민간기업 등의 사이에 긴밀한 협력 관계가 만들어졌기 때문이다. 1980년대 공공 서비스에 성과주의나 경쟁 체제의 도입 등 시장 체제를 편입하거나 공공 서비스 공급에 비정부 조직이나 민간기업을 활용하는 신공공관리(New Public Management) 방법이 도입되었다. 이러한 변화는 통치(government)로부터 거버넌스로의 변화라고 할 수 있다. 로즈(Rhodes)는 거버넌스 연구의 대표자 중 한 명이다. 그는 영국을 보기로 삼아, 오늘날의 통치 권력은 작은 국가와 공사 조직의 네트워크 조합에 의해 정부 없는 통치(governing without government)가 되고 있다고 지적하였다(Rhodes Roderick, 1997, p. 57).

두 번째는 글로벌한 상호 의존이 높아지면서 국경을 초월하는 문제가 분출했다는 것이다. 빈발한 금융 위기, 국제무역 갈등, 환경 문제, 에너지 문제, 전염병, 테러, 빈부 격차 등이 그것이다. 이런 문제는 각국 정부의 대응만으로는 부족하며 시장에 맡겨서 해결할 수도 없다. 국가와 시장 사이에 있는 공백을 메우는 기능적인 필요 때문에도 세계 수준의 거버넌스가 사실상 작동하게 되었다는 것이다(田中拓道, 2023, p. 144). 그런데 글로벌 거버넌스는 무엇을 의미하는가. 거버넌스는 공적인 권위나 경찰과 같은 강제력에 의존하지 않고 공동 목표를 조직하는 자발적인 네트워크를 말한다. 세계적 규모의 정부가 존재하지 않아도 세계에는 사실상 질서가 존재한다. 질서가 없으면 거버넌스는 존재할 수 없고 거버넌스가 없으면 질서는 존재할 수 없다(Rosenau, 1992, p. 4, p. 8). 다시 말해 글로벌 거버넌스는 사실상 세계에서 기능하고 있는 질서를 설명하는 개념이다. 1992년 국제연합에 글로벌 거버넌스 위원회가 설치되고 냉전 후 새로운 세계 질서가 모색되었다. 분쟁, 대량 파괴 무기, 국제적인 무역 경쟁 규칙의 부재, 금융 불안정, 빈곤, 환경보호 등 다수의 과제가 있다. 여기에서 거버넌스는 개인과 기관, 공과 사가 공동 문제에 대응하기 위한 다수 방법의 집합이며, 글로벌 거버넌스는 국제기구, 정부, 비정부 조직, 시민운동, 다국적 기업, 학회, 미디어 등 다양한 행위자 사이의 협력을 추구하는 것이다. 따라서 글로벌 거버넌스는 세계적 차원에서 윤리, 자유, 공정, 상호 존중과 같은 공동 규범에 근거하여 이들 행위자가 협력하고 국경을 초월하는 여러 과제에 대응하는 데 필요한 것이었다. 정부나 국제기구는 여전히 중요한 행위자가 맞지만, 글로벌 거버넌스의 일부 역할을 담당할 뿐이다. 거버넌스를 규제하는 것은 공식적 제도만이 아니라 사람들이 공유하는 지식이나 규범 등 소프트한 권력이다. 이처럼 글로벌 거버넌스는 각국의 정부, 국제기구, 다국적 기업, 비정부 조직, 지방 공공단체 등으로 구축된 네트워크이며 공식·비공식적 규칙이나 규범을 공유함으로써 기능한다. 국가를 대체하지 아니하며 국가의 기능을 보완하고 지속하는 데 필요한 통치 구조인 것이다.

그러나 글로벌 거버넌스는 결정 과정에 민주적 정통성이 결여된 경우가 많아, 실제 결정 주체나 과정의 왜곡 같은 정치권력의 움직임을 투명하게 파악하기 어렵다는 한계가 있다. 사실상 세계화는 경제적 측면의 세계화를 의미한다. 국제기구는 각국의 교육, 의료, 복지, 환경 정책 결정에 큰 영향력을 가진다. 그렇지만 그러한 정책 결정에 참여할 수 있는 것은 각국의 관련 전문 관료로 제한된다. 국제기구의 결정에는 선진국 대표가 거부권을 가지는 등 선진국이 제3세계보다 영향력이 크다. 그러한 결정 과정에 설명 책임이나 투명성이 요구되지는 않는다. 선진국 관료나 다국적 기업의 경영자가 퇴임 후에 국제기구의 책임자가 되는 등 이해 상충의 문제도 있을 수 있다. 전체적으로 국제기구의 결정에는 글로벌한 시장 통합으로 이익을 얻고 있는 강대국이나 산업계의 이해관계가 반영되기 쉬우므로 민주주의가 형식화될 수 있다. 또 경제 세계화, 국가 주권, 민주주의 등 세 가지가 동시에 유지 가능한지 의문이다. 국가가 경제 세계화에 완전히 적응하려면 금융 거래 축소, 조세 인하, 노동시장 유연화, 규제 완화, 공공 서비스 민영화 등을 추진해야 한다. 그 결과 국내 민주주의는 껍데기가 될 수 있다. 세계화와 민주주의를 양립시키려면 국가를 초월한 단위에서 민주적 글로벌 거버넌스를 구축할 필요가 있다. 특히 기후 위기가 세계 공동의 과제가 되는 현실에서는 더욱 그러하다. 하지만 각국의 역사, 정치 제도, 사회나 문화가 다양하므로 글로벌 거버넌스의 민주적 구축은 매우 어려울 것이다. 결국에는 여러 복지국가가 민주적으로 시장을 통제하고 극단적 세계화를 회피할 수밖에 없다. 무역이나 금융에 일정한 규제를 가하고 국내 복지 제도나 사회적 규제를 민주적으로 구축하며 국경을 초월하여 이동하는 노동자에게 공통 기준을 설정하거나 국내 제도를 배타적으로 강화할 수 있을 것이다.

현재 세계적으로 국경을 초월한 문제가 속출함에 따라 국가 간 협력뿐 아니라 국제기구와 비정부 조직, 다국적 기업 등과의 협력이 중요해지는 것은 확실하다. 그러나 글로벌 거버넌스는 국가의 기능을 대신하여 작동할 수 있는 것이 아니다. 근대 국가의 역할은 다양한 사회집단의 권력관계를 응집하고 보편적 공동성을 창출하며 조세와 복지 정책 등 물리적 강제력을 배경으로 정책을 집행하는 데 있었다. 사회집단은 국가를 전략적인 장으로 삼아 집단 간 권력투쟁을 통하여 조직화되면서 정체성을 확립한다. 또 글로벌 거버넌스는 그 담당 주체의 다원적 성질 때문에 권력의 집중도가 낮다. 새로운 조직화가 일어날 가능성이 낮다는 의미이다. 따라서 이미 조직화되어 있는 다국적 기업, 국제 관료, 소수의 비정부 국제 조직 등의 이익을 반영하기 쉬우므로 다양한 사람들의 이익을 반영하기는 어렵다. 역설적이게도 민주주의의 비독점적 권력 속성 때문에 일어나는 구조적 문제인 것 같다. 더구나 재분배적 기능도 약하다. 세계은행, 세계무역기구, 국제노동기구, 국제보건기구, 유네스코, OECD 등 국제기구들이 글로벌 사회 정책의 주축이 될 수 있다. 그러나 이들 기구는 규제, 가이드라인이나 모델 제시, 정보 공유, 자금 대여와 같은 기능에 그치고 조세나 재분배 기능이 없다. 따라서 복지국가의 GDP 대비 공공 사회지출은 일관된 기준 없이 전체 평균 중심으로 비교되는 경우가 많다. 정부

개발지원(ODA)을 통한 사회보장 지원액은 지원국 국민 총소득의 0.004%에 그치고 있다(ILO, 2021, p. 59, p. 62). 재분배의 대부분은 국가 내부에서 이루어진다. 유럽연합의 경우 역내 불균형을 시정하기 위해 유럽사회기금(European Social Fund)을 두고 있지만, 평균 예산은 2021년 기준으로 EU 권역 내의 명목 국민 총생산의 0.1%에 불과하다(European Commission, 2022). 최근 유럽의 사회 정책은 화폐 통합을 거치면서 노동자 이동, 사회서비스와 의료 서비스의 자유화 등에 발맞추어 유럽 각국의 제도를 어떻게 조정할지 관심이 높을 것이다. 시장 중심의 소극적 통합을 넘어서 사회보장을 포함한 적극적 통합이 요구된다. 하지만 사회복지의 주요 책임은 여전히 각국의 정부에게 있으며 유럽연합의 사회 정책은 개별 정부의 정책을 보완하고 필요한 원칙을 제시하고 실시하도록 촉구하는 데에 그친다(European Commission, 2021, section 1). 일관된 행동 계획으로서 지속가능하며 포용적인 경제성장을 목표로 청년 및 여성, 고령자의 고용 촉진과 기능 향상을 위한 인적 자본 투자 전략을 강조하고 있다.

이처럼 글로벌 거버넌스는 국가 권력을 대체하지는 못한다. 하지만 유럽연합의 경우 유럽위원회가 각국의 고용과 사회 정책을 감시하고 평가하며 더 좋은 정책을 장려하고 영향을 끼치려 노력하고 있다. OECD도 보고서 발간을 통해 유연한 형태로 각국의 정책에 영향을 끼치고 있다. 이러한 국제기구가 민주주의적 기반 없이 글로벌한 자본주의 시장에 적응하는 정책을 우선하고 있지만, 그에 따라 각국 정부는 재정 균형, 노동시장 유연화, 신공공관리, 인적 자본 투자 전략과 같은 정책을 추진하고 도입해 왔다. 하지만 오늘날 선진 복지국가의 경우 글로벌 거버넌스와는 반대 방향의 움직임도 나타난다. 예를 들어 경제 세계화와 유럽 통합에 대해 반세계화 운동, 반이민 등을 내세운 포퓰리즘 운동 등이 심화되고 있다. 오히려 글로벌한 거버넌스가 글로벌한 자본주의를 통해 이익을 얻는 부유층과 기업가들의 입장을 지나치게 편향적으로 반영한 것이 아닌가. 세계의 공동 이익을 위한 민주적 통합의 기반은 여전히 국가이다. 따라서 국가 권력의 전략적 활용과 국제적인 협조를 통해 노동 조건, 조세, 사회보장 등 자본주의를 규제하는 대안적 복지 거버넌스를 만들어야 할 것이다.

19세기 이후 국가 권력은 시민사회와 상호 의존이 깊어졌다. 그런데 국가와 시민사회의 역할이 자본주의를 보완하는 데 그친 것은 아니다. 시민사회 내부에서의 가족·노동·생활양식 등에 관한 헤게모니 싸움을 통하여 사회집단이 조직되고 그들의 권력관계는 국가에 의해 응집된다. 국가와 시민사회는 자본주의에 의존할 뿐 아니라 서로 대항하는 이중성을 가진다. 20세기 말 국가 권력의 다원화와 경제 세계화로 글로벌 거버넌스에 대한 논의가 진행되었다. 이는 민주적 기반이 부족하며 다국적 기업이나 국제기구, 금융기관 등의 의견을 과대하게 반영하면서 글로벌한 자본주의를 보완하는 또 하나의 권력이 될 수도 있다. 하지만 본질적으로 국가를 대체할 수 있는 수준은 아니다. 오히려 국가 정책의 전략적인 활용을 통한 글로벌한 수준의 다차원 거버넌스가 필요하다.

이상의 논의를 종합하면, 근대 국가의 역할은 강제력을 기반으로 사적 소유권이나 계약을 보장하거나 화폐 및 신용 제도를 정비하거나 인프라에 투자하는 등 자본주의 조건만 정비하는 것은 아니다. 자본주의 시장 내부에서는 할 수 없는 노동력 생산 및 재생산을 보완하며 교육 및 복지 서비스 지원, 노동 조건 규제 등을 실시한다. 또 공공 영역 및 사적 영역, 정치와 경제의 분리를 통해 국가는 계급 대립에서 자율적이며 보편적인 이익이나 공동성을 구현하려는 이데올로기적 형태를 띠면서 독자적인 사회 통합 기능을 수행한다. 국가의 역할은 자본주의 계급 구조에 의해서만 규정되지는 않는다. 국가는 계급, 젠더, 인종 등에 의한 헤게모니 투쟁의 장이 되며 그러한 다양한 사회집단의 조직화를 촉진함과 아울러 그러한 권력관계를 결집하고 구조화하는 권력 장치이기도 하다. 19세기 민주화와 함께 국가는 민간 지출을 늘리고 시민사회로 진입하였다. 서양의 마르크스 이론은 시민사회에서의 가족, 학교, 미디어, 교회, 조합 등을 국가의 이데올로기 장치로 이해하고 그들에 의해 자본주의를 지지하는 규범이 개인에게 내면화된다고 규정하였다. 푸코 이론은 통계·의학·위생·교육·복지 등 전문가의 지식과 작업에 의해 개인의 삶을 규율화하고 그러한 인구 집단을 증가시키려는 권력이 시민사회 내부로 확산된 것으로 이해하였다. 시민사회 자체가 서로 다른 규범을 둘러싼 헤게모니 투쟁의 무대이므로 이 과정에서 각 개인은 서로 다른 제도로 향할 가능성이 있을 것이다. 20세기 말 경제 세계화가 진행되면서 국가 권력의 다원화와 국제적 거버넌스 논의가 형성되었다. 하지만 글로벌 거버넌스는 권력의 집중성이 약하며 국제 관료나 다국적 기업의 이익을 과도하게 반영하는 구조가 되고 있다. 선진 복지국가는 복지 정책이나 재상품화 정책으로 치우치면서 사회적 시민권은 약해지고 국내적으로 반세계화와 외국인을 배척하는 정치 세력이 득세하고 있다. 대안적 거버넌스의 필요성이 점점 커지고 있다. 국가와 시민사회는 자본주의에 의존하고 있지만 그것을 보완할 뿐 아니라 자본주의와 대립하면서 저항하는 이중성을 가진다. 국가의 형태는 시민사회 내부의 가족과 노동, 임금, 생활양식 등 규범을 둘러싼 헤게모니 투쟁과 권력관계에 의해 결정된다. 이러한 시민사회의 대항적 사회운동은 어떤 근거로 생겨서 어떻게 전개되었는지 더 구체적으로 이해할 필요가 있다.

제 6 장

복지국가와 사회운동

자본주의 시장은 전통적 공동체, 봉건적 신분제 질서에 매몰된 개인을 자유롭고 평등한 개인으로 해방하는 역할을 하였다. 노동을 통하여 경제적 자립을 이루고 자기 규율과 성실한 정신을 익힌 개인이 근대 시민사회의 주체가 되었다. 19세기가 되면 시장은 수요와 공급의 균형을 낳는 자기 조절적 메커니즘을 내재한 질서로 이해되었다. 실제 정책도 국가의 시장에 대한 개입을 회피하였다. 그런데 20세기가 되면 시장 실패가 논의되고 일정한 국가 개입이 요청되었다. 더욱이 제2차 세계대전 후 경제적 효율성과 사회적 공평성의 상충 관계가 문제가 되었다. 그런데 19세기부터 20세기에 걸쳐 자본주의 시장에 내재하는 모순을 비판적으로 검토한 이론들이 인간의 노동력을 시장 내부에서 충분히 생산하고 재생할 수 없다는 문제를 제기하였다. 자본주의는 노동력의 상품화를 추진하지만 그와 동시에 일정한 탈상품화를 보장하는 사회보장 등 외부 제도가 없으면 장기적으로 유지될 수 없다. 따라서 자본주의 발전 과정에서 상품화와 탈상품화라는 두 개의 대립적 관계가 만들어진다. 균형은 다양한 사회집단의 헤게모니 투쟁과 권력관계에 따라 결정되고 그것들이 국가의 정책에 반영되고 구조화된다. 1990년대 이후 경제 세계화 과정에서 이러한 균형은 상품화의 우세로 나타나고 있는 것 같다.

자본주의와 국가는 근대 이후 사회를 규정하는 구조적 힘이었다. 두 관계는 상호 보완과 대립이라는 이중성을 띠고 있다. 이 관계는 사회집단 사이의 헤게모니 투쟁과 권력관계에 의해 결정되므로 자본주의와 국가의 변화에 따라 사회 내부에 어떠한 균열이 채워지고, 어떠한 대항적 사회운동이 전개되었는지 살펴볼 필요가 있다. 그 운동은 사회의 정당한 규범을 공유하는 특징을 가지고 있을 것이다. 복지국가는 그러한 정당한 규범이 국가적으로 실현된 결과라 할 것이다. 따라서 사회운동의 역사적 변화를 고찰하면서, 그것이 복지국가의 형성부터 다양한 변화에까지 어떤 영향을 끼쳤는지 살펴볼 필요가 있다.

1. 전통적 운동 이론

사회적 분쟁이 고조되고 해소되기까지의 일련의 흐름을 분쟁 사이클이라 할 수 있다. 1960년대 선진 복지국가를 예로 들어 보면 공민권 운동, 반전 운동, 환경 운동, 학생 운동, 여성 운동 등 무수한 사회적 분쟁이 끓어올랐다. 이와 함께 사회운동 연구도 새로운 전기를 맞게 되었다. 사회운동에 대한 전통적 이해는 어떻게 달라졌는가. 전통적 관점에서 사회운동은 사회의 구조적 모순이나 긴장의 표출로 인식되었다. 예를 들어 자본주의는 구조적 모순으로 인해 자본가와 노동자의 계급 대립을 낳고 노동자 계급은 자본주의의 폐기를 요구하는 운동으로 혁명을 외치게 된다.

그동안 사회 통합을 가능하게 했던 규범의 힘이 약해지고 개인이 규범을 받아들일 수 없는 상황이 되면 결국 대항적 운동이 분출된다. 일정한 가치의 박탈 상태에 있던 개인들이 구조적인 긴장에서 해방되기 위하여 집합행동을 일으킨다. 이를 사회운동이라 할 수 있을 것이다(田中拓道, 2023, p. 156). 1970년대 이후의 논의에서는 사회적 불만이나 구조적 긴장만으로는 특정 시대의 특정한 사람들이 일으킨 운동을 설명할 수 없다고 보았다. 운동에 대한 풀뿌리부터의 지지를 끌어낼 수 있을 정도의 불만과 긴장은 모든 사회에 언제나 존재할 것이다. 사람들은 항상 불만을 표출하므로 그것만으로 사회운동의 출현을 충분히 설명할 수 없다. 따라서 사회운동은 비합리적 불만의 표시가 아니라 특정한 목적을 실현하기 위한 합리적이며 전략적인 행위이다. 수익자를 특정하기 어려운 공공재를 만들어 내기 위한 운동에 합리적인 개인이 자발적으로 참여할 것이라 상상하기는 어렵다. 무임승차자가 되어 운동의 성과만 얻는 것이 개인에게 더 합리적이다. 사회운동의 발생을 설명하기 위해서는 운동으로 유인하여 이익을 제공함으로써 개인을 합리적으로 동원할 수 있게 만드는 자원과 조직에 주목해야 할 것이다. 이러한 점에 주목하여 발전한 이론이 1970년대 이후의 자원동원론과 정치적 기회론이었다.

자원동원론(Resources Mobilization Theory)은 운동의 배경에 있는 불만과 목적이 무엇인지 문제 삼지 않는다. 그 대신 직접적인 이해관계가 없는 사람들이 어떻게 운동에 동원되어 운동이 성공을 거둘 수 있는지에 집중한다. 이를 위해서 운동에 앞서 존재하는 사람들의 네트워크, 집단, 조직 등의 공식적·비공식적인 매개 수단에 주목한다. 정보, 물적·인적 자원 등을 가지는 집단을 사회운동 조직이라 할 것이다. 예를 들어 1955~1965년 미국 공민권 운동은 그것에 앞서 존재했던 교회, 미국흑인지위향상위원회, 대학 등의 조직이 대중을 동원하는 데 중요한 역할을 하였다(Mcadam, Doug, 1982). 1960년대 이후 풍요로운 사회 속에서도 사회운동이 분출한 원인 중 하나는 과거 풍부한 운동 경험을 가진 수많은 자발적 사회운동 조직의 영향 때문이기도 하였다.

한편 정치적 기회론(Political Opportunity Theory)에 의하면, 사회운동 조직이 사람들의 동원을 가능하게 하더라도 운동의 전략과 성공은 자원이나 조직만으로 결정되는 것은 아니다. 작업의 대상이 되는 정치 제도에도 영향을 받는다. 정치적 기회론은 이 점을 강조함으로써 자원동원론을 보완하여 사회운동 연구를 더욱 발전시켰다. 여기서 정치적 기회는 집단이 권력에 접근할 수 있는 통로를 확보할 수 있고 정치 제도에 영향을 끼칠 수 있는 정도, 그리고 정부의 반응성이라 할 수 있다(Eisinger, 1973, pp. 11-28). 대항하는 운동 세력이 권력에 어느 정도 접근할 수 있느냐, 권력을 가진 세력이 어느 정도 응답하느냐에 따라 운동 형태가 좌우된다. 그것은, 다시 말해 성공이나 실패에 대한 사람들의 기대에 영향을 미치면서 집단 행동으로 이끄는 정치적 환경을 만드는 것이기도 하다. 따라서 사회운동은 정치적 환경이 작업 대상이 된다. 사회운동의 모든 환경에 대해 작업하기는 사실상 어렵지만 적어도 사회운동에 영향을 끼치는 전체 제도를 고려해야 하는 건 분명하다.

1980년대 스웨덴, 프랑스, 서독, 미국의 반핵 운동을 비교한 연구(Kitschelt, 1986)에서 국가마다 운동의 형태나 영향이 다른 이유를 분석하였다. 가장 큰 요인은 정치적 결정에 대한 접근 기회를 정하는 제도였다. 정치적 기회는 정치 체제의 개방성, 즉 정당과 정치집단의 규모, 입법부의 자율성, 이익집단의 행정에 대한 영향력, 정책 협조 구조의 유무이다. 또 다른 요인은 정치 제도의 실행력 정도이다. 즉 국가 권력의 집권 정도, 시장에 대한 통제 능력, 정치분쟁을 조정하는 사법부의 독립성 정도이다. 예를 들어 정치 제도가 개방적인 스웨덴이나 미국의 운동은 제도 내부에서 영향력을 행사하는 동화 전략을 추진하며, 정치 제도가 폐쇄적인 프랑스나 독일의 운동은 제도 외부에서 대중 시위 등을 벌이는 전략을 선택한다. 따라서 스웨덴이나 미국은 정책 변화를 끌어내기 쉽지만, 프랑스나 독일은 더 구조적인 정책 변화가 요구되며 상대적으로 실현되기 어렵다고 볼 수 있다. 이에 더하여 정치적 기회를 더 포괄적으로 분석한 연구(Kriesi et al., 1995, pp. 26-37, pp. 53-81)에 의하면, 네덜란드, 프랑스, 스위스, 독일을 대상으로 운동의 형태와 영향력, 정치적 기회 관계를 고찰하였다. 정치적 기회는 첫째, 국가의 강함이다. 이는 국가 기관의 집권성, 의회와 정권 내의 정당 규모, 행정 권력의 강함, 직접 민주적 절차의 제도화로 판단할 수 있다. 둘째, 통치 엘리트의 운동에 대한 대응 전략이다. 이는 배타적이냐 포용적이냐로 구별되며, 구체적으로는 사회민주당의 배치, 정당의 역학 관계 등으로 판단할 수 있다. 이러한 두 개의 정치적 기회의 축을 조합하여 각 국가 사회운동의 정치 시스템에 대한 영향력을 분류할 수 있다고 한다.

자원동원론과 정치적 기회론은 운동에 관계되는 조직과 제도를 주제로 삼아 사회운동의 생성과 전략, 영향력을 실증적으로 비교하는 프레임 짜기를 초래하였다. 사회운동을 돌발적이거나 비합리적 불만의 분출로 보는 관점과 비교하면 이러한 이론은 사회운동의 경험적 연구를 축적하는 데 기여하였다. 하지만 과연 사회운동이 자원 배분이나 권력에 영향력을 끼치려는 합리적이고 전략적인 행위라고 할 수 있는가. 실제 사회운동은 추상적인 가치나 공공재 실현을 목적으로 하고 있다. 사람들이 어떻게 운동에 대한 인센티브를 형성하고 운동에 참가하는지, 무임승차자 문제는 어떻게 해결할 수 있는지가 분명하지 않다(田中拓道, 2023, pp. 160-161). 정치적 기회라는 게 반드시 객관적인 제도로만 규정되지는 않는다. 운동 참가자의 기대에 따라서도 좌우될 수 있다. 따라서 참가자에 의한 집합적인 정체성 형성, 정치적 기회에 대한 인지와 같은 문화적 측면에도 주목해야 한다(Kriesi et al., 1995, p. 247).

그와 같은 흐름을 대표하는 논의가 프레이밍 이론(Framing Theory)이다. 이 접근법은 행위자가 처한 상황을 상징적인 담론을 통해 재해석하여 집합적 정체성을 만들어 정치적 기회 확장을 도모하는 전략적 행위이다. 행위자가 처한 상황을 상징적인 담론을 통해 재해석하며 집합적 정체성에 기반한, 지배적 문화 코드로 변혁을 촉구하는 운동 형태에 주목한다. 예를 들어 동성애자나 이민자 운동에서 언론을 이용한 불공정에 대한 고발이나, 장애인 이동권 보장을 위한 대항적 권리 담론의 전개, 온라인상 해시태그를 이용한 '#Me Too 운동' 등의 확산을 들 수 있다. 자원동원론과 정치적 기회론이 사회운동을 전략적·합리적 행위로 이해한 반면, 프레이밍 이론 역시 이러한 관점을 공유하는지, 아니면 다른 측면을 강조하는지 살펴볼 필요가 있다. 프레이밍 이론에서는 대부분 운동의 리더나 미디어의 담론이 대상이 된다. 왜 어떤 담론은 사회적으로 수용되고 쟁점 설정이나 정체성 구축에 성공하지만, 다른 담론은 그렇지 못한가(Goodwin & Jasper, 1999, p. 31). 운동 참가자에 의해 구축된 프레임과 더 넓은 사회 문화적 문맥과의 관계는 아직 충분히 설명되고 있지 않다(田中拓道, 2023, p. 162).

지금까지의 논의를 고려할 때 1970년대 이후 사회운동은 구조에 내재하는 모순이나 긴장의 표출이라기보다 이익이나 권력의 분배를 요구하는 합리적·전략적 집합행동으로 이해되기 시작하였다. 합리적 개인이 운동에 동원되는 이유를 설명하기 위하여 운동에 앞서 사람의 네트워크나 조직, 운동의 대상이 되는 제도에 주목하였다. 또 운동 리더에 의한 담론을 이용한 프레임 형성, 쟁점의 설정도 주요한 고찰 대상이었다. 자원동원론, 정치적 기회론, 프레이밍 이론은 사회운동의 경험적 연구의 발전에 크게 공헌하였다. 이런 흐름은 운동에 앞서 조직과 자원-운동의 작업 대상이 되는 제도-운동 행위자의 담론 전략에 초점을 맞추는 것이었다. 복지국가 이론이 구조-제도-행위자로 초점이 옮겨져 왔던 흐름과 대체로 맥락을 같이한다. 그런데 사회운동에 대한 논의는 어떻게 발생했는지, 왜 발생했고 어떤 결과를 초래했는지 전체적으로 이해하는 것이 중요하다. 따라서 어떤 시대에 사회운동이 왜 일어났고 광범위하게 조직화되어 성공하였는지, 그리고 그 운동은 복지국가 전체에 사회적으로 어떠한 의미가 있는지 설명할 수 있어야 한다. 여기에 답하기 위해서는 운동의 배경에 있는 거시적인 구조 요인에도 주목할 필요가 있을 것이다.

그렇다면 구조적인 배경이나 요인을 어떻게 파악할 수 있을까. 여기에 시의적절한 논의가 사회적 균열(social cleavage) 이론이다. 이 이론은 사회 시스템 이론의 영향을 받으면서 근대 서양에서 볼 수 있는 사회적 균열을 국가 형성과 산업화라는 두 가지 계기로 설명한다. 사회적 균열은 사회 내부에 생긴 분쟁을 말한다. 중요한 사회적 균열은 다음 네 가지이다(Lipset & Rokkan, 1967, p. 14, p. 47). 근대 국가 형성 과정에서는 두 가지 균열이 나타났다. ① 16~17세기 중앙집권 국가 형성기의 중앙정부와 지방 세력 간의 '중심-주변' 균열, ② 18세기 이후, 국민국가 형성기의 국가(세속 권력)와 교회(종교 권력) 간의 '정교(政敎)' 균열이다. 이후 산업화 과정에서 두 가지 균열이 추가되었다. ③ 산업화 초기의 농촌(지주)과 도시(신흥 상공업자) 간의 '농-공' 균열, ④ 산업화 후기의 자본가 계급과 노동자 계급 간의 '계급' 균열이다. 즉 국가 형성 과정에서는 다수파의 민족·언어·종교 집단과 주변화된 집단 사이에 균열이 발생한다. 국민화 과정에서는 교육의 담당 주체 등을 둘러싸고 세속 권력과 교회 권력 사이에 균열이 발생한다. 산업화 과정에서는 지방 지주층 및 도시 생산자, 자본가와 노동자 사이에 균열이 발생한다. 이러한 네 개의 균열은 여러 국가의 역사나 사회 상황에 따라 다르므로 각 국가는 양당제(영국), 다당제(북유럽, 독일, 프랑스, 스페인, 이탈리아, 오스트리아, 벨기에 등) 등 서로 다른 정치 시스템을 선택하게 된다. 이러한 논의는 근대 국가와 자본주의 발전으로 생겨난 사회의 구조적 대립에 대해 어느 정도 조감도를 제공한다. 단 1970년대에 볼 수 있었던 정당 시스템을 통해 각 국가의 균열을 설명하고 있으므로 그것들이 역사적 실체로서 존재했는지를 논의하기 쉽다. 사회경제 상황에 따라 균열은 변화하며 정당 시스템도 그에 걸맞게 재편된다. 균열은 고정된 실체라기보다 일정한 규범을 공유하면서 역사적·정치적으로 구축되는 것으로 이해해야 할 것이다. 균열이란 국민 경제 형성과 자본주의 발전이라는 사회 구조에 기반을 두고 있으며 가치나 신념을 공유하게 되는 규범적인 요소가 있다. 또 정당과 같은 제도나 조직도 정비하게 된다는 것을 의미한다(田中拓道, 2023, p. 164). 균열은 단순한 사회계층의 구별이 아니라 사회 구조에 기반을 두는 대립이다. 더구나 계급은 균열 중 하나에 지나지 않으며 이 외에도 종교, 민족 등으로 인한 균열이 존재한다. 사회의 변화에 따라 정당도 전략을 수정하므로 정치적 균열은 항상 만들어진다. 현대 서구에서는 유럽의 경제 통합이나 이민 증가를 배경으로 보편주의 대 폐쇄적 국민주의를 둘러싼 국가 균열이 부상하고 있다.

이상의 논의를 고려할 때 사회적 균열을 원인으로 하는 대항적 운동으로서 사회운동이 전개되고 있다고 이해해도 좋을 것이다. 사회적 균열은 다음과 같은 세 가지의 특징이 있다. 첫째, 사회 구조에 기반을 둔 대항운동이 그 대상이다. 근대 사회는 집권적 국가와 자본주의라는 두 가지 구조를 동력으로 하며, 이들의 형성 및 발전과 그 상호 관계에서 사회 모순이 내장된 결과로 대항 운동이 발생하였다. 둘째, 사회운동은 이익이나 권한의 배분을 요구하는 사람들의 합리적이고 전략적 행위로 머물지 않는다. 기존 질서의 정통성을 재검토하면서 규범화하는 집합행위라고 할 수 있다. 자본주의 시장은 기존 공동체를 해체하고 노동을 통하여 자립하는 자유로운 개인을 추구한다. 근대 국가는 민주주의에 의한 자기 통치, 즉 민주적 통치와 같은 이념을 가지게 한다. 자본주의와 국가는 개인의 자기 결정, 민주적 통치를 규범으로 물질적 발전을 추구한다. 하지만 자본주의와 국가 발전은 내적인 모순을 초래하며 기존 질서의 정통성을 다시 묻는 대항 운동을 일으킨다. 노동력의 상품화가 진행되면 그에 맞서 탈상품화를 요구하는 대항 운동이 발생한다. 국가 권력은 개인의 자유를 보장하는 역할을 하지만 국가 권력이 확대되고 시민사회로 침투가 진행되면 그에 대항하여 자유를 회복하려는 저항이 일어난다. 셋째, 대항적 운동은 시민사회 내부에서 헤게모니 투쟁을 전개하고 국가에 대한 작업을 통하여 정치적으로 조직화된다. 사회운동 주체는 계급, 젠더, 민족 등 다양할 수 있다. 노동자와 사용자 계급은 자본주의의 생산관계에 기초한다고 해도 상부 구조가 유일한 요인은 아니며 그 자체가 정치적 투쟁 과정에서 구축되는 것인 데다 다수의 균열 중 하나에 지나지 않는다(Huber & Stephen, 2001, p. 28). 이처럼 운동 주체는 먼저 역사적 실체로서 존재하지 않고 다른 운동과의 관계 속에서 국가 권력에 대한 작업을 통하여 조직화된다. 또 사회적 균열에 대한 운동은 정치적 조직화도 포함되므로 아래로부터의 운동뿐만 아니라 정치적으로 동원되는 위로부터의 운동도 해당할 것이다.

2. 근대 국가의 형성과 대항 운동

서양은 16세기 이후 국가의 재정 규모가 비약적으로 확대되었다. 국가는 관료제를 정비하고 중앙집권화를 추진하며 조세 기능을 강화하였다. 중앙정부는 직할지를 확대하고 지방정부 영주의 권력을 약화시킴으로써 농작물, 자산, 농민 등에 대해 과세하였다. 중앙정부로의 집권화, 토지 소유권의 확정, 조세 징수 등은 사회 내부의 다양한 저항을 불렀다. 기존에 가정과 공동체 같은 소규모 조직이 통제하던 자원을 국가가 새롭게 요구하자 자신들의 안녕에 대한 위협으로 받아들여 대항 운동을 전개했을 것이다. 따라서 자원의 소유권을 둘러싸고 국왕, 교회, 영주, 공동체, 개인 집단 사이에 분쟁이 빈발하였다. 국가 형성 과정에서 중심-주변 세력 사이에 균열이 형성된 것이다. 이러한 분쟁 과정에서 의회를 주요 무대로 정통성을 확보하기 위한 국가 권력의 작업이 시작되었다. 그 출발은 신분제 질서를 지탱했던 중세 자연법을 대신하여 개인의 자연권에 입각한 국가 권력을 강화하는 것이었다. 로크에 의하면 국가가 존재하기 이전의 자연 상태에서 인간은 스스로 자신의 생명과 건강을 보전하고 신체와 재산을 자유롭게 사용하는 자연권을 가진다. 자연권에 사적 재산권이 포함되는 것은 개인의 노동으로 자연에 작업을 더하여 부를 획득하거나 늘린다고 상정했기 때문이다. 여기서 국가의 역할은 이러한 자연권을 보장하는 것으로 한정된다. 만일 국가가 개인의 소유권을 침해한 경우, 개인은 압제에 저항하여 혁명을 일으키고 새로운 정부를 수립할 권리가 있다. 이와 같은 소유권 절대의 관점은 인간 세상은 본질적으로 시장 관계라는 전제를 두고 있다. 인간의 본질은 다른 사람에 대한 의존이나 종속으로부터의 자유이며, 그 기반은 각자가 자기 신체와 능력의 소유자라는 데에 있다. 국가의 역할은 신체 및 재산 소유를 보호하고 노동이나 재산의 자유로운 교환을 보장하는 것으로 한정된다. 다시 말해 근대 국가의 정통성은 상업자본주의 발전을 배경으로, 시장에서 노동하며 자립해서 살아가는 자유롭고 평등한 개인의 출현에 대응하는 데에 있었다. 자본주의 시장에서 자유롭고 평등한 개인은 정치에 참가하고 입법을 담당하는 시민으로도 간주되었다. 자유로운 노동과 교환에 의해 성립하는 상업 사회는 정직과 근면, 성실함을 가진 개인으로 이루어지는 사회이다. 자신의 노력이 아니라 다른 사람의 의도에 따라 생존을 유지할 수밖에 없다면 시민의 자격이 없다. 타인에게 의존하지 않고 자기 노동으로 생활하는 자립적 시민으로 꾸려지는 사회가 시민사회라고 할 것이다. 이러한 사회는 신분제 사회에서 해방된 자유롭고 평등한 개인의 자기 결정과 민주적 통치 같은 근대 시민사회의 이념을 나타내고 있다. 자본주의 시장과 근대 국가는 그러한 시민사회 이념의 물질적인 기반을 제공하였다. 물론 이러한 이념이 그대로 실천되지는 못했다. 내부에서 노동자의 비참한 빈곤과 육체적·정신적 황폐화가 나타난 것이다.

19세기 초반까지 서유럽 국가의 역할은 시민의 소유권을 보전하고, 자유로운 시장을 창출하고 유지하는 데 집중되어 있었다. 예를 들어 영국은 1795년 정주법 개정, 1799~1800년 단체 결사 금지법, 1813~1814년 도제법 폐지 등으로 노동과 시장의 자유가 확립되었다. 또 1846년 곡물법 폐지, 1849년 항해법 폐지 등으로 자유무역 체제가 구축되었다. 프랑스는 1774년 곡물 거래 자유화가 이루어졌고 프랑스 혁명으로 봉건적 특권이 철폐되고 길드와 동업 조합이 폐지되는 등 자유시장이 일시에 구축되었다. 공업화가 늦어진 독일도 1848년 3월 혁명을 계기로 국민의회에서 채택된 헌법에서 거주와 영업의 자유, 신분적 특권의 폐지, 소유권의 불가침 등이 규정되었다. 상업자본주의와 부르주아의 등장을 배경으로 국가의 역할은 자유시장을 만들고 유지하는 쪽으로 향하였다. 이와 함께 교회와 동업 조합 같은 전통 집단에 의한 구빈 활동은 자유시장을 방해하는 것으로 비판받았다. 노동 능력이 있는 개인은 임금 노동을 수행하면서 자활해야 하는 존재로 간주되었고 국가에 의한 구빈 대상은 노동 능력이 없는 자로 한정되었다. 예를 들어 영국은 1834년에 제정된 신구빈법에 의해 국가의 구빈 대상을 제한하였는데, 이때 가장 시급한 과제는 노동 능력이 있는 빈민을 어떻게 구제할 것인가였다. 영국 정부는 노동 능력이 있는 빈민을 구제의 대상에서 제외해 작업장에 수용하여 노동을 강제하고, 억압적인 열등 처우를 부과하였으며, 작업장 외부에서 구제하는 것도 금지하였다. 18세기부터 19세기까지 서양에서는 상공업자 주체로 자본주의 시장을 창출하고 유지하기 위하여 국가 권력이 활용되었다. 자유시장에서 노동을 통해 자신의 힘으로 살아가는 개인이야말로 정치에 참여할 자격이 있는 시민으로 간주되었다. 그런데 전통적 공동체로부터 분리된 자유로운 개인은 현실적으로 노동력 이외의 생산 수단이 없었다. 불황에는 직업을 잃고 병에 걸리면 생계를 이어 갈 기술을 상실하는 등 다양한 삶의 위험에 노출된 취약한 존재에 불과했다. 프랑스 혁명으로 국가 권력의 주체가 시민임이 천명되었지만, 시민의 권리 선언이 모든 인간에게 해당되는 것은 아니었다(田中拓道, 2023, p. 173). 정치에 참여할 자격은 직접 세금을 납부할 수 있는 일정한 재산을 가진 능동적 시민에게만 있었다. 다시 말해 재산과 교양을 갖춘 계층으로서, 사실상 주권의 보유자인 국민의 일부만이 정치에 참여할 수 있었다. 이처럼 자유로운 시장에 의해 부의 번영이 초래되었지만, 모든 개인이 자립할 수 있었던 것은 아니다. 무질서한 산업화 속에서 실업이나 도시 비위생, 질병 등이 확산되었고 노동자 계급의 팽배한 빈곤이 문제가 되었다. 이는 개인의 책임이 아니며 사회 구조에 뿌리를 둔 대중적 빈곤의 문제였다. 자유에 기반한 정치적 질서와 달리 불평등한 시장 원리의 모순이 문제시되면서 사회적 연대에 대한 관심이 부각되었다. 대중적 빈곤은 사회적 유대가 파괴된 사회문제의 개념으로 등장하였다. 19세기 중반 이후 사회적 유대를 재구축하기 위한 다양한 대항적 운동이 분출하였다. 이는 특정 계급 집단이 주도한 것이 아니라 다양한 집단에서 각자의 규범적인 사회상을 내세우며 전개되었다. 하층 계급의 도덕이나 취업, 저축 습관의 개선을 중요하게 여기는 상공업 자본가, 하층 계급에 대한 상층 계급의 온정주의를 강조하는 보수적 경영자층이나 지방 지주층, 협동조합 등에 의한 수평적 상호부조를 중요시하는 생산자와 노동자층, 사회주의 혁명을 노리는 급진적인 노동자층 등이 그들이다. 이러한 계급이나 집단은 19세기 동안 격렬한 헤게모니 투쟁을 전개하였다. 이러한 운동을 거쳐 20세기 초 국가의 역할이 다시금 재규정된다.

19세기 국가는 자본주의를 위한 인프라 구축 등을 제외하면 공장 노동과 아동 노동 규제, 보건위생, 공교육, 공공부조 등 사회복지에 대해서는 매우 제한적인 역할을 했을 뿐이다. 그런데 20세기에 들어오면서 국가의 역할이 비약적으로 확대된다. 노동 무능력자에 대한 공공부조뿐만 아니라, 살아가는 과정에서 겪게 되는 다양한 사회적 위험으로부터 일반 시민을 보호하는 사회보장으로 확대된 것이다. 일반적으로 20세기 복지국가는 노동자 계급에서 시민사회 전체로 사회적 권리 또는 시장 의존을 줄이는 탈상품화의 권리를 확대하였다. 복지국가는 사회운동을 통한 자본가와 노동자 계급의 권력관계가 집약된 결과였지만 배제되는 일부 계층도 있었다.

복지국가는 세계 대공황과 두 차례의 세계대전을 거친 자본주의와 국가 간 타협의 결과이다. 1929년 세계 대공황으로 인해 시장 실패 인식이 확대되면서 금융 및 고용 정책의 중요성을 강조한 케인즈 사상이 영향력을 얻게 되었다. 제2차 세계대전 후 국제통화 체제도 국가와 자본주의 간의 타협을 나타내는 것이었다. 국제적으로 자유무역이 추진되면서 국내에서는 환율을 일정 범위에서 조정할 여지를 인정하고 각국이 재정 및 금융 정책을 자율적으로 시행할 수 있게 되었다. 또 국외로부터의 자본 유입이나 국외로의 자본 유출에 의해 환율이 영향을 받지 않도록 국경을 초월한 자본 이동에 엄격한 규제가 더해지게 되었다. 국내에서는 노동자와 사용자의 계급 간 타협이 복지국가 형성을 뒷받침하였다. 노동자는 혁명 운동이나 파업을 시도하지 않고 사용자와 타협하여 생산성 향상에 노력하였고 사용자 측은 노동자의 고용을 유지하였다. 국가는 경제성장의 파이를 공공 투자나 고용 정책으로 배분하였다. 이러한 세 주체 사이의 타협을 통해 성장과 분배 양자택일에 빠지지 않고 계급 대립을 희석할 수 있었다. 노사의 타협으로 성립되는 임금 노동 중심 사회는 노동에 의해 임금을 얻어 생활하는 개인이 주체가 되는데, 개인의 자립을 위협하는 사회적 위험은 개인이 대응할 수 있는 범위를 초월한다. 따라서 각 개인은 노동에 종사하면서 사회보험에 가입하여 일정액을 의무적으로 납부하고, 사회적 위험이 출현했을 때 사회보장과 복지 서비스를 이용할 수 있다. 보험 방식을 통하여 사회적 유대를 구축하면서 비로소 자유를 획득하게 되는 것이다. 임금 노동 사회에서 일하는 사람은 표준화된 권력에 종속된다. 노동자는 공장이나 조직 속에서 세부적인 역할이 부여되고 노동시간이나 생산 과정이 철저히 관리되면서 생산성 향상과 획일적인 값싼 제품을 대량으로 만들어 낸다. 그와 동시에 자신들이 생산한 획일적인 제품을 대량으로 소비한다. 각자는 가족·학교·직장에서 사회화되고 정형적인 노동 규율이나 소비 규범을 내면화함으로써 풍요한 사회의 일원이 될 수 있다. 사회보장의 내용은 표준화된 노동이나 생활양식을 수용한 개인에게 일어나는 사회적 위험에 대응한 소득 보장이 중심이 되었다. 이와 같이 표준화된 노동 및 생활 규율을 수용하지 않는 개인은 풍요한 사회에서 배제되고 주변화되었다. 또 임금 노동 사회는 노사 이외의 권력관계를 반영하여 젠더나 인종 차별을 구조적으로 만들고 있었다. 전후 사회는 주로 남성이 공장 노동에 종사하였고 여성은 가정에서 육아나 가사 등의 무상 재생산 노동에 종사하는 젠더 분업을 전제로 하고 있다. 가정은 내구 소비재를 구입하는 소비의 중심이다. 노동력이 부족하면 선진 국가는 이민자나 외국인 노동자를 값싼 노동력으로 활용한다. 복지국가는 국민의 통합에 기여한 반면 이민자나 소수 민족은 국민의 범위 외부에 두면서 충분한 사회권을 보장하지 않았다. 젠더 불평등, 인종의 구별, 민족적 선 긋기는 각각의 정체성을 개인에게 제공하는 역할을 하였다. 이러한 복합적인 형태로서 복지 체제는 각 국가의 역사적 배경과 계급적·사회적 권력관계를 반영한 독자적인 사회 규범을 가진 다양한 형태가 되었다.

3. 복지국가의 전환

제2차 세계대전부터 1973년까지 약 30년 동안 선진국은 경제성장을 경험한다. 1961~1973년의 OECD 국가의 실질 경제성장률은 평균 5.1%에 이르렀다. 장기 경제성장을 뒷받침한 두 축은 국제통화 및 자유무역 체제와, 대량 생산이 소비로 이어지는 선순환 구조였다. 케인즈주의 복지국가는 이러한 선순환과 경제성장에 필수적이었다. OECD 주요 16개 국가의 평균 사회지출은 1960년 9.4%에서 1975년 16.1%로 계속 확대되었다(OECD, 2020). 그런데 1970년대 두 차례의 석유 파동을 계기로 이른바 복지국가의 황금시대는 종말을 맞이한다. OECD 국가의 실질 경제성장률은 1981~2000년 사이에 평균 3.1%로 추락하고 많은 국가가 10% 가까운 실업률을 보였다. 왜 이 시기에 경제성장이 멈추었을까. 장기적인 이윤율 저하, 기술 혁신의 정체, 근로 의욕 저하 등 다양한 경제적·사회적 요인이 그 원인으로 지적되었다. 중요한 것은 이 시기에 전후 경제성장을 이끌어온 자본주의와 국가 간의 타협이 붕괴했다는 점이다. 먼저 국제적인 브레튼우즈 체제의 붕괴이다. 세계대전 후 브레튼우즈 체제를 지탱한 것은 미국의 경제적 패권이었다. 1960년대에 들어오면서 서유럽이나 일본이 경제적으로 부흥하고 미국의 우위가 흔들리게 된다. 베트남 전쟁으로 국제수지 적자가 확대되면서 달러 유출에 직면한 미국은 1971년 달러와 금의 태환 정지를 선언(닉슨 쇼크)하고 뒤이어 달러 인하를 강행하였다. 미국의 조치를 본 주요 국가는 고정 환율 제도를 폐기하고 이후 거의 모든 국가가 변동 환율제로 변경하였다. 고정 환율 제도하에서는 국경을 초월한 자본 이동이 엄격히 제한되었다. 그러나 이러한 고정 환율 제도가 폐기되자, 많은 국가가 자본 이동 규제를 완화하기 시작했다. 정보 통신 기술의 발전도 이러한 동향을 촉진하였다. 1970년대 말부터 국경을 초월한 자본 이동이 급속히 확대되고 경제 세계화 시대가 열렸다.

다음으로 국내에 있어서 포디즘의 변용이다. 국제노동기구(ILO)의 통계에 의하면 1970년대 전반에 미국은 제조업 종사자가 30%를 밑돌고 제3차 산업 종사자가 60%를 초과하게 되었다. 제조업이 강세였던 서구에서도 이 시기에 제2차 산업 종사자가 30~40%로 줄어들고 제3차 산업 종사자가 50% 가까이 증가하였다(ILO, 1975). 공장 노동자가 감소하면서 표준화된 노동에 대한 반발이 확산되었다. 이 시기에 노동 기능의 향상, 자동화 등을 배경으로 노동 조건의 자기 결정, 경영 참여나 자주적 관리를 요구하는 새로운 노동자 계급이 등장하기 시작하였다.

1960년대 이후 파업이 빈발한다. 소비 측면에서도 냉장고나 자동차 등 내구 소비재가 포화 상태가 되면서 획일적인 제품을 대신하여 개성적인 디자인이나 고품질 제품이 등장한다. 대량 생산을 대신하여 다품종 소량 생산이 일반화되었다. 이처럼 대량 생산과 소비가 한계 상황에 다다르면 순환이 되지 않고 기존과 같은 대규모 경제성장은 끝나게 된다. 그런데 임금이나 사회보장을 값싸게 낮추기는 어려워지므로 이러한 비용은 물가에 반영되어 인플레이션이 발생한다. 1970년대 이후 선진 국가는 경기 침체, 실업, 인플레이션, 재정 적자와 같은 복합적 문제에 직면한다.

이러한 상황을 배경으로 선진국의 경우, 시장의 자유와 국가에 의한 평등을 둘러싼 새로운 균열이 부상하였다. 일부 국가에서는 정부, 노동자, 사용자의 협조를 강화하는 대응을 선택하였다. 북유럽, 네덜란드, 벨기에, 오스트리아 등 좌파가 강력한 국가에서는 코포라티즘을 통해 노동자의 임금 상승 억제와 공공 섹터의 고용 확대, 사회보장에 의해 평등이 담보되었다. 한편 미국을 비롯한 많은 국가에서는 자본주의 시장을 국가 규제에서 벗어나게 하고 경제성장과 자본 축적을 회복하려는 신자유주의 이론이 등장하였다. 신자유주의는 강력한 사적 소유권, 자유시장, 자유무역을 특징으로 하는 제도적 범위 내에서 개인의 기업 활동 자유와 능력을 제한 없이 발휘하게 할 때 인류의 부와 복지가 가장 증가한다고 보는 이론이다. 다시 말해 시장의 자유 확대를 통해 경제적 효율성이 가장 잘 보장된다는 생각이다.

신자유주의는 1970년대 말부터 1980년대에 걸쳐 영국과 미국을 중심으로 널리 확산되었다. 하지만 신자유주의가 자본주의와 국가 간의 관계로 한정되지는 않았다. 중요한 것은 케인즈주의적 복지국가에 대한 규범적인 비판을 포함하고 있다는 점이다. 그것은 규제 완화, 자유화, 민영화와 같은 정책 조합, 자유시장형 자본주의, 개인을 통치하는 양식 등 새로운 자본주의의 정신이라고 할 수 있을 것이다(Eagleton-Pierce, 2016, pp. 17-26). 하이에크는 새로운 자유 관념을 비판하였다. 그는 새로운 자유가 어떠한 공통 목적에 근거하여 개인에게 보장되어야 할 최저한의 욕구를 특정할 수 있는 것처럼 전제한다고 보았는데, 개인의 가치관은 다양하므로 공통 목적에 합의하기가 불가능하다는 것이다. 따라서 국가의 고용 정책이나 사회보장은 자의적으로 되고 국가 비대화에 제동을 걸 수 없게 된다(프리드리히 A. 하이에크 지음, 김이석 옮김, 2024). 이리하여 국가는 자유를 보장하는 것처럼 약속하지만 실제로는 노예가 되는 길이 열리는 것이다. 프리드먼도 자유의 이름으로 국가 권력이 무한히 확대되었다고 비판하였다. 20세기 자유는 획일적인 기준에 근거하여 개인의 생활을 정부가 보장한다는 의미가 되었다. 그 결과 정부는 진보보다 현상 유지를, 다양성보다 동질성을 채택하게 되었다. 이리하여 스스로 가치관에 따라서 삶의 양식을 결정하는 본래의 자유는 억압되고 사회는 활력을 잃는다(밀턴 프리드먼, 2007). 이러한 논의는 개인의 자유와 자기 결정을 보장해야 할 복지국가가 획일적인 생활양식을 개인에게 강요하고 자기 결정을 억압하는 권력이 되고 있다는 모순을 지적한 것이었다. 신자유주의에 따르면 개인이 최대한의 자유를 획득하는 것은 자본주의 시장에서이다. 시장 경쟁을 통하여 개인은 자기 규율과 자기 책임의 감각을 익히고 능력이나 창조성을 최대한으로 발휘할 수 있게 된다. 반대로 사회보장은 개인에게 의존심을 이식시키고 자립심을 해쳐 복지에 의존하는 사람을 늘어나게 한다. 하이에크와 프리드먼은 개인의 자기 결정을 중요하게 생각하면서 집합적 자기 통치, 즉 민주주의에 대한 경계심을 안고 있었다. 민주주의는 다수에 의한 지배를 의미한다. 다수 의사를 대표하는 정부가 무제한의 권력을 행사하면 개인의 자유는 위협받는다. 정부의 역할은 시장을 기능하게 하고 개인의 생명, 자유, 재산을 보호하는 일반적 법칙에 기초하여 규제되어야 한다. 따라서 정치권력에 참여하기보다 정치권력을 제한하는 것을 중요하게 생각하였다.

이러한 이론은 당시 보수파 정치인과 싱크 탱크에 의해 선택적으로 수용되었다. 중요한 것은 신자유주의가 복지에 의존하는 사람에 대한 도덕적 비판으로 연결되었다는 점이다. 관대한 공공복지는 빈민에게 의존심을 키우게 하고 사회의 활력을 빼앗는다는 의존 문화론이 널리 확대되었다(Dean & Taylor-Gooby, 1992, pp. 3-5). 맨해튼 연구소를 설립한 찰스 머레이(Charles A. Murray)는 1950년대 이후 미국의 관대한 복지가 그것에 의존하는 흑인층을 오히려 늘리고 있다는 점을 지적하였다. 또 영국은 복지에 의존해 살아가는 하층 계급이 형성되고 있다는 점도 지적하였다. 하층 계급은 단순히 빈곤한 사람이 아니라 취업을 거부하고 복지 의존을 선택한 도덕적인 낙오자를 말한다. 그들은 중산 계급이나 백인층의 근면한 문화를 파괴하며 사회의 도덕적 위기를 초래한다는 것이다(Murray, 1990, p. 68). 이러한 논리는 특히 미국과 영국에 큰 영향을 끼쳤다. 영국의 대처 정권(1979~1990), 미국의 레이건 정권(1981~1989)은 신자유주의를 수용하여 실제로 정책으로 실천하였다. 케인즈주의에서 벗어나 통화주의로 전환하였고 금융과 노동 규제를 완화하였으며 특히 저소득층에 대한 실업 급부, 가족수당, 공공부조, 공공주택 지출 등을 삭감하였다. 또 IMF, OECD 등 국제기구도 시장의 자유를 우선하는 신자유주의 정책 이념을 공유하였다. 예를 들어 재정 규율을 중요시하고 정부 지출을 삭감하며 누진 과세를 완화하고 무역이나 해외 직접 투자를 자유화하는 한편, 공공 섹터를 민영화하고 규제 완화와 사적 소유권을 보호하였다(Williamson, 1990, pp. 7-20). IMF와 세계은행은 채무 문제가 있는 개발도상국에 대하여 융자의 대가로 구조조정이라는 이름으로 신자유주의 정책을 강요하였다. OECD도 1994년 고용 전략에서 선진국에 대하여 신자유주의적 정책을 제언하였다. 이 보고서에 따르면 관대한 복지나 고용 보호가 노동 비용을 비싸게 만들어 높은 실업률을 초래하였다(OECD, 1994). 최저임금을 낮추고 노동시장의 규제를 완화하고 수동적인 복지를 줄일 필요가 있었다.

신자유주의는 국가의 족쇄에서 자본주의 시장을 해방하고 시장에 적합한 규범적인 인간상에 근거하여 국가와 시민사회의 역할을 재편하는 이데올로기에 가깝다. 하지만 정치적 실천에 옮겨졌을 때 다른 문제는 없었을까. 가장 큰 문제는 신자유주의가 사회를 통합하는 원리를 제공하지 않았다는 점이다. 신자유주의적 정책은 복지를 축소하고 모든 사람의 노동시장으로의 동원을 촉구하는 재상품화 전략이라 할 수 있다. 이러한 정책이 관철되면 일할 능력이 없거나 일하기 어려운 사람, 사회적 위험에 노출된 사람은 배제되고 사회는 두 부류의 국민으로 분열된다. 예를 들어 영국의 상대적 빈곤율은 1975년 6.2%에서 1990년 13.7%로 두 배 이상 증가하였다. 미국의 상대적 빈곤율은 원래 높았지만, 1980년 15.4%에서 1990년 17.5%로 증가하였다(OECD Statistics). 대처 정권은 복지에 의존하는 빈곤층을 도덕적인 실패자라 보고 근면한 도덕 가족 내의 상호부조를 칭송하였다. 더욱이 법과 질서라는 이름으로 경찰 권력에 의한 단속을 강화하였다. 레이건 정권도 보수적인 기독교 세력을 유력한 지지 기반으로 하면서 전통 가족을 강조하였다. 더욱이 범죄에 대한 처벌이 강화되어 감옥에 수감된 사람의 수가 급증하였다. 미국의 교도소 수감자 수는 1975년 38만 명에서 1985년 74만 명으로 급증하였고 1995년에는 150만 명에 이르렀다. 자유를 강조하지만, 오히려 권위주의적 통치에 의존하는 방식이었다(田中拓道, 2023, p. 183).

그런데 1970년대에는 경제적 균열만 떠오른 건 아니었다. 산업 구조 변화로 인하여 정보 및 서비스업에 종사하는 중산 계급이 확대되면서 사회문화적 가치관을 둘러싼 또 다른 균열이 부상하였다. 정치사회학자인 잉글하트(Ronald Inglehart)는 1970년대 전후 선진국에서 크나큰 문화 변동이 발생했다고 주장하였다. 1970년대 선진국에서는 산업 구조 변화, 경제 성장, 교육 보급, 미디어 발달을 배경으로, 당시 20세 전후였던 젊은 세대를 중심으로 탈물질주의적 가치관이 확산되었다. 물질주의적 가치관은

치안 유지, 경제 안정이나 성장 등, 물질의 풍요함이나 생활의 안정을 중요시하는 태도를 말한다. 반면 탈물질주의적 가치관은 언론의 자유, 정치나 직장에서의 참여, 더 좋은 환경, 인권 존중 등 보다 추상적인 가치나 자기 결정을 중요시하는 태도를 말한다. 관련 조사에 의하면 1970년을 기준으로 15~24세에 해당하는 전후 세대 중에는 물질주의보다 탈물질주의 가치관을 지닌 사람이 더 많이 분포하였다. 이 비율은 해당 세대가 나이가 들어도 변화가 없었다고 한다(ロナルドイングルハート, 1993, p. 87). 따라서 1960년대 후반부터 1970년대에 걸쳐 선진 국가에서는 과거의 노동운동과 다른 유형의 대항적 사회운동이 분출하게 된다. 인종 차별 반대 운동, 반전 및 평화 운동, 환경 운동, 원자력 반대 운동, 페미니즘 운동, 직장이나 정치 참여 운동 등이다. 1968년을 전후하여 유럽과 미국, 일본에서 학생운동이 융성했다는 것은 널리 알려진 사실이다. 이러한 운동은 물질적 이익이나 권한의 배분을 요구하기보다 참여, 자기 결정, 생활양식의 선택과 같은 추상적 가치를 추구하였는데, 과거의 노동운동과 구별되었으므로 새로운 사회운동이라 할 수 있다(ロナルドイングルハート, 1993, 第8章; Kriesi et al., 1995). 이처럼 새로운 사회운동이 분출한 배경은 무엇일까. 투쟁의 순환 과정을 통해 새로운 사회운동 이론이 등장한 것일 수도 있고 후기 산업사회의 등장이라는 사회 구조의 새로운 변화를 그 배경으로 들 수도 있다. 제조업을 대신하여 지식 및 정보 관련 산업이 중심이 되면서 기술직, 전문직, 의료·교육·건강 산업의 종사자가 증가하였다. 후기 산업사회에서는 매우 높은 수준의 지식과 정보를 가진 엘리트가 생산과 소비의 형태를 통제하고 관리하게 된다. 사람들의 인지나 행동에 대한 감시나 규율 권력이 이동하여 기술 관료의 지배가 관철된다(田中拓道, 2023, p.

185). 따라서 현대 사회의 변화를 다시 표현하면 정보나 기회가 가치를 만드는 복합적인 사회가 되었다는 것이다. 특히 하버마스(Habermas)는 현대 사회의 모순을 복지국가와 연결하여 논의하였다. 그는 20세기 후반의 자본주의를 후기 자본주의로 받아들였다. 이는 케인즈주의적 고용 정책과 복지 정책에 의해 자본주의 모순이 조정되는 구조였다. 케인즈주의적 복지국가는 지속적인 경제성장과 생활 안정을 가져왔다. 그런데 이러한 성공 그 자체로 인해 모순이 발생하였다. 시장 메커니즘과 관료제가 비대해지고 사람들의 가정생활, 식사, 건강, 성적 취향까지 시장과 국가 권력에 의한 통제 대상이 된 것이었다. 현대 사회에서 사람들의 일상생활이 지식과 권력에 의해 구석구석까지 표준화·규율화된 것이다(위르겐 하버마스, 1995, pp. 161-186). 이러한 논의는 자본주의와 복지국가의 발전이 내재적 모순을 안고 있다는 점을 지적한 것이다.

자본주의와 복지국가는 풍요와 복지를 가져왔지만, 그러한 발전의 결과 개개인의 생활이나 태도가 행정 권력이나 시장 권력에 의해 세밀하게 규율되고 관리된다. 한편 소득이나 교육 수준이 상승하고 지식이나 정보에 관계되는 일에 종사하는 사람이 늘어나면 개인은 자기반성적 능력을 높여 간다. 자신의 정체성, 노동 및 생활양식, 사회의 진행 방향을 스스로 결정하도록 요구하게 된다. 그 결과 개인을 사회화하는 권력과 개인의 자기반성적 능력 사이에 긴장이 발생한다(佐々木 輝夫, 1999, pp. 43-44). 1970년 전후 분출한 새로운 사회운동은 이러한 구조적 긴장을 배경으로 정보·서비스 섹터나 공공 섹터에서 일하는 중산 계급이 주체가 된 운동이었다. 그 목적은 부나 권력의 분배가 아니라 노동이나 소비의 표준화와 그 배후에 있는 경제성장 우선이라는 가치를 되물으며 집합적 정체성과 사회의 방향성을 스스로 다시 선택하는 것이었다(Offe, 1985, p. 850). 예를 들어 생태주의는 기술이나 산업 발전을 바탕으로 발전 방향을 재고하는 운동으로 등장하였다. 페미니즘은 전후 사회의 전제가 되었던 사적 영역에서의 남녀 역할 분업을 비판하고 개인의 자유로운 생활 스타일을 요구하는 운동이었다. 대량 생산과 소비가 진행되면서 개별 욕구에 부합하는 생산과 소비를 요구하는 대안 운동이 활성화되었다.

4. 새로운 사회운동과 정치적 변화

새로운 사회운동에 대해, 기존 정치 세력에 대한 불신이 강하고 비정치적인 시민사회 내에서의 철저한 민주주의 관철을 노리는 운동이었다는 지적도 있다(Cohen & Arato, 1992, pp. 561-562). 사회적 균열과 정당 관계는 어느 한쪽이 다른 한쪽을 규정하는 일방적인 관계가 아니다. 정당은 다른 정당과의 관계, 기존 지지층과의 관계, 당내 조직 등에 따라 전략을 결정하므로 사회적 균열을 그대로 반영한다고 볼 수는 없다. 또 사회적 균열도 과거부터 실제로 존재하기보다 국가와의 상호작용 과정에서 정치적으로 조직되고 구축되는 것이라 할 수 있다. 단기적으로 양자 관계는 다양하며 갈등을 포함한다. 그러나 장기적으로 보면 정당은 사회적 균열 형태에 따라 지지층이나 전략을 수정해 가는 것으로 이해해야 할 것이다(Dalton, 2018).

비교 정치학자 허버트 키첼트(Herbert Kitschelt)는 1980년대 서유럽 9개 국가를 사례로 새로운 사회운동의 등장에 따른 정당의 정치적 경쟁의 재편을 분석하였다. 케인즈주의 복지국가는 사람들에게 일정한 생활을 보장함으로써 시장의 자유냐 국가의 평등이냐에 대한 우와 좌의 대립을 축소시켰다. 중요한 것은 사회 문화적 가치관을 둘러싼 대립이었다. 그는 새로운 가치관의 대립을 자유주의적(left-libertarian) 유형 대 권위주의적(right-authoritarian) 유형으로 대비하였다. 이러한 가치관의 분열 요인으로는 젠더, 연령, 교육 수준 등 다양한 요소를 들 수 있지만, 가장 중요한 것은 직업적 경험이었다(Kitschelt, 1994, p. 280). 후기 산업화에 따라 서비스 부문이 확대되면서 전문적인 지식이나 기능을 갖추고 고객과의 대등한 소통을 통하여 과제를 해결하는 구조가 증가하였다. 이러한 직무에 종사하는 사람들은 자유주의적 가치관을 가지기 쉽다. 개인의 자기실현이나 자기 결정을 중요시하며 수평적 소통을 통하여 욕구를 충족하고자 한다. 이러한 직업을 가진 사람은 국제 경쟁에서 상대적으로 비켜서 있으므로 경제적 효율성보다도 개인의 욕구에 맞는 구체적인 재화나 서비스의 분배를 선호하기 쉽다. 그런데 정형적인 공장 노동이나 단순 사무에 종사하는 사람은 계층적 조직과 하향식 의사 결정을 매일 경험한다. 이러한 사람들은 권위주의적 가치관을 가지기 쉽다고 한다. 강한 권위, 형식적이며 효율적인 의사 결정을 선호하며 젠더, 종교, 민족 등 전통적 속성에 기반하는 사회집단의 유지를 선호한다(Kitschelt, 1994, p. 10, p. 17, p. 28). 산업사회에서는 자유주의적 가치관을 가진 사람과 권위주의적 가치관을 가진 사람 사이에 새로운 문화적 균열이 발생한다. 시장을 통한 분배 또는 국가를 통한 분배에 대한 선호, 그리고 자유주의적 또는 권위주의적 가치관에 대한 선호를 기준으로 비교 분석한 결과에 의하면, 높은 수준의 지식이나 기능을 가지고 대인 서비스에 관한 직무에 종사하는 사람일수록 자유주의적 가치관을 가지는 경향이 있었다. 또 공공 분야에서 일하는 사람이 민간 분야에서 일하는 사람보다 국가에 의한 재분배에 호의적이었다. 자영업자, 기업가는 시장의 자유를 중요시하며 권위주의적이지만 그 정도는 약하다. 과거 좌파의 지지층이었던 전형적인 제조업자와 서비스업 노동자는 권위주의적 가치관이 강해졌고 자유주의적 가치관을 가진 사람들과 대립하기 쉬워졌다. 이러한 대립축을 고려하면 정당 간 경쟁은 단순한 분배를 둘러싼 국가 대 시장과 같은 좌우의 대립이 아니다. 좌파 중에도 자유주의적으로, 우파 중에도 권위주의적으로 대립이 변하는 것이다. 좌파는 노동권과 더불어 사회적·문화적 자유주의 가치관을 중요시하지만, 중소기업자나 정형적 업무 종사자 일부는 이러한 가치관에 반발감을 느끼며 권위주의적 정치 세력에 동조하기도 한다. 일반적으로 좌파는 국가에 의한 재분배를 지지하지만, 자유주의적 가치관을 지지하는 고도로 높은 수준의 서비스직에 종사하는 사람들은 과거의 지지층인 노동자층으로부터 분열된다. 키첼트에 의하면, 정당 조직이 유연하고 정당의 리더가 좌파 자유주의로 노선 전환을 감행할 수 있었던 좌파 정당일수록 1980년대 선거에서 성공을 거둘 수 있었다. 이러한 새로운 좌파 지지층은 전통적 노동자 계급에서 공학자, 전문 사무직, 중간 관리자, 전문 서비스직, 청년, 여성으로 전환되었다고 한다(Kitschelt, 1994, p. 106).

지금까지 논의를 바탕으로 선진 국가에 나타난 1970~1980년대 균열 구조 논의를 정리해 보자.

케인즈주의 복지국가는 자본주의와 국가의 타협, 개인 삶의 표준화와 일정 계층의 배제라는 두 가지 성질을 병행하였다. 1970년대에 나타난 신자유주의와 새로운 사회운동 등 복지국가를 비판하는 운동은 자유를 내세웠지만 이들은 서로 다른 자유의 이념을 표방했다고 할 수 있다. 그런데 자본주의와 국가 간의 타협이 붕괴되면서 자본주의를 국가의 족쇄에서 해방시키고 경제적 자유를 최대한으로 실현하려는 신자유주의가 출현하였다. 신자유주의는 복지국가가 획일적인 생활양식을 개인에게 주입하여 자기 결정을 억압하는 권력이 되어 경제적 효율성을 희생시키고 있다고 비판하였다. 1980년대 신자유주의는 복지 축소와 취업 강제 같은 재상품화 정책을 추진하였다. 취업이 어려운 사람, 근로 능력이 없는 사람, 다양한 사회적 위험에 노출된 사람들은 주변화되고 사회의 격차는 확대되었다. 그 결과 신자유주의는 본래의 사상에 반하는 권위주의적 통치로 연결되었다. 젠더 차별이 이식된 전통적 가족의 상호부조가 선호되고 치안 권력에 의한 일탈자 억압이 강화되고 민족주의가 높아지면서, 인종 차별적 담론과 외국인 배척주의 담론도 활용되었다. 경제적인 자유를 중요하게 생각하는 우파는 우파 권위주의로 이행하였고 신흥 극우 세력과도 경합하게 되었다. 그런데 산업 구조의 변화나 교육 수준의 향상과 함께 사회 문화적 가치관을 둘러싼 자유주의와 권위주의의 대립에 의한 균열이 부상하였다. 정보 및 서비스 산업에 종사하는 교육 수준이 높은 신진 중산 계급은 탈물질주의적 가치관을 가지기 쉬우며 경제성장보다도 정체성이나 생활양식의 자기 결정과 사회 참여를 중요하게 생각한다. 이들도 전후 복지국가는 개인 생활을 표준화하는 권력이 되어 젠더 분업과 인종 차별을 허용했다는 점을 비판하였다. 이들 일부는 새로운 사회운동이라 할 수 있는 대항 운동의 주체가 되었다. 그렇지만 그 운동이 안정적으로 성공을 거두었다고 할 수 있는지는 확실하지 않다. 시민사회 전체가 수평적인 소통과 결합으로 전문적으로 조직된 운동을 전개할 수 있는

가. 현실 시민사회는 자본주의와 국가의 구조적 힘에 영향을 받고 있으므로 재화와 권력이 불균형적으로 분포해 있다. 운동에 참가할 수 있는 자원은 고학력이나 전문 기능을 갖춘 신흥 중산층과 산업 예비군인 학생 등으로 제한될 수 있다. 1990년대 이후 경제 세계화와 함께 중산 계급을 포함한 많은 사람들의 지위는 불안정해지고 새로운 사회운동은 정체되고 오히려 물질적 빈곤이나 사회적 배제에 관한 운동이 활발해지고 있다. 이른바 새로운 사회운동은 국가를 어떻게 전략적으로 활용할 것인가와 관련된 관심은 적으며 재분배를 지향하는 것도 아니다. 따라서 응집력이 문제가 될 수 있다. 예를 들어 좌파 자유주의를 대표하는 녹색당은 기존 정당을 비판하며 대안 정치를 지향하지만, 기존 좌파 정당과의 관계 설정에 딜레마가 있을 것이다. 복지국가에 대한 강력한 지원 세력인 좌파 지지층은 그 속에서 자유주의적 가치관을 가진 중산 계급과, 과거 지지층인 노동자나 빈곤층과의 분열을 우려하지 않을 수 없게 되었다.

1990년대 이후 선진 복지국가를 규정하는 힘은 자본주의의 세계화였다. 국경을 초월한 자본 이동이 활발해지고 시장과 하나가 되었다. 기업은 다국적화되고 선진국은 연구 개발에 집중하고 인건비와 재료비가 값싼 개발도상국에서 생산과 조립이 이루어지는 등 국제적인 공급망이 구축되었다. 세계 경제의 개방 정도는 1970년 25.6%에서 2015년 55.9%까지 상승하였다(World Bank, Imports and exports of goods and services). 세계의 해외 직접 투자는 1990년 2조 50억 달러에서 2015년 20조 600억 달러로 10배 증가하였다(UNCTAD, 2022). 같은 시기 선진국 내에서는 소득 격차가 확대되었다. OECD 국가의 가구 소득 상위 10%와 하위 10%의 격차는 1980년대 7.1배이던 것이 2017년 9.6배로 확대되었다. 주요 원인은 산업 구조의 변화를 배경으로 하는 노동시장과 가족의 변화였다(OECD Statistics). 2000년대로 들어와 선진국의 제3차 산업 종사자는 70%에 이르렀다. 지식 기반 경제로 진행된 것이다. 지식 기반 경제에서는 금융, IT, 소프트웨어, 바이오 기술, 의료 및 보건 서비스, 마케팅 등 지식을 창출하거나 정보를 가공하는 직업이 높은 부가가치를 만들어 내게 된다. 그런데 지식 기반 경제는 제조업과 같은 고용 효과는 크지 않다. 경제 세계화와 함께 제조업 일부가 개발도상국으로 이행되면서, 그 대신 높은 기능을 필요로 하지 않는 서비스업이 고용을 흡수하였다. 욕구에 따라 크게 변하는 이러한 직업은 단기 계약이나 단시간 노동 등 비정형 노동이 일반적이다. 다시 말해 정보화와 서비스화가 진행되는 경제는 전문 기술을 갖추고 높은 임금을 받는 직종에 종사하는 소수의 사람과 저임금으로 기능 향상이 결핍된 불안정 서비스 직종에 종사하는 사람으로 이원화된다. 국가의 대응이 없으면 격차는 점점 확대된다. 또 서비스직의 확대와 함께 여성 취업도 늘어나기 시작하였다. 맞벌이가 일반화되고 1인 가구, 한부모 가구도 증가하였다. 가정에서 여성이 담당하던 육아나 돌봄 같은 무상 돌봄 노동을 외부화하는 구조를 갖추지 않으면 돌봄을 받을 수 없는 사람이 증가하고 저출생이 진행된다. 사회보장의 구조를 가족 구조의 다양한 변화에 맞게 개혁하지 않으면 빈곤 위험에 직면하는 개인도 늘어난다. 2000년대 이후 노동시장 변화, 가족의 다양화로 인해 생겨난 위험은 새로운 사회적 위험이 되었다. 지금까지의 사회적 위험은 제조업 중심 시대의 빈곤을 포함하는 것이었다. 즉 공장에서 노동하는 남성 주 소득자가 질병, 실업, 노동 사고, 장애, 노령 등에 의해 소득을 상실함으로써 가족 전체가 빈곤에 처할 위험이다. 이에 대응하기 위해서 연금, 의료보험, 실업보험, 가족수당, 공공부조 등의 제도가 마련되었다. 그런데 새로운 사회적 위험은 일하는 방식과 가족 형태가 다양해지면서 만들어진 위험이며 개인의 취업과 생활양식에 따라 다르다. 그 결과 위험이 개인화되면서 과거의 복지국가가 제공했던 획일적 보호로부터 배제되는 사람이 늘어났다. 그 결과 복지국가의 재편 작업은 더 탄력을 받게 된다. 기존 복지국가의 수익자였던 노사 타협의 힘은 미약해졌고 그 외부의 청년, 여성, 불안정 노동자 등 새로운 사회적 위험에 노출되기 쉬운 사람들은 증가하였다. 이러한 상황을 배경으로 새로운 위험에 의한 사회적 균열은 더 커질 수밖에 없다.

5. 경제 세계화와 사회 투자 복지국가

1990년대 이후 선진국에서는 글로벌 자본주의와 지식 기반 경제에 적응하기 위한 국가와 시민사회 재편이 진행되었다. 이 시기는 국제적으로 신자유주의적 노선이 수정되고 글로벌 거버넌스가 구축되었다. 예를 들어 OECD는 1990년대 중반까지 관대한 복지가 노동 비용을 올리고 경쟁력을 해친다고 주장하였다. 그런데 1997년이 되면서, 더 좋은 직장에 취업할 수 있도록 돕는 교육이나 직업훈련이 사회 정책의 새로운 과제라고 주장하며 방향을 바꾸었다(OECD, 1997). 세계은행도 1980년대까지의 구조조정 정책이 개발도상국의 빈곤을 늘리고 사회를 분단시킨다는 점을 인정하며 포용적 정책을 제시하게 되었다(Jenson & Mahon, 2022). 유럽연합은 이러한 정책을 주도하였는데, 1997년 암스테르담 선언에서 사회 정책을 생산적 요소(productive factor)로 규정하고 2000년 리스본 전략에서는 유럽이 글로벌화와 지식 경제화로 인한 도전에 노출되고 있다고 주장한다. 더 좋은 일자리와 강력한 사회적 결속을 수반하는 지속적인 경제성장이 가능하기 위해서 가장 경쟁적이며 역동적인 지식 기반 경제가 목표가 된 것이다. 그를 위해서는 완전고용을 실현하고 정보 통신에 대한 접근을 보장하며 사람에 대한 투자를 늘려서 사회적 배제와 싸워야 한다는 것이다. 국제기구는 교육이나 취업 지원 등 사회적 투자 정책을 경제성장과 사회적 포용을 연결하는 열쇠로 간주하였다. 각국에 대한 직접적 지침뿐만 아니라 전문 정보나 지식 제공, 과제 설정, 정책 평가와 같은 방법을 통하여 영향력을 행사하였다(Garritzmann, 2022, p. 464). 이와 같은 글로벌 거버넌스의 형성에 수반하여 선진국의 고용 복지 정책은 일정하게 수렴되었다. 선진국 내부에서는 좌파 정당이 신자유주의를 수용하는 한편, 중도 좌파 정당은 우파 정당에 유사한 접근을 보여 주었다. 예를 들어 1990년대 미국 민주당과 영국 노동당의 경우 지지층인 빈곤층이나 소수자층에서 벗어나 글로벌 경쟁에 노출된 중간층의 지지를 얻기 위하여 정책 혁신을 추구하였다. 1992년 미국 대통령 선거에서는 민주당 후보 빌 클린턴이 기존의 복지를 개혁한다는 슬로건을 내세워 승리하였다. 그는 경제 세계화에 대응하여 정부 지출을 효율화하고 수동적인 복지를 축소하며, 교육이나 직업훈련을 강화하고 사람들을 취업에 나서도록 하는, 다시 말해 취업을 위한 정책, 즉 워크페어(workfare) 정책을 제언하였다. 영국도 노동당 당수 토니 블레어가 수상 취임에 맞춰 제3의 길을 발표한다. 글로벌화에 적응하기 위한 좌파 진영의 혁신을 주장하며 기회 균등 실현, 자녀 양육이나 교육에 대한 투자, 취업 지원, 지역사회 상호부조를 강조하였다.

블레어는 1999년에도 독일 사회민주당 당수 게르하르트 슈뢰더와 함께 제3의 길 공동 성명을 발표하며 글로벌화와 지식 경제화에 적응하기 위한 워크페어, 인적 자본에 대한 투자를 호소하였다. 이는 복지국가 재편 논의의 주요 흐름이 사회적 투자로 수렴되었음을 의미한다.

『제3의 길』(1998)의 저자인 기든스(Giddens)는 사회 투자 아이디어를 확산하는 데 큰 역할을 하였다. 그는 과거 복지국가가 자본주의의 기술 혁신과 적응 능력을 가볍게 보고 세계화에 대응하지 못했다고 보았다. 하지만 이것이 국가의 역할을 시장에 맡기면 좋다는 의미는 아니다. 신자유주의는 사회 격차를 확대하고 권위주의적 방법에 의존하는, 자유와 모순되는 행태를 보였다. 오히려 국가는 리스크를 감수하며 새롭게 창업하거나 가치를 창출하는 사람들을 양성해야 한다. 책임 없는 권리가 없는 것처럼 단순히 보호를 제공하지 말고 모든 사람을 노동시장으로 포섭하여 취업을 통하여 책임을 다하도록 촉구해야 한다고 제언하였다. 사실상 이는 복지국가의 사회 투자 국가로의 전환을 의미한다. 최저소득의 보장이 아니라 고용의 유연성을 높이고 인적 자본에 투자하여 교육과 직업훈련, 보육을 지원한다. 시민사회도 책임감 있는 개인을 양성하는 중요한 장이다. 지역사회로 권한을 이양하고 주민 참여에 의한 결정, 경찰과 시민의 연계에 의한 치안 유지, 제3섹터와 자원봉사의 활용 등을 통해 능동적인 시민사회를 구축한다(Giddens, 1998, p. 64, p. 78). 기든스의 논의에서 복지 정책의 역할은 새로운 경제 환경에 적응하는 주체를 양성하는 것이었다. 시민사회는 다양한 사회적 위험에 스스로 대처하며 취업 능력이나 자기 규율 능력을 키우고 노동시장에 참여하는 능동적 주체를 육성하는 장이다. 수동적 급여에서 인적 자본 투자로의 전환이 필요하다. 시민사회는 자조 규범을 내면화한 사람들을 키우기 위한 인큐베이터로서 공공복지를 대신하는 상호부조의 요람이 되어야 한다.

그리고 에스핑-안데르센도 생산적 사회 정책 아이디어를 제시하였다. 경제 세계화와 지식 기반 경제에 의해 선진국 사람들은 획일적 복지 대책만으로는 새로운 사회적 위험에 대응할 수 없다고 보았다. 따라서 사회정책은 시민의 잠재적 생산 능력과 생활 기회를 최대한으로 끌어내고 활용해야 한다Esping-Andersen, 2006, p. 128). 그러려면 개인이 전 생애에 걸쳐 능력을 발휘하고 위험에 대응할 수 있도록 고용 가능성을 높이는 정책이 필요하다. 아동에 대한 우선적인 분배, 교육 투자, 저숙련 노동자에 대한 직업훈련, 퇴직 제도의 유연한 운영을 통한 고령자 고용 촉진 대책이 필요하다.

각국의 사회 투자 정책을 포괄적으로 비교한 연구에 의하면 사회적 투자의 기능은 공통적으로 인적 자본을 형성(formation) 및 동원(mobilization), 유지(preservation)하는 것이다(Garritzmann et al., pp. 20-23). 하지만 지금까지 복지국가에서 중요하게 다루었던 것은 인적 자본의 형성과 동원뿐이었고 유지하는 데 필요한 소득 보장이나 재분배는 무시했다는 것이다. 그런데 기업과 사용자는 경쟁력 확보를 위해 노동자의 기능 향상에 관심을 가질 것이다. 제조업·금융·정보산업 분야 사용자 등이 인적 자본에 대한 투자에 합의하는 게 어렵지 않을 것이다. 또 국제 경쟁에 노출된 산업 분야 노동자도 실업이나 미숙련 노동자 대상의 정책을 지지하는 데 거부감이 없을 것이다. 키첼트의 구분과 같이 경쟁 부문의 노동자를 지지층으로 흡수함으로써 2000년 전후의 중도 좌파 정당은 시장 중심으로 방향을 이행하게 되었다. 관대한 소득 보장 정책보다는 사회적 투자에 더 집중하는 국가가 복지국가의 지위를 얻게 된 것이다. 새로운 사회 투자 복지국가의 등장이라고 볼 수 있다. 그것을 추진하는 정치 세력은 여러 측면에서 신자유주의 정책을 계승한 측면이 있다(Morel et al., 2012, p. 14). 공급을 중요하게 여기는 규제 완화, 누진세 인하, 노동시장의 유연화, 케인즈주의를 대신하는 통화주의, 공공 서비스에 대한 시장 원리 도입, 실업급여와 공공부조에 대한 수급 자격의 엄격한 관리와 급여 삭감 등이 그것이다. 다만 신자유주의와의 차이점은 자본주의 시장에 개인을 동원하기 위하여 국가와 시민사회의 능동적 역할을 강조했다는 것이다. 국가의 역할은 재정 지출을 늘리지 않고 교육과 직업훈련을 통한 개인의 고용 가능성을 높이고, 세계 수준의 경쟁과 지식 기반 경제에 적응하는 인간을 양성하는 데에 있다. 가족, 학교, 언론, 지역 등 시민사회는 이를 위하여 개인에게 과업을 부여하는 장이며, 국가의 이데올로기를 스며들게 하는 장치로서 기능한다. 한마디로 사회 투자 복지국가는 신자유주의와 다른 형태로 개인의 재상품화를 이끄는 국제적·국가적·시민사회적 네트워크로 이루어지는 복합체라고 할 수 있다.

2000년대에 들어오면서 사회 투자 정책이 국제기구와 선진 복지국가에 널리 퍼져 시행된다. 유럽연합은 2010년 리스본 전략을 계승하는 새로운 전략으로 유럽의 2020년을 계획한다. 그 목적은 지속 가능한 포용적 경제 정책을 실현하기 위한 것이었다. 구체적으로 여성과 고령자 등의 취업률을 높이고 고등 교육 수료자를 확대하며 빈곤층을 축소하는 것이었다. 2013년에는 유럽위원회가 사회 투자 패키지를 발표한다. 경제 세계화, 인구 고령화, 금융 위기라는 과제에 대하여 효율적으로 목표를 설정하여 유아 돌봄, 교육, 여성 취업 지원, 평생 교육 등 사회 투자를 실시할 것을 제안하였다. 이처럼 복지국가로부터 사회 투자 중심 국가로의 전환은 국제기구나 전문가의 주도로 추진되고 중앙집권적 하향적 의사 결정을 통해 확대되었다. 이는 포용적 성장을 달성했는가. 이와 관련한 논점을 세 가지로 정리할 수 있다. 첫째, 투자와 재분배의 상충적 효과의 문제이다. 사회 투자 아이디어가 경쟁적 산업 분야 노사에게 수용된 것은 경제 활성화를 위하여 비효율적인 지출을 줄이고 더 생산적인 지출로 전환하려는 방침을 지지했기 때문이었다. 사회 투자가 제기된 것은 유럽연합이 엄격한 재정 기준을 정하고 긴축 재정을 추진한 시기와 겹친다. 재정 지출을 늘리지 않고 사회 투자를 추진하기 위해서는 수동적인 소득 보장을 줄일 필요가 있다. 그 결과 사회 투자 정책은 워크페어 성격이 강한 방향으로 진행되었다. 2004~2008년 EU 15개 국가에서는 실업 가구 중 빈곤 위험에 빠진 가구의 비율이 37%에서 45%로 증가하였다(Cantilon, 2011, p. 443). 취업에 어려움을 겪는 사람을 위한 급여가 줄었기 때문이다. 사회 투자의 목적이 취업률을 올리는 것이었는데, EU의 통계를 보면 15개 국가의 취업률은 2005년 68.4%에서 2021년 72.5%로 늘었다. 그런데 EU 18개 국가의 지니 계수는 2010~2019년에 걸쳐 0.303에서 0.302로 거의 변하지 않았다. EU 27개 국가의 빈곤 위험에 처한 사람의 규모는 2010년 8,200만 명에서 2016년 8,630만 명으로 늘었다(Europe 2020 indicator). 이는 결국 일을 하는 사람의 수는 늘었지만, 그 대부분이 저임금 불안정 직종에 취업하였기 때문에 격차 축소로는 이어지지 않았다고 해석할 수 있다. 더욱이 EU 19개 국가의 적극적 노동시장 정책에 대한 지출은 2006년 0.57%에서 2018년 0.40%로 오히려 감소하였다(Eurostat Total LMP measures, category 2-9, par GDP).

둘째, 매튜 효과(Matthew effect)의 문제이다(Morel et al., 2012, ch. 5). 이는 부유한 사람은 더욱 부유해지고 가난한 사람은 더욱 가난해지는 효과이다. 사회 투자 관련 정책은 일정한 교육 수준이나 기능이 있는 사람과 중간 계급 이상 가구에 더 유리하다고 알려져 있다. 예를 들어 유아 돌봄이나 교육을 충실하게 하면 중산층 부부일수록 그 서비스를 이용하여 맞벌이를 계속하고 더 많은 소득을 얻을 수 있게 될 것이다. 중등 및 고등 교육에 대한 재정 지원이나 의무교육을 확대하면 그러한 교육을 이용하는 것은 중산 계급 이상의 자녀가 많으므로 부유한 가구일수록 혜택을 이용하기 쉽다. 직업 교육과 취업 지원도 이미 일정 수준의 교육을 받았거나 기능이 있는 사람일 경우 효과를 내기 쉽다. 이러한 문제는 투자의 속성 때문이기도 하다. 즉 경제적 대가를 기대할 수 있는 대상에게 효율적인 지출이 이루어지기 때문이다. 저소득 가정이나 이민 가정의 자녀, 교육 수준이 낮은 노동자 등은 언어 능력과 학습 습관에 어려움을 안고 있는 경우가 많다. 교육 지원을 해도 도중에 학업을 포기하는 등 미래의 경제적 보상으로 연결될 가능성이 있는지 불확실하다. 효율적인 투자라는 관점에서 보면 리스크를 안고 있는 사람일수록 지원 대상에서 배제되기 쉽다.

셋째, 사회적 시민권의 약화이다. 사회적 시민권은 노동과 무관한 권리, 즉 탈상품화의 권리를 포함하고 있다. 소득 보장이 취약한 사회 투자 국가는 개인에게 스스로 기능을 향상하고 취업을 통해 자립할 책임을 요구한다. 탈상품화의 권리는 축소되고 삶의 선택지는 제한된다. 예를 들어 여성의 취업을 촉구할수록 일과 가사 노동의 역할이 오히려 가중될 수 있다.

결국 사회 투자 국가는 노동력의 주인인 인간의 생산과 재생산을 기능 형성과 같은 범위로 축소할 우려가 있다. 취업이 어려운 사람, 저소득 가정이나 이민 가정의 자녀, 교육과 기능이 부족한 청년, 불안정한 취업으로 연결되기 쉬운 여성이나 미숙련 노동자 등 이른바 새로운 사회적 위험에 노출되기 쉬운 사람일수록 투자가 불충분해져 열악한 취업이 강제되거나 취업 시장에서 주변화될 수 있다. 자기 결정 중심의 민주적 통치에 기반한 복지국가를 형해화시킬 수 있는 것이다.

6. 우익 포퓰리즘과 복지국가

2000년대 이후 우익 포퓰리즘(right-wing populism) 세력이 확대되었다. 예를 들어 프랑스는 이민 추방을 내세운 국민전선(FN)[11] 대표가 2002년, 2017년 대통령 선거에서 결선 투표까지 진출했다. 이탈리아에서는 2022년 총선거에서 극우 정당(이탈리아 동포)이 제1당이 되어 정권을 창출했다. 네덜란드, 오스트리아, 덴마크, 스웨덴 등의 의회 선거에서도 극우 정당이 제2당, 제3당을 차지하였다. 정당은 아니지만 2016년 영국의 EU 탈퇴를 결정한 국민투표, 같은 해 미국 대통령 선거에서 도널드 트럼프 당선도 이민이나 난민에 대한 혐오주의가 큰 영향을 끼쳤을 것이다. 이러한 운동에 대해서 많은 연구가 축적되고 있다. 운동의 배경이 경제적 어려움 때문인지, 문화적 가치관 때문인지, 포퓰리즘은 민주주의를 촉진하는지, 반민주주의나 권위주의와 연결되는지 논쟁적이다. 포퓰리즘 정당의 성패 요인이 유권자의 선호에 있는지, 정당의 경쟁 전략에 있는지도 마찬가

11 2008년 국민연합(RN)으로 당명을 바꾸었다.

지다. 또 극우와 극좌는 어느 정도 대립하는지도 논쟁적이다. 하지만 거의 공통적으로 이러한 동향이 일회성 운동이 아니라 새로운 균열 구조에 입각한 운동이라는 성격으로 이해하고 있다(Hooghe and Marks, 2018, pp. 4-5). 포퓰리즘은 부패한 엘리트에 대항하기 위하여 대중의 이익을 직접적으로 대표하는 이데올로기와 운동으로 정리할 수 있다(田中拓道, 2023, p. 202). 유럽 복지국가에서 볼 수 있는 포퓰리즘의 특징은 좌우 당파와 관련 없이 이민이나 난민에 대해 강한 거부감을 보이며 보호주의적·혐오주의적 경향을 띤다. 이 포퓰리즘 운동은 어떤 사회적 균열을 표시하고 있는가. 중요한 특징을 정리해 보자. 먼저, 1970~1980년대의 사회 문화적 대립을 생각하지 않을 수 없다. 산업 구조가 변하고 교육받은 중산 계급이 늘어나면 자유로운 가치관이 확대되면서 새로운 사회운동이 전개된다. 하지만 권위주의적 가치관을 가진 사람들은 전통적 가족이나 종교를 옹호하고 민족주의와 동질감을 강화하며 강한 권위와 하향식 의사 결정을 요구한다. 이는 자유주의적 가치관에 대한 문화적 가치관의 대립이라 할 수 있다. 2000년대로 들어오면 양쪽 가치의 대립은 환경(green), 대안적(alternative), 리버테리언(libertarian)으로 조합된 GAL 대 전통적(traditional), 권위주의적(authoritarian), 내셔널리스트(nationalist)로 조합된 TAN, 이 두 가지 문화적 조합의 균열로 정리할 수 있다(Liesbet et al., 2002). 하지만 오늘날 혐오주의 포퓰리즘을 자유주의적 가치관이나 운동에 대한 문화적 대립으로만 이해할 수는 없을 것이다. 다음으로 2000년대 이후 중요해진 것은 경제 세계화에 대한 대응이었을 것이다. 이 시기 국제기구나 다국적 기업의 정치적 영향력이 강해졌고 국가 내부적으로 채택할 수 있는 정책의 폭은 좁았다. 주요 좌우 정당이 유사한 정책을 내세우며 경쟁하게 되었는데, 그것은 사회 투자 국가로의 수렴이었다.

국경을 넘어서는 글로벌 거버넌스 형성과 대립하는, 권위주의적 가치관을 가진 사람들은 부패한 엘리트의 지배를 규탄하고 엘리트에 의해 무시당했던 순수한 인민(people)으로 등장하기 시작했다. 이들은 결코 저소득층이나 실업자들만이 아니었다. 오히려 주인공으로 등장한 것은 국내의 전통적 산업 부문에 속하며 상대적으로 교육 수준이나 기능 수준이 낮은 노동자들이었다(Michel, 2019, pp. 838-862). 국내 정책이 교육과 교육훈련에 의한 기능 향상 위주로 전개되면서 이들은 과거와 같은 안정된 지위를 상실하고 자신들을 망각되거나 버려진 존재처럼 느끼게 되었다. 자신들이 관여할 수 없는 방식으로 정책이 결정되고 세계화 경쟁으로 일자리 불안에 휘말리고 교육과 기술 수준에 따라 가치가 평가되는 현실에 자존감과 정체성 훼손을 느낀 것이다. 결국 이들은 국제기구 등 엘리트에 의한 결정 방식을 거부하는 대신 국가적 차원에서의 주권 회복을 요구한다. 또 국가적 문화 동질성을 위협하고 노동력에 대한 위협을 초래할 수 있는 이민의 유입에 강하게 반발한다. 따라서 2000년대 이후의 사회적 균열은 사회 문화적 가치관의 대립과 경제적 지위의 불안정이 상호 결합하여 형성되었다고 할 수 있다. 이러한 사회 문화적 균열은 포퓰리즘 정당의 동원 방식에도 영향을 끼쳤다.

키첼트는 1970~1980년대 가치관의 대립에 따라 정치적 경쟁이 어떻게 변하였는지를 논의하였다. 전문적인 지식이나 기능이 필요한 사회 문화적 서비스 직종에 종사하는 사람들은 자유주의적 가치관이 강하며 국가에 의한 재화나 서비스 분배를 요구한다(좌파 리버테리언). 정형적인 직무에 종사하는 공장 노동자 등은 권위주의적 가치관이 강하다. 이들은 엘리트가 주도하는 국가의 재분배나 개입에 거부감을 가지는 데, 조세 부담을 기피하는 자영업자, 중소기업주 등의 입장에 가깝고 경제적 시장주의를 지지한다. 극우 정당은 이들의 반국가적 정서에 호소함으로써 지지를 확장하였다. 프랑스, 덴마크, 노르웨이 등 극우 정당은 이 시기에 이민에 대한 혐오주의와 경제적 시장주의를 지지하는 노선을 선택하며 세력 확장에 성공하였다(우파 권위주의). 이는 후기 산업화 시대에 적합한 승리의 방정식이 되었다고 한다(Kitschelt, 1997, p. 275). 그런데 이런 논리는 특정 시기에만 설명력이 있는 주장이라고 반박할 수도 있을 것이다.

일반적으로 세계화와 지식 기반 경제가 더 고도해지면 정형적 업무에 종사하는 공장 노동자와 사무직 노동자, 기술 축적이 어려운 자영업자와 중소기업자 등은 경제적 불안정에 노출된다. 그들은 자신들과 경쟁할 가능성이 높은 이민의 유입을 기피할 뿐 아니라 국가에 대해서 국적자 시민에 대한 우선적인 보호와 복지를 요구하게 된다. 이리하여 문화적 권위주의에 의한 복지가 새로운 승리의 방정식이 된다. 이러한 관점은 복지 혐오주의라고 부를 수 있을 것이다. 성공한 극우 정당들은 경제적 자유주의로부터 보호주의로 입장을 수정한 셈이다. 2000년대 이후 이민 반대를 주장하는 대부분의 포퓰리즘 정당이 공장 노동자나 사무직 노동자를 주요 지지층으로 삼으면서 복지에서도 배타적인 포퓰리즘 주장이 포함되었다(Michel, 2019). 이처럼 외부에 대해 배타적인 포퓰리즘은 사회적 투자국가의 형성에 기인하는 현상이라고 할 수 있다.

2000년대 이후 경제 세계화와 더불어 국가와 시민사회의 재편이 진행되었다. 개인은 권리 주체가 아니라 인적 자본으로 바뀌었고 교육 수준이나 기능 향상을 스스로 추구하는 능동성과 주체성을 요구받게 되었다.

이러한 조건에 부합하지 않는 개인은 자기 규율과 책임이 부족한 사람으로 간주되어 사회적 승인과 존엄이 박탈되었다. 그런데 포퓰리즘의 주요 주체가 된 것은 상대적으로 교육 수준이나 기능 수준이 열악한 노동자층이었다는 점은 시사하는 바가 크다. 이 운동은 사회 투자 국가 전략이 사회적 포용을 강조하지만, 실제로는 배제되는 사람이 계속 양산되는 모순에 반발하는 대항 운동이었다고 볼 수 있다. 또한 이민 반대와 같은 우익 포퓰리즘은 국가주의 차원에서 국경 내부에서 국민 중심의 통치를 회복하려는 운동이었다. 글로벌 거버넌스가 형성되면서 중요한 결정은 국제기구 관료나 전문가에 의해 주도되고 다국적 기업, 부유층, 국제 엘리트의 이윤이 더 반영되기 쉬워진 데 대한 대항이기도 하다. 하지만 국내적으로는 중도 좌우 정당의 정책이 수렴되고 차별적인 특징의 가능성은 좁아졌다. 포퓰리즘은 직접 정치 참여와 소통 회복을 노린다는 측면도 있으므로 오히려 민주주의를 촉진할 것이라는 옹호론이 있을 수 있다. 그렇지만 혐오주의 포퓰리즘은 새로운 배제를 낳을 수 있다. 사회 투자 전략처럼 자본주의와 국가, 시민사회 관계를 재편하는 과정에서 태어난 새로운 균열에 뿌리를 두고 있기 때문이다. 포퓰리즘 운동은 대중의 이익을 카리스마적 리더를 통해 직접적으로 대표하도록 요구하는 경향이 있다. 사실상 다원주의와 반대 방향에 서 있는 것이다. 배타적인 포퓰리즘은 우리가 아닌 타자를 배척하고 사회 내부에 분단을 만들어 낼 뿐이다. 그 주요 주체가 전통적인 산업 부문에 속하며 권위주의적 가치관을 가지기 쉬운 사람이므로 이 운동은 본국에서 태어난 시민에 대한 수동적 소득 보장이나 고용 보장과 같은 과거의 대응 방식을 지지하지만, 가족 형태와 산업 변화 등으로 발생하는 새로운 사회적 위험은 회피하기 쉽다. 따라서 새로운 사회적 위험에 노출되기 쉬운 여성, 청년, 불안정 노동자층 등을 포용할 수 없다. 결국 혐오주의 포퓰리즘은 오히려 다원화된 사회적 위험에 대응하기 어려워져 새로운 사회적 분열을 만들어 낼 수밖에 없다.

그런데 새로운 사회적 리스크에 노출되기 쉬운 사람들은 사회적 투자 정책만으로는 사회에 포용되지 못한다. 특히 언어나 문화, 학업 습관, 기능 축적 등에 어려움을 겪는 사람일수록 투자 효과를 기대할 수 없어 주변화되기 쉽다. 반면 지식 기반 경제와 서비스화가 진행될수록 자기반성 능력을 갖추고 수평적인 소통을 통하여 타인의 욕구를 충족하며 집합적 의사 결정에 참여하려는 사람들이 늘어난다. 특히 높은 교육을 경험하고 사회 문화와 관련된 직업에 종사하는 사람들은 자유주의적 가치관을 가지기 쉽다. 이런 사람은 국가주의, 이민 반대, 전통적 가족 등을 지지하는 배타적 포퓰리즘과 대립한다. 뿐만 아니라 경제적인 효율성을 우선하며 개인을 자본주의 시장에 동원하려는 사회 투자 국가에 대해서도 자기 주도적 생활 방식의 결정과 자유로운 선택을 추구한다. 이런 사람들은 국가에 대하여 다원화된 가치, 개인별 위험에 적절하게 대응하는 재화와 서비스의 분배를 요구한다(Oesch & Rennwald, 2018, p. 795). 따라서 이들은 사회 투자 국가와 포퓰리즘에 동원되지 않고 다른 방향으로 사회적 분열을 만들어 낼 수 있다. 그렇다면 결국, 사회 투자 대상에서 배제되는 사람들과 포퓰리즘에 포섭되지 않는 사람들이 균형추가 될 수 있다. 양측 모두가 공유할 수 있는 규범과 정책이 고안될 필요가 있다. 키첼트의 연구에 의하면 획일적인 평등을 지지하는 좌파에 비하여 좌파 리버테리언은 롤스의 정의의 제2원리, 즉 모든 시민에 대한 인간 존엄과 자존의 기초가 되는 기본재의 보장을 지지하는 계층이라고 한다(Kitschelt, 1997, p. 259). 이는 오늘날 사회적 분열에 대한 대책을 고민할 때 매우 시사적이다. 선진 복지국가 모두에게 자유가 보장된다고 해도 불평등은 존재할 수 있다. 하지만 사회적·경제적 불평등이 존재해도 어떤 조건일 때에 그것이 허용될 수 있을까. 균등한 기회와 격차 원리를 생각해야 한다. 균등한 기회는 개인의 능력이나 노력에 따라 누구나 원하는 지위를 얻을 수 있는 기회가 열리는 것이다. 신분이나 성별, 민족, 인종 등에 따른 차별은 허용되지 않는다. 능력이나 노력이 동일하다면 누구나 동일한 성공의 기회를 얻을 수 있어야 한다. 하지만 기회 균등만으로는 공정한 사회가 실현되기 어렵다. 왜냐하면 어떤 환경이나 능력, 자원을 가지고 태어났는지는 각자가 선택한 상황이 아니다. 각자의 기여에 의한 것도 아니다. 그것은 운의 결과에 불과하다. 그러한 우연에 의해 앞으로의 인생이 결정되는 건 불공정하다. 격차 원리는 이때 필요하다. 이는 인생의 출발점에서 맞이한 우연한 행운과 불운을 바로잡기 위한 원리이다. 가장 불우한 상황에 있는 사람의 상황이 개선되는 경우에만 불평등이 허용된다. 그들은 가정환경이 가난하거나 재능이나 자원이 타인보다 불리한 상태에 처하여 인생 전체에 걸쳐 불이익을 당할 것이라 예상되는 사람이다. 이들에게 인생의 출발점에서 우선적인 지원이나 분배가 이루어지고 타인과 동등하게 인생의 희망을 얻을 수 있는 방식이 준비된 경우에만 불평등이 허용된다는 것이다.

이러한 정의 원리로 편성된 사회는 재산 소유제 민주주의(property-owing democracy)로, 모든 개인에게 기본재가 보장된 사회이다. 기본재에 포함되는 것은 기본적인 여러 자유, 신분과 인종, 성별 등에 의한 차별이 없는 직업이나 지위에 접근할 수 있는 균등한 기회, 그리고 인생의 출발점에 확보할 수 있는 일정 수준의 생산 수단과 인적 자본이다. 이에 따라 보장되어야 하는 가장 중요한 기본재는 자존(self-respect)의 사회적 기반이다. 자존은 스스로 선택하는 인생 목표가 가치가 있다고 믿을 수 있고 그 목표를 실현할 능력이 자신에게 있다고 믿을 수 있는 것이다. 이런 의미에서 자기 자신을 신뢰하는 감정이야말로 자립 생활의 열쇠이다. 인생 출발점에서 그러한 기반을 모든 개인에게 보장하는 것이 재산 소유제 민주주의의 목적이다(Rawls, 2001). 롤스의 원리를 되새겨 보면 기존 복지국가는 사후적인 소득의 재분배뿐만 아니라 사전에 생산 수단과 교육 및 숙련 기능과 같은 인적 자본을 광범위하게 보장해야 한다. 지금까지 복지국가는 자본주의를 통해 특정 계층의 생산 수단 점유를 인정하고 이러한 조건에서 유리한 환경에 있는 사람이 부를 더욱 늘리는 것을 인정하고 있다. 복지국가의 역할은 불운한 사람, 사회적 리스크에 노출된 사람이 최저생활 수준 이하의 상태에 빠지지 않도록 사후적으로 재분배하는 것이었다. 하지만 재산 소유제 민주주의는 인생 출발점에서 누구나 자기 스스로 인생의 목표를 설정하고 그것을 실행할 수 있는 조건을 사전에 분배한다. 분배되는 재화는 자산과 인적 자본 두 가지이다. 기본적인 소득과 인적 자본의 조합에 의해 개인은 실질적 선택의 자유를 획득할 수 있을 것이다. 이는 자유 선택의 복지라고 해도 좋을 것이다. 물론 이러한 논의는 각국의 정치 제도와 기존 복지 정책에 따라 다양하게 전개될 수 있지만, 적어도 자유주의적 가치관에 근거한 분배를 추구하는 복지국가 공통의 기준이 될 수 있을 것이다. 즉 다원적인 가치, 다양한 생활 방식을 존중하는 분배가 이루어져야 한다. 젠더, 인종 등 속성에 의한 차별은 없어야 한다. 또 남성이 주 소득자인 가족이나 맞벌이·한부모·동성혼·1인 가구에 대한 차별, 그리고 장단기 고용, 프리랜서 등 취업 형태에 의한 차별도 없어야 한다. 특정한 삶의 방식에서 벗어난 개인이 위험에 노출되고 불리한 입장이 되지 않도록 제도를 설계해야 한다. 또 사후적 재분배보다 사전적 분배에 주력해야 한다. 따라서 불안정 노동자에 대한 보험 적용 확대, 무보험자에 대한 최저 보장 연금 도입 등이 중요해진다. 돌봄 등 새로운 사회적 위험에 대한 대응도 중요하다. 각자 능력과 의향에 맞게 노동시장에 참여하여 자기실현을 추구하는 것이 중요하므로 그것이 가능한 조건을 보장해야 한다. 경제 세계화와 지식 기반 경제로의 이행 과정이 각자의 기회 확대와 능력 발전으로 연결될 가능성을 인정한다.

그런데 자유주의적 분배 정책의 목적은 모든 개인의 자존과 자유로운 선택을 보장하는 것이다. 경제 발전은 어디까지나 수단일 뿐이다. 경제 발전과 전체 복지 향상에도 불구하고 일부 사람들이 배제된 채로 있다면 그 사회는 공정하지 않다. 사회 투자 국가는 경제 세계화와 지식 기반 경제의 출현에 따른 적응을 우선하였고 경제적 대가를 기대할 수 있는 대상에게 선별적으로 투자하려는 경향이 있었다. 그런데 자유로운 분배 정책에서는 인적 자본 형성 지원은 우연한 조건으로 불운한 입장에 노출된 사람들에게 우선적으로 투자한다. 생활을 지원하는 기본적인 소득과 서비스 분배와 인적 자본 형성은 상충적 관계가 아니라 보완적 관계이다. 기본적 생활 보장이 결핍된 채 사회적 투자가 이루어지면 사람들은 기능 향상의 기회가 부족한 불안정한 상태로 노동시장에 동원된다. 자유로운 선택을 실질적으로 보장하기 위해서는 기본적인 소득과 서비스, 인적 자본의 조합이 필요하다. 또 인적 자본의 내용은 좁은 의미에서의 직업적 기능으로 한정되지 않고 사회 문화 생활이나 정치 참여를 위한 광범위한 자원을 포함할 것이다. 이러한 정책을 실현하기 위해서는 일정 규모의 재원이 필요하다. 소비세를 비롯하여 증여세, 상속세, 누진 과세 등을 조합하는 등 미래 세대에게 부담을 가하지 않는 재정 정책에 대한 민주적·집합적 논의도 필요하다.

1990년대 이후 사회적 분열에 대한 주요 내용을 정리하면 다음과 같다. 첫째, 글로벌 자본주의에 맞게 국가가 변하고 글로벌 거버넌스가 형성되면서 국내적으로는 중도 좌우 정당의 정책이 유사해지고 사회 투자 국가가 등장하였다. 국제기구는 신자유주의 노선을 수정하고 사회 정책의 역할을 인적 자본에 대한 투자로 보기 시작하였다. 복지국가는 사회 투자 중심으로 전환하여 이른바 수동적 소득 보장 대신 육아 돌봄, 교육, 직업교육 등 적극적 정책을 추진한다. 이러한 정책의 목적은 각자의 고용 가능성을 살리고 개인의 다양한 리스크에 대응하여 새로운 산업에 적응하는 능동적 주체를 육성하는 것, 그리고 개인을 시장으로 재상품화하는 것이었다. 국제기구-국가-시민사회는 이러한 목적에 맞게 네트워크형 거버넌스를 형성한다. 이는 다국적 기업의 경영자, 국제 경쟁에 노출된 산업부문의 노사, 전문직 자유 사업자의 지지를 얻었다. 둘째, 사회 투자 국가에 대한 대항으로 배타적 포퓰리즘이 등장하였다. 국가 정책이 사회 투자 방향으로 흐르고, 개인에게 교육이나 기능 향상을 스스로 추구하도록 하는 능동성과 주체성에 대한 요구가 강해졌다. 이에 따라 상대적으로 교육 수준이 낮고 기능이 결핍된 전통적 산업 분야의 노동자층, 중소기업자, 자영업자를 중심으로 엘리트 지배를 거부하는 운동이 출현하였다. 이들은 글로벌 거버넌스에 대항하여 국가적 차원에서의 주권 회복을 주장하고 국내에서는 본인들과 경쟁 관계에 놓일 수 있는 이민 유입에 강한 반감을 품는다. 국가에 대해서는 자국민 중심의 소득 보장이나 보호 강화를 요구한다. 2000년대에 들어오면 이러한 운동은 내국인 중심의 복지를 내세운 포퓰리즘 정당에 의해 주도되었다. 그러나 포퓰리즘이 가진 다원주의에 역행하는 성질로 인해 이 운동은 다원화된 가치와 사회적 위험에 대응하기 어려운 측면이 있다. 이민을 배척할 뿐 아니라 새로운 사회적 리스크에 노출되기 쉬운 여성, 청년, 불안정 노동자층 등도 이러한 운동을 통해 포섭되지 않는다. 따라서 새로운 선택지는 사회 문화 분야 전문직을 중심으로 하는 좌파 자유주의와, 새로운 사회적 위험에 노출되기 쉬운 청년, 여성, 이민, 불안전 노동자층이 주체가 되는 연대에 의한 운동이다. 이러한 사람들은 다원적인 가치관을 가지며 개인화된 위험에 노출되어 있다는 공통점이 있다. 이 사람들은 글로벌 자본주의에 적응하거나 경제적 번영을 우선 목적으로 하는 것이 아니다. 생활양식이나 사회의 방향성을 본인이 결정하며 자유롭게 선택하는 것을 선호한다. 경제 발전이 중요하지만, 그것은 그러한 목적에 합당하도록 활용되는 것이다. 모든 사람이 자유로운 선택을 보장받기 위해서는 사후적 소득 분배보다 개인이 처한 조건에 맞는 구체적인 인적 자본 형성, 기본적인 소득과 서비스의 분배가 필요하다. 이러한 운동은 사회 투자 국가, 배타적인 우파 포퓰리즘에 대항하여 자유주의적 분배 정책을 요구하는 데 그치지 않는다. 기존의 글로벌 자본주의와 거버넌스 자체의 변혁을 요구하는 운동이기도 하다.

제 7 장

복지국가와 취업 지원 정책 비교

1. 복지국가의 취업 지원 정책

최근 여러 국가에서 일자리 지원 정책이 적극적으로 전개되고 있다. 이러한 복지 정책의 전개를 이해하기 위해서는, 20세기 후반부터 발전해 온 정책 변화의 방향을 이해해야 한다. 변화의 방향을 읽어 내는 하나의 중요한 키워드는 '복지에서 일자리로(welfare to work)'의 변화라 할 수 있다. 먼저 복지에서 일자리 지원으로 전환된 개념이 복지국가를 비교 연구할 때 어떤 의미를 포함하고 있는지 살펴보아야 한다. 지금까지 가장 널리 알려진 복지국가 비교 연구의 대표 주자는 에스핑-안데르센(Esping-Andersen)의 복지 레짐론이다. 거의 복지 레짐론을 통해 복지국가의 변화를 설명하고 있지만, 21세기 복지국가의 사회적 리스크를 고려할 때 설명력이 불충분하다. 따라서 그 한계를 알아보고 '복지에서 일자리로'라는 변화가 최근의 복지 정책 분석에서 어떤 의미를 가지는지도 논의해야 한다. 주요 국가의 주요한 사회보장을 비롯한 복지 제도 개혁의 동향과 정책적 특징을 정리하여, 일자리 지원 복지국가로의 변화가 어떤 영향을 미쳤는지도 검토해야 할 것이다. 마지막으로 이러한 변화를 복지국가 연구의 관점에서 어떻게 활용할 수 있을지 새로운 관점의 필요성과 그를 위한 과제를 살펴볼 것이다.

1) 레짐의 한계와 정책 전환

기존의 비교 복지국가 연구 중에서, 1990년대 이후 가장 큰 영향을 끼친 논의로 에스핑-안데르센의 복지 레짐론을 꼽는 데에 별다른 이론은 없을 것이다. 복지 레짐론은 산업화와 같은 수렴적 낙관론이나 자본주의 모순에 의한 비관적 갈등론을 주장하지 않는다. 보다 입체적이고 구조적인 차원에서 복지국가의 다양한 변화를 설명하고자 한다. 잘 알려진 것처럼 에스핑-안데르센은 탈상품화 개념을 복지국가의 다양성을 분석하기 위한 지표로 선택하였다. 탈상품화는 사람들이 시장에서 벗어나도 복지 정책에 의해 어느 정도의 소득이 보장되고 생활을 유지할 수 있는 것을 의미한다. 탈상품화를 둘러싼 각국의 서로 다른 정치적 영향력이 국가, 시장, 가족 및 직역 집단 중 어느 것을 사회보장 및 사회 서비스를 정비하는 토대로 중요하게 다루었는지에 따라 복지국가를 세 가지 유형으로 구분해 왔다.

자유주의 레짐은 미국과 영국 등 앵글로 색슨 국가로 구분되는 레짐이다. 이 레짐은 빈곤 및 돌봄 대책 등 사회보장과 사회 서비스 제도를 구축할 때 자유주의 이데올로기의 영향력이 강하여 시장 원리와 개인 책임을 제도 운용의 원칙으로 내세우므로 탈상품화 수준이 낮게 유지된다. 즉, 실업이나 질병 등을 원인으로 일을 할 수 없게 된 경우 소득 보장과 돌봄 서비스 등의 제공에 따라 생활 보장을 받을 수 있는 사람들의 범위는 자산 조사에 근거한 저소득자만 포착하며, 그 보장 수준도 최소한의 필요 수준에 머문다. 이러한 복지국가의 자세는 선별주의적 또는 잔여적 급부를 우선하는 형태라고 할 수 있겠다. 자산 조사가 없는 사회보험이라고 해도 그 급부 수준은 최소한의 필요 수준에 머무는 경향이 강하다.

다음으로 보수주의 레짐은 독일과 프랑스 등 대륙 유럽 국가로 구분되는 레짐이다. 이 레짐에서는 기독교 민주주의, 특히 가톨릭을 중심으로 한 보수주의 세력이 사회보장과 사회 서비스 운용 방식의 특징을 결정했다. 역사적으로 보수주의 세력은 사회민주주의 세력과 경쟁하면서 사회보험 제도의 정비를 추진해 온 경험도 있으므로 자유주의 레짐에 비하면 탈상품화 정도가 높은 정책이 진행되었다. 여기서 탈상품화 정도는 사회민주주의와 자유주의 레짐의 중간에 위치한다. 또한 가톨릭에서는 길드로 대표되는 봉건적인 직역을 중요시하는 경향이 강하기 때문에 국가에 의한 사회보험 제도는 주로 남성 노동자를 대상으로 한 직역별 사회보험을 중심으로 발달해 왔다. 이러한 의미에서 보수주의 레짐은 직역의 지위에 따른 계층화가 생기기 쉽다. 또한 남녀의 성별 역할 분업 등 전통적인 가족의 역할이 강조되고, 여성은 어디까지나 가족의 구성원 중 한 사람으로서 사회보장과 사회 서비스의 혜택을 받을 수 있는 경우가 많다.

마지막으로 사회민주주의 레짐은 스웨덴 등 북유럽 국가로 대표되는 유형이다. 이 레짐은 노동자와 농민의 연합이 이루어지고 사회민주주의의 영향을 크게 받아 탈상품화 정도가 높은 사회보장 제도가 정비되었다. 즉, 사람들이 실업이나 질병 등으로 인해 일할 수 없고 시장에서 이탈해도 사회보장 및 사회복지 제도에 따라 일정 수준 이상의 생활을 유지할 수 있다. 그 급여는 선별주의적이고 잔여적인 성격이 강한 자유주의 레짐과는 달리 보편주의적으로 제공되어 중간층까지 확장된다. 또한 직업적 지위에 따른 계층화의 격차 또는 전통적인 가족의 성별 역할 분업이 반영되는 보수주의 레짐과 다르게 평등주의적이고 개인주의적인 사회보장과 사회 서비스가 발전되었다.

이 복지 레짐론에 대해서는 지금까지 다양한 비판이 이루어졌으며, 이에 따라 에스핑-안데르센을 포함한 많은 연구자에 의해 수정 및 확장이 시도되었다. 한마디로 복지 레짐은 미래 복지국가의 발달과 변화를 설명하는 지표로는 부족하다. 이를테면 복지 레짐론이 21세기 오늘날에도 복지국가의 국제적인 특징을 비교하는 데에 유효한 관점을 제공하고 있는

가. 그렇게만 볼 수는 없을 것이다. 복지 레짐론의 가장 핵심적인 지표인 탈상품화가 복지국가를 둘러싼 오늘의 정치경제적 상황이나 정책의 이념 및 사상 변화, 또 그것을 배경으로 한 복지국가 변화의 방식을 정확하게 설명하는 데는 한계가 있다고 생각한다. 이는 복지국가의 역사적 변화 과정을 고려해도 수긍할 수 있다.

2) 취업 지원 정책으로의 전환

(1) 복지국가의 형성

복지국가의 핵심 제도인 사회보장 제도는 많은 선진 자본주의 국가에서 20세기 전반의 대공황과 세계대전에 의한 실업·빈곤 문제에 대한 대응으로 정비되었다(Mishra, 1981; Korpi, 1983). 물론 그 이전에도 유사한 제도는 있었다. 많은 나라에서 구빈 제도가 존재했고, 연금이나 의료 및 산재 등 사회보험을 운영하는 나라도 적지 않았다. 여기서 새롭게 정비된 사회보장 제도의 특징은 '노동 능력의 유무'라는 기준에 따라 빈곤자를 통제·탄압한 구빈 제도와는 달리, 또 노동시장에서 사람들의 성과를 극대화하기 위한 사회보험 또는 특정 계층에 한정된 과거 사회보험과 달리 권리로서 국민의 최저생활을 보장하는 사회적 시민권을 승인했다(Esping-Andersen, 1990, pp. 21-22; 茶他, 1994, pp. 1-24)는 점이다. 여기서 사회권의 보장이란 노동력의 무한한 상품화를 기본 원칙으로 하는 자본주의 사상에서 볼 때 민주적이고 집합주의적 성질을 갖는 전혀 다른 성질의 것이다. 에스핑-안데르센(Esping-Andersen, 1990-2001)을 포함한 많은 연구자들이 사회보장 및 사회 서비스 제도를 정비하면서 사회권의 보장을 노동력의 상품화를 초월하는 탈상품화로 파악하고 그것을 지표로 하여 복지국가를 분석해 온 것도 그러한 이유 때문이기도 할 것이다. 즉 복지국가의 민주적 성격에 주목한 것이다. 이러한 탈상품화 기능을 가진 사회보장 및 복지 제도의 정비가 처음부터 복지국가의 필연적이고 지속적인 발전을 의미하였다고 할 수는 없다. 그러나 역사적 사실로서 20세기 전반의 대공황이나 세계대전에 의한 대량 실업·빈곤 문제의 경험이 케인즈주의적 경제 정책과 베버리지 기본 계획에 기반한 사회보장 제도를 만들어 내고, 그것이 전후의 많은 선진 자본주의 국가에서 복지국가의 확산에 중요한 계기를 제공하였다(Mishra, 1981, pp. 11-12). 이러한 의미에서 탈상품화 기능을 가진 사회보장 제도가 제정된 20세기 전반이 복지국가 형성기라고 할 수 있을 것이다.

(2) 케인즈-베버리지형 복지국가

전후 복지국가의 본질은 종종 케인즈-베버리지 모델로 대변할 수 있을 것이다. 이 모델의 복지국가는 자본주의 사회에서 사람들의 생활 또는 생존을 노동력의 상품화에 의존하는 것이 아니라, 케인즈주의적인 경제 정책과 베버리지 사회보장 제도의 추진을 통해 직접 보장하는 것을 목표로 하는 국가 체제를 말한다. 원래 시장경제에 대한 국가 개입을 시도하는 이 체제는 전후 중화학 공업을 주요 산업으로 하는 국가 중심의 경제 시스템 가운데 경제성장 정책을 통해 완전고용을 실현하고, 거기에 정부 세입의 증가를 수반하면서 세계대전 이전부터 준비되고 있었던 사회보장 제도의 안정적인 운영과 확충을 가능하게 했다. 그리고 그것이 유효 수요의 창출이라는 경제적 효과를 낳게 되어, 전후 냉전시대에 있어서의 자본주의 체제의 정당성 및 우월성을 확보할 수 있었다. 고도 경제성장을 배경으로 한 1950년대부터 1970년대 초반에 걸친 전후의 황금시대가 복지국가의 황금시대(Flora, 1986)이기도 했다고 하는 이유이다.

이와 같은 복지국가의 황금시대에 선진국들이 공통으로 두고 있던 환경을 좀 더 구체적으로 보면 완전고용 정책에 의한 남성 노동자의 고용 안정과 가족의 부양이 전제가 되어 있었다. 어떠한 이유로 고용이 잘되지 않았을 경우, 즉 실업이나 질병 및 산재나 퇴직 등에 의해 소득이 상실되었을 경우, 소득을 대체하는 정책, 즉 탈상품화 기능을 가지는 사회보장 제도로 대응해, 그것이 노동자 본인은 물론 그 가족의 생활을 유지하는 데 중요한 역할을 담당했다. 이 시기에는 복지가 폭발적으로 증가했다. 고도 경제성장을 배경으로 사회보장 및 복지 서비스 제도의 급부 내용과 수준이 크게 확충되어 최저생활 보장에서 풍요한 생활 보장으로까지 한 걸음 더 나아갔다. 복지국가의 의미가 탈상품화, 즉 시장에 종속되지 않는 풍요한 생활이 되었으며, 이는 곧 복지국가의 황금시대라고 할 수 있다. 이상과 같은 20세기 중반 이후의 복지국가를 케인즈-베버리지형 복지국가라고 할 수 있다.

(3) 복지에서 취업 지원으로의 전환

그런데 20세기 초기 이후 그때까지 복지국가를 지지해 온 여러 환경적 조건이 붕괴되었다. 선진 자본주의 국가를 비롯한 여러 나라에서 석유 파동 이후 벌어진 상황을 보면 전형적으로 알 수 있지만, 특히 1980년대 말 이후, 냉전 시대의 붕괴와 그에 따른 경제 세계화의 진행이 지금까지의 복지국가를 흔드는 결정적인 계기가 되었다.

무엇보다 단일 국가 중심의 중화학 공업이 쇠퇴하고 동시에 고도 경제성장이 더 이상 불가능해지면서 완전고용 정책이 그 효과를 잃은 것이 중요하다. 고용이 불안정하고 임금 수준이 낮은 시간제 노동이나 파견 등 비정규 노동자가 급증하면서 남성 노동자에 의한 가족 부양도 약화되었다. 그런 가운데 사회보장 및 복지 서비스 제도의 대상자가 증가했음에도, 저성장 때문에 오히려 복지국가의 황금시대를 통해 확장해 온 사회보장 제도의 급부 내용과 수준을 재평가하고 사회보장 및 복지 제도가 가지는 탈상품화 기능을 재조정하려는 개혁이 추진되었다.

사회복지 제도 등의 수급 대상자를 줄이고 이들의 노동시장 참여를 촉진하는 재상품화 전략이 그러한 개혁 전략이라 할 수 있다. 그런데 그 재상품화 전략은 단순히 사회복지 수급자 등 대상자를 불안정하고 임금 수준이 낮은 노동시장으로 동원하는 것이 아니라 교육·훈련이나 직업 소개, 임금 보조 등 낮은 임금 수준을 보완하는 방안을 통해 사람들의 노동시장 참여를 자극하려는 상품화 지원, 즉 조력 상품화 전략이 함께 시행되는 경우가 많았다. 복지국가의 이러한 동향은 대부분의 나라에서 20세기 후반 이후부터 점차 스며들기 시작하여 20세기 말 혹은 21세기 초에 들어서 뚜렷하게 나타나게 되었다. 탈상품화 기능을 강화해 온 베버리지형 복지국가에서 탈상품화를 약화시키면서 재상품화 지원을 도입하는, 다시 말해 21세기 취업 중심 복지국가로의 출발이라고 할 수 있다. 이러한 전환은 복지국가 제도 개혁의 방향성이나 이념으로서 '복지에서 일자리로(welfare to work)'라고 표현할 수 있다. 일자리 우선 복지국가의 전형으로는 1990년대 이후 워크페어(workfare) 정책 철학을 기반으로 사회보장 제도 개혁을 적극적으로 진행한 미국을 꼽을 수 있지만, 미국에만 한정된 것은 아니었다. 같은 시기에 저성장과 그로 인한 장기 실업자 증가로 고민하고 있던 유럽 국가들의 사회보장 제도 개혁에 있어서도, 어느 정도 차이는 있지만 취업을 유도하는 움직임이 공통적으로 나타나게 되었다. 주요 전략인 취업 지원은 더 이상 권리로서의 복지만이 아니라 일자리를 통해 책임지는 복지로의 개혁의 방향성을 이끄는 정책이라고 할 수 있다.

이상과 같이 보면, 탈상품화를 주요 지표로 한 에스핑-안데르센의 복지 레짐론에서 주요 분석 대상이 되고 있던 것은 20세기형 복지국가라고 할 수 있다. 그러한 의미에서 세 가지 복지 레짐은 20세기 복지국가의 중심축이라고 할 수 있었다. 중요한 것은 탈상품화를 중심으로 하는 기존 복지국가의 레짐론이 변해야 한다는 것이다. 21세기 노동시장 변화, 인구 및 가족 구조 변화에 따른 새로운 리스크로 인한 빈곤과 돌봄 위기 등에 맞서야 하는 도전적 상황에 직면한 복지국가의 유형 분석에서는 설명력을 잃고 있기 때문이다. 앞으로의 복지국가를 특징짓는 재상품화와 조력 상품화는 탈상품화와 정반대의 성격을 가진다. 오늘날 각국의 현황을 정확하게 파악하고 미래를 전망하기 위해서는 복지 레짐론을 포함한 과거의 복지국가 비교 연구의 성과를 근거로 하면서 재상품화와 조력 상품화의 움직임, 또는 복지에서 취업 지원으로 전환되는 동향을 어떻게 파악할지가 중요한 과제이다.

이상과 같은 문제 제기를 배경으로 '복지로부터 일자리로' 전환하는 정책 목표가 특히 분명하게 드러나는 공공부조 제도를 중심으로 주요 국가의 개혁 동향과 그 특징을 검토할 것이다. 이를 근거로 향후 복지국가 비교 연구를 위한 논점과 과제도 살펴볼 것이다. 아울러 복지 레짐론의 주요 분석 대상이었던 여러 국가의 취업 지원 정책에 대해서도 대상자와 구체적인 급여 내용 등을 비교 분석할 것이다.

2. 취업 지원 정책 비교

1) 자유주의 레짐: 영국과 미국

(1) 영국

가. 권리에 기반한 복지국가 확립

제2차 세계대전 이후 수립된 영국의 복지국가는 1942년 베버리지(William Beveridge)가 발표한 보고서에 그 뿌리를 두고 있다. 베버리지 보고서는 요람에서 무덤까지 모든 국민의 삶을 보장하는 사회보장 체계를 청사진으로 제시했으며, 이는 보편주의와 포괄성이라는 두 가지 핵심 원칙 위에 세워졌다. 이 모델의 근본적인 목표는 5대 사회악(Five Giant Evils)이라 할 수 있는 결핍(Want), 질병(Disease), 무지(Ignorance), 불결(Squalor), 나태(Idleness)와 같은 사회 문제를 없애는 것이었다(Abel-Smith, 1992). 이는 빈곤 문제를 개인의 책임이 아닌 사회 구조적 문제로 인식하고, 국가는 이를 해결하기 위해 포용적으로 개입해야 한다는 시대정신을 반영한 것이었다. 베버리지 모델의 주요 원리는 세 가지로 요약할 수 있다. 첫째, 보편주의이다. 국민보건서비스(NHS)나 아동수당과 같은 핵심적인 서비스와 급여는 모든 국민에게 보편적으로 제공해야 한다는 것이다. 이는 사회적 연대를 강화하고 특정 계층에 대한 낙인을 방지하는 효과를 가진다. 둘째, 포괄성이다. 실업, 질병, 노령, 사망 등 살아가며 겪게 되는 주요한 사회적 위험을 단일하고 통일된 체계 안에서 포괄적으로 보장해야 한다는 것이다. 셋째, 기여 원칙이다. 베버리지형 영국 복지국가의 핵심은 사회보험(Social Insurance)이었다. 근로할 수 있는 연령대의 모든 국민은 의무적으로 일정한 보험료를 납부하고, 그 대가로 실업이나 질병 등 사회적 위험에 직면했을 때 자산 조사 없이 일정한 금액의 급여를 받을 수 있었다. 이는 빈곤층에게 굴욕감을 주었던 기존 구빈법(Poor Law) 체제와 근본적으로 성격이 달랐다. 이러한 원칙들은 연속적인 입법을 통해 구체화되었다. 1946년 국민보험법(National Insurance Act 1946)은 실업, 질병, 퇴직 등 주요 소득 상실 위험에 대비한 포괄적인 강제 보험 제도를 확립했다. 1946년 국민보건서비스법(National Health Service Act 1946)은 모든 국민에게 무상 의료를 제공하는 보편적 의료 시스템을 창출했다. 그리고 1948년 국민부조법(National Assistance Act 1948)은 보험 체계에 포용되지 못하는 사람들을 위해 자산 조사에 기반한 최후의 안전망을 제공하며 구빈법을 공식적으로 폐지했다. 이처럼 기여에 기반하여 권리로서 급여를 받을 수 있다는 개념은, 이후 등장할 워크페어 모델에서 급여 수급을 위한 특정한 행위(구직 활동 등)를 조건으로 하는 방향과 대립적 원리에 서 있다. 즉, 복지국가의 변용이 단순히 정책 도구의 변화를 넘어, 수급권의 성격 자체를 획득된 권리에서 조건적 의무로 전환하는 과정이었음을 의미한다.

나. 대처리즘과 의존 문화 비판

1979년 대처 정부의 등장은 전후 복지국가 합의에 대한 근본적인 균열을 가져왔다. 신자유주의 이념에 기반한 대처 정부는 복지국가를 비효율과 도덕적 해이의 온상으로 규정하고, 집단주의를 해체하며 개인의 책임과 시장의 역할을 강조하는 패러다임 전환을 시도했다.[12] 주요 비판은 관대한 급여가 노동 의욕을 저해하고, 사람들이 자립적 노력 대신 국가에 의존하게 만드는 도덕적 해이를 낳는다는 주장이었다. 이는 빈곤의 원인을 개인의 도덕적 결함으로 전환하고 복지 지출 삭감과 취업 조건 강화를 정당화하는 이데올로기로 기능하였다.[13] 이와 같은 이념적 비판은 민영화와 잔여적 복지 정책의 변화로 이어졌다. 정책 목표는 복지국가의 완전 폐지는 아니었으며 기존 제도의 급여 수준을 삭감하고 수급 조건을 강화하는 '수천 번의 탈락을 통한 죽음(Death by a thousand cuts)' 방식으로 점진적으로 추진되었다.[14]

이러한 기조는 1986년 사회보장법과 같은 입법에 반영되어 국가연금(SERPS)의 미래 급여 수준을 삭감하고 개인연금 가입을 장려하는 등 복지의 민영화를 촉진했다. 또한 자산 조사 기반의 급여가 크게 증가하여 전체 사회보장 지출에서 차지하는 비중이 1979~1980년 약 9%에서 1995~1996년 22%로 두 배 이상 증가했다. 아울러 실업자에게 구직 활동을 증명하도록 요구하는 조건성이 강화되었다(Zak, 2020). 이는 빈곤을 사회 구조적 위험으로 판단했던 베버리지 모델의 프레임 전환으로, 이를 통

12 Margaret Thatcher, individualism and the welfare state - History & Policy, 2025년 6월 20일에 접속, https://historyandpolicy.org/opinion-articles/articles/margaret-thatcher-individualism-and-the-welfare-state/.

13 Margaret Thatcher - The Decision Lab, 2025년 6월 20일에 접속, https://thedecisionlab.com/thinkers/management/margaret-thatcher.

14 Florence Sutcliffe-Braithwaite, "Margaret Thatcher, individualism and the welfare state - History & Policy", 2025년 6월 20일에 접속, https://historyandpolicy.org/opinion-articles/articles/margaret-thatcher-individualism-and-the-welfare-state/.

해 더 이상 복지를 권리로 보장만 하는 것이 아니라 개인의 의존성을 교정하여 조건과 제재를 통해 노동시장 참여로 유도하는 것이 국가의 역할이 되었다.

다. 활성화 국가의 부상

1997년 집권한 토니 블레어의 신노동당 정부는 사회주의와 신자유주의 사이에서 제3의 길을 모색했다. 복지 분야에서 이는 사회 투자 국가라는 새로운 모델로 구체화되었다. 복지를 사회적 비용으로만 인식하던 관점에서 벗어나 교육, 기술 훈련, 돌봄 등에 대한 투자로 개인의 노동시장 참여 역량을 높이고 이를 통해 경제성장과 사회 통합까지 달성하려는 접근이다. 일할 수 있는 사람에게는 일자리를 제공하고 그렇지 못한 사람에게는 보장을 제공하는 새로운 사회계약이다. 따라서 책임을 다하는 복지, 국가의 지원을 받기 위해서 시민 역시 자조 노력을 다해야 하는 상호 의무적 관계를 강조하는 것이었다. 이는 곧 노동을 통한 복지(Making Work Pay)라고 볼 수 있다. 근로 빈곤층의 소득을 보전하여 노동의 매력을 높이고 실업자를 더 적극적으로 취업으로 이끄는 활성화 정책을 도입하고자 했다. 이를 위해 1998년 영국 최초로 법정 최저임금 제도를 도입하였고 1999년 근로 가족세액공제(Working Familie's Tax Credit, WFTC)를 도입하였으며 이후 2003년 아동세액공제(Child Tax Credit)와 근로세액공제(Working Tax Credit)로 분리·개편하면서 자녀 유무와 상관없이 일하는 저소득층을 대상으로 지원을 제공했다. 제3의 길은 신자유주의가 구축한 자립과 노동 우선의 담론을 사회적 배제 해소와 기회 제공이라는 진보적인 언어로 재설정하는 데 중요한 역할을 했다(Suhrcke, 2009). 노동시장 참여를 강제하는 정책보다 권한을 부여하고 지원하는 형태로 흐름을 바꾸고자 하였다. 하지만 조건성 강화의 흐름을 포기하지는 않고 사회 투자와 같은 포용적 담론으로 정책의 정당성을 확보하려는 고도의 전략이었다.

라. 뉴딜 정책

뉴딜 프로그램은 신노동당 정부의 활성화 정책을 상징하는 대표적 정책이었다. 특정 집단을 대상으로 의무적인 참여를 강제하고 취업 지원, 직업훈련, 고용 보조금, 제재 수단을 결합한 종합적인 워크페어 프로그램이다(Tomlinson and Simmons, 2025). 예를 들어 청년 뉴딜(New Deal for Young People, NDYP) 정책은 18~24세 사이 청년이 6개월 이상 실업 상태일 경우 의무적으로 참여해야 한다. 이 프로그램의 목표는 청년들의 장기적 고용 가능성을 높여 지속 가능한 일자리로 진입시키는 것이다. 청년 뉴딜의 구조는 단계적인 과정이다. 초기 4개월 게이트웨이(Gateway) 기간 동안 참가자는 개인 상담사의 도움을 받아 집중적인 구직 활동을 수행한다. 이 기간에 취업하지 못하면 참가자는 네 가지 선택 사항 중 하나를 의무적으로 골라야 한다. 즉 민간 또는 공공 부문에서의 보조금 일자리, 전일제 교육 또는 훈련, 자원 부문 활동, 환경 관련 공공근로 참여이다. 청년 뉴딜은 청년 실업률 감소에 기여한 것으로 평가받지만, 프로그램 참가자들을 저임금, 비정규직, 불안정 노동으로 유도하는 경향이 있었고 장기적으로 지속 가능한 양질의 일자리를 창출하는 데는 한계가 있었다(Tomlinson and Simmons, 2025).

다음으로 한부모 뉴딜(New Deal for Lone Parents, NDLP)은 소득 보조를 받는 한부모 가구를 대상으로 구직, 복지 혜택, 보육 서비스에 대한 정보를 제공하여 노동시장 복귀를 지원하는 것이 목표이다. 의무적인 선택지를 부과하기보다는 개인 상담사를 통한 맞춤형 상담과 정보 제공에 초점을 둔다(Hasluck, 2000). NDYP와 NDLP의 서로 다른 설계는 조건성의 전략적 적용을 명확히 보여 준다. 정부는 사회적 동정 여론이 상대적으로 적은 청년 실업자 집단에게는 강제적인 의무와 제재를 부과하는 엄격한(hard) 활성화 정책을 적용한다. 반면, 자녀 양육이라는 정당한 사유가 있고 정치적으로 더 민감한 집단인 한부모에게는 자발적 참여를 기반으로 유연한(soft) 활성화 접근을 취했다. 이는 활성화 정책이 단일한 개념이 아니라, 대상 집단의 정치적 자산과 사회적 인식에 따라 강도를 달리하여 적용되는 유연하고 계산된 정책 도구임을 시사한다. 하지만 이러한 구분 역시 점진적으로 허물어져, 이후 유니버설 크레딧 체제에서는 한부모에 대한 조건성 역시 크게 강화되는 방향으로 나아가게 된다.

마. 조건성의 제도화: 유니버설 크레딧

2013년부터 단계적으로 도입된 유니버설 크레딧(Universal Credit, UC)은 영국 복지 개혁의 정점이자 활성화 패러다임의 완결판이라 할 수 있다. UC는 기존의 복잡한 6개 수급형 급여를 하나의 디지털 기반 월 단위 지급 체계로 통합하고, 근로자 서약(Claimant Commitment)과 강력한 제재 시스템을 통해 조건성을 복지 시스템의 핵심 작동 원리로 제도화했다.[15]

---

15 DWP. Universal Credit: welfare that works. 2025년 6월 26일에 접속, https://assets.publishing.service.gov.uk/media/5a79581640f0b63d72fc4fd9/universal-credit-full-document.pdf.

UC는 주거급여(Housing Benefit), 소득 연계 고용지원수당(income-related ESA), 소득 기반 구직수당(income-based JSA), 아동세액공제(Child Tax Credit), 근로세액공제(Working Tax Credit), 소득보조(Income Support) 등 6개의 복잡한 급여를 단일 지급 체계로 통합했다. 이는 수급자의 편의를 높이고 행정 비용을 절감하며, 사기와 오류를 줄이려는 목표를 가졌다. UC의 핵심 설계 원리는 '일을 하면 항상 더 이득이 되도록' 만드는 것이다. 이는 두 가지 주요 장치를 통해 구현된다. 첫째, 소득이 증가함에 따라 급여가 점진적으로 감소하는 단일 소득 감액률(taper rate)이 적용된다. 둘째, 자녀가 있거나 근로 능력에 제약이 있는 가구에게는 소득 감액률이 적용되기 전에 일정 금액까지 소득을 허용하는 근로소득공제(work allowance)를 제공한다. 이를 통해 과거 급여 체계에서 나타났던, 특정 시간 이상 일할 경우, 오히려 소득이 감소하는 급여 절벽(cliff edge) 현상을 없애고자 했다. 또한 모든 신청, 관리, 소통은 온라인 계정을 통해 이루어지는 것을 원칙으로 한다. 이는 행정 효율성을 높이는 동시에, 수급자의 활동을 실시간으로 파악하는 기반이 된다.

활성화 메커니즘으로 UC는 근로자 서약을 요구한다. 이는 수급의 필수 조건으로, 수급자와 직업 상담사(work coach) 사이에 체결하는 일종의 의무 계약이다. 서약에는 구직 활동, 이력서 작성, 훈련 참여 등 수급자가 수행해야 할 구체적인 근로 요건이 명시된다. 이를 수용하지 않으면 제재의 대상이 된다. 의무를 이행하지 않을 경우의 제재는 불이행 정도에 따라 가장 낮음부터 낮음, 중간, 높음 등 4단계로 구분되며 과거 제재 이력에 따라 처벌 기간이 가중된다. 제재가 부과되면 표준수당이 일정 기간 대폭 삭감되거나 전액 지급 정지될 수 있다.

UC 도입으로 수많은 비판이 제기되었다. 첫째, 대기 기간 문제이다. 월 단위 사후 지급 방식으로 설계되어 처음 신청자는 최소 5주를 기다려야 첫 급여를 받을 수 있다. 이 기간 동안 생계를 위해 제공되는 선지급금은 사실상 대출로 진행되므로 급여를 받기도 전에 정부에 빚을 지게 된다. 또한 식품비 부족으로 푸드뱅크 이용을 유발하게 된다(Mark, 2025). 둘째, 빈곤과 생활고 심화이다. 조셉 라운트리 재단(Joseph Rowntree Foundation, JRF) 등 주요 연구 기관들은 UC 도입 이후 푸드뱅크 지원 단체 이용이 급격히 증가했으며, 낮은 급여와 부채 등으로 수급자가 극심한 생활고를 겪고 있다고 보고하였다(Katie, 2018). 셋째, 정신 건강 악화이다. 복잡한 시스템과 재정적 불확실성, 제재에 대한 불안감 등은 수급자들의 정신 건강을 심각하게 위협하는 요인으로 작용하며 특히 한부모 등 취약 계층에게 그 영향이 더 크다(Song, H. et al., 2024). UC 제도는 활성화 중심의 복지국가 정책이 어떻게 강화되었는지를 보여 준다. 이 제도는 온라인 계정과 국세청의 실시간 소득 정보를 연동하여 수급자의 소득과 활동을 지속적으로 감시하는 체제를 만들 수 있다. 이를 통해 수급자의 의무 불이행을 즉시 포착하여 제재를 가할 수 있다. 이는 과거의 분절적이고 서류 중심적인 운용 방식에서는 불가능했던 수준의 감시와 통제가 가능하며, 수급자를 특정 방향으로 순응하도록 강제하는 압박이 될 수 있다. 보다 근본적으로는 취업과 연계된 복지를 목표로 하지만 노동시장에 진입하기도 전에 부채를 지고 생활고를 겪게 한다. 이는 오히려 수급자의 신체적·정신적 건강을 해치므로 노동 준비 상태가 되는 것을 방해한다. 결국 취업을 장려하기 위해 설계되었지만 목표 달성의 안정적인 기반을 허무는 역설적 결과를 초래하고 만 것이다.

<표 2> 영국 취업 지원 정책의 변천 과정

시기	이념	주요 정책	조건성
베버리지 체제 (1945년~1970년대)	보편주의, 사회보험, 집단적 책임	국민보험, 국민보건서비스, 국민부조	매우 약함, 기여 기반의 권리로서의 수급
대처리즘 (1980년대)	신자유주의, 개인주의, 의존 문화 비판	복지 지출 삭감, 민영화, 자산 조사 기반 급여 확대, 연금 제도 개혁	조건성 강화 시작, 실업급여 수급 시 적극적 구직 증명 요구 등 초기 형태의 조건성 도입
신노동당/제3의 길 (1997~2010)	사회 투자 국가, 권리와 책임, 노동을 통한 복지	뉴딜 프로그램, 국가 최저임금, 근로가족세액공제	특정 집단(청년)에 대한 의무적 프로그램 참여 및 제재 부과가 핵심 원리
유니버설 크레딧 (2013)	활성화, 단순화, 노동유인 강화	6개 급여의 통합, 단일 소득 감액률, 근로소득 공제, 근로자 서약, 다단계 제재 시스템	근로자 서약을 통해 모든 수급자에게 맞춤형 의무를 부과하고, 불이행 시 강력한 제재를 가하는 것이 시스템의 원리

바. 소결

영국 복지국가의 지난 수십 년간의 변용은 특정 이념형에 부합하기보다는 여러 모델의 요소가 혼합된 조건부 사회 투자 모델로 규정할 수 있다. 영국은 스웨덴과 같은 북유럽의 사회 투자 담론과 미국의 근로장려세제(Earned Income Tax Credit, EITC)와 유사한 노동 우선의 복지 메커니즘을 수용하였다. 신노동당의 뉴딜 정책과 세액공제 확대는 교육, 보육, 근로소득 보전에 대한 투자를 통해 노동시장 참여를 유도한다는 점에서 사회 투자적 성격이 강하다. 하지만 이러한 투자적 요소는 강력한 조건성과 징벌적 제재라는 틀 속에 들어 있다. 유니버설 크레딧은 그러한 융합적 모델의 결정체이다. 근로소득 공제 등을 통해 노동 유인을 자극하려 하지만, 근로자 서약과 엄격한 제재 시스템을 통해 수급자의 행동을 엄격하게 통제한다. 이러한 모델을 진정한 사회 투자로 볼 수 있을지 의문이다. 공공 훈련 인프라 등 지속적 투자를 통해 노동력의 질 자체를 높이려 하기보다는 단기적인 구직 활동 지원이나 보육비 보조에 머무르는 경향이 있다. 결국 영국의 취업 지원 정책은 기회 제공과 능력 개발이라는 사회 투자의 긍정적 측면과, 의무 불이행에 대한 처벌과 통제라는 워크페어의 부정적 논리가 작동하고 있다. 이러한 모순적 결합은 고용률 제고에도 불구하고 근로 빈곤 심화, 부채 증가, 정신 건강 악화 등 심각한 사회적 비용을 초래할 수 있다. 따라서 영국의 경험은 노동 우선을 강조하는 취업 지원 정책이 적절한 사회 투자와 최저생활에 대한 강력한 보장 없이 추진될 경우, 오히려 역효과를 낳을 수 있다는 점을 분명하게 경고한다.

(2) 미국

가. 권리의 종언: AFDC의 몰락과 워크페어의 등장

1935년 사회보장법(Social Security Act)에 의해 신설된 요보호아동 가족부조(Aid to Families with Dependent Children, AFDC)는 부모의 보호를 받지 못하는 아동을 재정적으로 지원하는 연방 보조금 프로그램이었다. 본질적으로 연방정부에 의한 권리로서 지급되었으므로 주정부는 수급 자격을 충족하는 모든 대상자에게 제공해야 할 의무가 있었으며 필요한 비용은 연방정부로부터 지원받을 수 있었다. 이러한 권리적 지위는 대법원 판결을 통해서도 확립되었으므로 AFDC 수급권은 부당하게 박탈당하지 않을 재산권의 한 형태로 인정되었다.[16] 따라서 특히 한부모 가정 어머니들이 임금 노동에

---

16 Congressional Research Services, The Temporary Assistance for Needy Families(TANF) Block Grant: A Legislative History, 2025년 6월 29일에 접속, https://crsreports.congress.gov/product/pdf/R/R44668.

참여하지 않고 가정에 머물며 자녀를 양육할 수 있도록 지원하는 것이었다. 하지만 이는 여성의 탈상품화를 통해 자녀에게 필요한 신체적·정신적 보호를 제공하도록 하는 남성 주 소득자 모델의 보호 방식이기도 하였다.

그런데 AFDC는 시간이 흐르면서 자산 조사 프로그램의 특성상 잠재적인 복지 함정을 만들어 근로 의욕을 저해한다는 비판에 직면하였다. 또한 혼외 출산을 조장하고 가족 해체를 부추긴다는 비판도 제기되었다. 특히 가구 내 성인 남성이 거주할 경우 수급 자격을 박탈하였으므로(후에 위헌 판정을 받음) 국가에 대한 의존적 문화를 조장하는 제도로 낙인찍혔다(Gordon & Batlan, 2011). 대다수 수급자는 백인이었지만 비판의 화살은 주로 흑인 가정과 한부모 어머니에게로 향했다. 복잡하고 모욕적인 신청 절차와 주마다 서로 다른 규정으로 인해 똑같이 어려운 가정이지만 불평등한 대우를 받는 문제도 있었다. 특히 1960년대 이후 수급자 수와 비용이 급증하면서 사회적 반감은 더욱 커졌다. 이러한 배경 때문에 시민의 권리인 복지 수급이 개인의 도덕적 실패이며 의존적 결과로 규정되었다. 복지에 대한 관점이 '국가의 책임'에서 '개인의 책임(자조)'으로 전환되었다. 이로 인해 '복지는 권리'라는 기존의 관점과 '개인의 자조'를 강조하는 새로운 관점이 충돌하면서, 복지 개혁은 격렬한 이념의 전쟁터가 되었다. 1990년대 이르러 자조 담론이 강력한 설득력을 얻으며 승리했고, 이는 노동 조건과 시간 제한에 기반한 새로운 제도로 대체되는 데 필수적인 전제조건이 되었다. 1996년 새로운 개혁법의 명칭이 '개인 책임 및 근로기회법(Personal Responsibility and Work Opportunity Act, PRWOA)'이었다는 점이 이념적 성격을 명백히 보여 준다. 이는 빈곤에 대한 사회적 계약과 시민권의 의미를 재정의하는 과정이었다.

나. 미국과의 계약과 개인의 책임

1990년대 복지 개혁에서 등장한 '미국과의 계약(Contract with America)'은 공화당의 핵심 공약이었지만 민주당 클린턴 대통령의 선거 공약의 이행과도 관련되는 것이었다. PRWOA는 새로운 블록 그랜트의 명시적 목표를 설정했으며 이는 법의 이념적 토대를 보여 주는 것이다. 구체적으로 첫째, 궁핍한 가정을 지원하며 아동이 자신의 집에서 양육되도록 한다. 둘째, 취업 준비, 근로와 결혼을 장려하며 빈곤한 부모가 정부 보조금에 의존하는 것을 끝낸다. 셋째, 혼외 임신의 발생을 예방하고 줄인다. 넷째, 양부모 가정의 형성과 유지를 장려한다. 가장 중요한 구조적 변화는 AFDC를 빈곤 가정 일시 부조(Temporary Assistance for Needy Families, TANF)로 대체하는 것이었다. 더 이상 인플레이션이나 인구 변화에 관계없이 고정된 연방 보조금은 지급되지 않았다. 또한 연방 보조금을 받기 위해서는 일정 비율을 자체적으로 지출해야 했다.[17] 표면적으로 주정부에게 더 많은 유연성과 권한을 인정하는 형태였지만, 인플레이션이나 경기 변동에 연동되지 않는 고정된 보조금은 연방정부의 재정 지출을 억제하는 강력한 도구로도 작용했다. 예를 들어 경기 침체기에 수급자 수가 증가하면 연방 지출이 자동으로 늘어났던 AFDC와 달리, TANF의 연방정부 지출은 상한선이 정해져 있었다. 이러한 이중적 기능은 새로운 인센티브 구조를 만들었다. 주정부가 경기 침체기 동안 증가하는 수급자에 대한 재정적 위험을 전적으로 부담하게 된 것이다. 이에 주정부는 단순히

---

17 HHS ASPE, Aid to Families with Dependent Children (AFDC) and Temporary Assistance for Needy Families (TANF) - Overview, 2025년 6월 29일에 접속, https://aspe.hhs.gov/aid-families-dependent-children-afdc-temporary-assistance-needy-families-tanf-overview.

사람들을 취업으로 연결하는 것을 넘어 전환적 프로그램, 제재, 행정적 장벽 등 수급자 수를 줄여 기금을 보존하도록 유도했다. 연방정부와 주정부의 재정 관계는 근본적으로 바뀌었고 빈곤 완화보다는 수급자 수 감소를 우선하는 강력한 인센티브 구조가 만들어졌다.[18]

다. 시간 제한과 근로 요건

PRWOA는 연방 기금으로 지원되는 현금 지원 수급 기간을 평생 5년(60개월)으로 제한했다. 주정부는 자체 기금을 사용하여 수급자의 20%까지는 60개월을 초과하여 혜택을 연장할 수 있는 재량권이 있으며 일부 주는 더 짧은 시간 제한을 설정하기도 했다. 성인 수급자는 수급 후 2년 이내에 취업 활동에 참여해야 하며 한부모는 주당 최소 30시간은 일해야 한다. 주정부는 일정 비율 이상 근로 활동에 참여하는 비율을 충족해야 한다. 근로 요건을 충족하지 못할 경우, 급여 삭감이나 중단과 같은 제재를 받을 수 있다. 인정되는 근로 활동의 범위는 매우 제한적이므로 장기적인 교육이나 훈련보다 직접 고용을 우선한다.[19]

포괄보조금 구조는 주정부에 수급 자격 기준이나 수준 등에 대한 막대한 재량권을 부여했다. 이 때문에 지역별 지원 수준에 큰 격차가 발생했

---

18 예를 들어 빈곤 상태의 100가구당 원조를 받는 가구 수는 AFDC 시절(1979) 84%에 달했으나, TANF로 개편된 이후 2018년에는 26%로 급격히 하락했다. Dehry, Ilham & Knowles, Sarah,(2023). "Few Families Receive the TANF Cash Assistance They're Eligible For", Urban Wire, Urban Institute, 2025년 6월 29일에 접속, https://www.urban.org/urban-wire/few-families-receive-tanf-cash-assistance-theyre-eligible.

19 The Temporary Assistance for Needy Families (TANF) Program & Higher Education, 2025년 7월 2일에 접속, https://hope.temple.edu/state-state-choices-national-landscape-analysis-postsecondary-eligibility-restrictions-opportunities-snap-ccdf-tanf/temporary-assistance-needy-families-tanf-program-higher-education.

다. 또한, 주정부들은 TANF 기금의 상당 부분을 현금 지원에서 다른 서비스로 전용했다. 여기에는 아동 복지 서비스나 유아 교육 프로그램처럼 TANF의 핵심 목표와 다소 거리가 있는 분야도 포함되었다. 이 시스템의 중심에는 주정부의 근로 참여율 목표를 낮춰 주는 수급자 감축 크레딧(Caseload Reductionj Credit)이 있었다. 즉 전년 대비 수급자 수가 1% 감소할 때마다 목표치도 1% 줄여 주었다. 따라서 50%를 감축한 주는 근로 참여율 감축 목표치가 50%에서 0%로 줄어들었다. 이로 인해 주정부들은 실제 취업으로 연결하는 것뿐만 아니라, 자격 기준 및 제재 강화, 신청 억제 프로그램을 도입하는 등 수급자 수를 줄이려는 강력한 동기를 갖게 되었다. 그 결과 2021 회계 연도에는 32개 주가 근로 활동 참여자를 늘리지 않고도 연방 근로 요건을 충족했다(Falk, 2023). 이 메커니즘은 빈곤 완화 여부와 상관없이 수급자 명단에서 가족을 밀어내는 주에 보상을 해준 셈이다. 일자리 우선 정책을 강제하기 위해 고안된 시스템이 사실상 수급자 수 감축을 장려하는 접근이 된 것이다. 이러한 제도 설계는 TANF가 AFDC보다 훨씬 더 취약한 안정망이었다는 평가를 받게 한다.

라. TANF의 역설: 감소하는 수급자, 지속되는 빈곤

1990년대 후반의 호황기 경제 속에서 편모 여성의 고용률은 실제로 증가했다. 그러나 연구에 따르면 이러한 고용 증가는 대체로 미미했고 시간이 지나면서 그 효과가 사라지는 경향을 보였다. 결정적으로, TANF 수급자들이 얻은 일자리는 대부분 저임금에 불안정하고 복리후생이 없는 경우가 많아 가족을 빈곤에서 구제하지 못했다. 취업 우선 접근법은 좋은 일자리보다는 어떤 일자리든 취업을 우선시했다. 건강 문제, 낮은 학력, 보육 시설 부족 등 고용에 상당한 장벽을 가진 많은 수급자들은 안정적인 일자리를 찾지 못하고 제재를 받아 수급 자격을 박탈당하는 경우가 많았다. TANF의 가장 심각한 영향은 소득이 빈곤선 50% 미만인 심각한 빈곤층의 증가였다. 1995~2005년 동안 심각한 빈곤 상태에 있는 아동의 비율은 2.1%에서 3%로 증가했으며, 이는 70만 명의 아동이 추가로 심각한 빈곤에 빠졌음을 의미하였다. 특히 한부모 가정 아동의 경우 같은 기간 동안 이 비율이 두 배 이상 증가했다. 이러한 증가는 현금 지원 안전망이 약화되었기 때문이다. 1995년 AFDC는 240만 명의 아동을 심각한 빈곤에서 구제했지만, 2005년 TANF는 60만 명을 구제하는 데 그쳤다. TANF 도입 이후 정책 입안자들과 지지자들은 급격한 수급자 수 감소를 개혁 성공의 증거로 내세웠다. 즉 정부 지원을 받는 사람의 수를 줄이는 것이 성공인 것이다. 하지만 빈곤율, 심각한 빈곤율(deep poverty rate) 등 경제적 복지를 성공의 척도로 삼는 지표도 존재한다. 예를 들어 수급자 수는 감소했지만, 심각한 빈곤은 증가하면 제도의 괴리를 보여 주는 것이다.[20] 수급자 수 감소는 복지 혜택에 대한 접근을 제한하는 정책의 성공을 측정하는 면도 있지만, 빈곤의 고통을 완화하는 정책의 성공을 측정하는 지표이다. 이러한 지표 간의 차이는 TANF를 둘러싸고 지속적 논쟁이 되고 있다. 정책 성공이 이념적인 선택으로 될 수 있는 것이다. 따라서 모든 복지 프로그램을 종합적으로 평가하기 위해서는 수급자 수가 아니라 그것이 빈곤에 미치는 직접적 영향을 분석해야 할 것이다.

---

20 실제 수급자 수는 감소했지만, 심각한 빈곤은 증가했다는 보고가 있었다. Pavetti, L., & Zane, A. TANF cash assistance helps families, but program is not the success some claim. *Center on Budget and Policy Priorities*. 2021. https://www.cbpp.org/research/income-security/tanf-cash-assistance-helps-families-but-program-is-not-the-success-some.

<표 3> 미국 복지 개혁(AFDC → TANF) 종합 비교표

구분	AFDC(개혁 이전)	TANF(개혁 이후 - PRWOA)
제도 명칭	AFDC(Aid to Families with Dependent Children)	TANF(Temporary Assistance for Needy Families)
핵심 이념 및 철학	국가의 책임 및 권리(Entitlement): 연방정부에 의한 권리로 지급, 수급권은 재산권의 한 형태로 인정	개인의 책임 및 자조(Self-help): 개인 책임 및 근로기회법(PRWOA), 정부 보조금 의존 종식, 근로 및 결혼 장려
재정 구조	연방 보조금(Matching Grant): 주정부는 자격 충족 시 의무 제공, 경기 침체기 수급자 증가 시 연방 지출 자동 증가	포괄보조금(Block Grant): 인플레이션/인구 변화 미반영 고정 보조금, 연방 지출에 상한선 설정
주정부의 역할 및 재량	연방 기준에 따라 수급 자격을 충족하는 모든 대상자에게 제공 의무	수급 자격, 급여 수준 등에 막대한 재량권 보유, 경기 침체기 재정 위험을 주정부가 전적으로 부담, 수급자 수를 줄일 강력한 유인(인센티브) 발생
핵심 요건 및 제한	자산 조사 기반	1. 시간 제한: 평생 5년(60개월)으로 수급 기간 제한 2. 근로 요건: 수급 후 2년 내 취업 활동 참여 의무 - (한부모) 주당 최소 30시간 근로 - 미충족 시 제재(급여 삭감/중단)
주요 비판 (개혁 배경)	근로의욕 저해(복지 함정), 혼외 출산 및 가족 해체 조장, 의존 문화 조장, 1960년대 이후 수급자 수와 비용 급증	(해당 없음)
주요 결과 및 평가	(해당 없음)	1. 수급자 수 급감: 빈곤 100가구당 수급 가구가 84%에서 26%(2018)로 급감, 수급자 감축 크레딧(CRC) 도입으로 빈곤 완화 여부와 무관하게 수급자 수 감축 자체에 보상 2. 기금 전용: 주정부가 기금 상당 부분을 현금 지원 외 다른 서비스(아동복지 등)로 전환 3. 심각한 빈곤(Deep Poverty) 증가: 1995~2005년 심각한 빈곤 아동 70만 명 증가

출처: Public Impact Fundamentals, "The 1996 Personal Responsibility and Work Opportunity Reconciliation Act in the US", The Centre for Public Impact, 30, October, 2017.

마. 고용 정책에 의한 취업 지원

가) 노동력 투자법(Work Incentive Act, WIA)

1996년 복지 개혁 전에는 와그너-페이저법(Wagner-Peyser Act)에 의해 직업 소개 등의 고용 서비스가 제공되었다. 미국의 와그너-페이저법은 1933년 대공황 시기에 프랭클린 D. 루스벨트 대통령이 시행한 뉴딜 정책의 한 축으로 제정된 연방법이다. 이 법의 핵심은 전국적인 공공 고용 서비스 시스템을 구축하여 구직자와 일자리를 찾는 기업을 효율적으로 연결하는 데 있다. 1982년 직업훈련 파트너십법(Job Training Partnership Act, JTPA)에 의해, 경제적으로 불리한 입장에 있는 성인, 청년, 비자발적 구직자에 한정하여 서비스가 제공되었다. 복지 개혁 후인 1998년에 노동력 투자법(WIA)이 제정되었다. 이 법은 기존에 분산되어 있던 연방정부의 고용 및 직업훈련 프로그램을 통합하고 효율화하기 위해 만들어졌다. 주요 목표는 구직자와 기업의 필요를 모두 충족시키는 전국적인 인력 준비 및 고용 시스템을 구축하는 것으로, 주요 특징은 다음과 같다. 첫째, 가장 큰 특징이라 할 수 있는 원스톱 직업 센터(One-Stop Career Centers) 설립이다. 이 센터를 통해 다양한 고용 및 훈련 서비스를 한곳에서 제공하므로 구직자들은 여러 기관을 방문할 필요 없이 필요한 서비스를 편리하게 이용할 수 있게 되었다. 둘째, 고객 선택권 강화이다. 구직자가 자신에게 맞는 훈련 프로그램을 직접 선택할 수 있도록 '개인 훈련 계좌(Individual Training Accounts, ITA)' 제도를 도입하여 고객의 선택권을 강조했다. 셋째, 지방 노동력 투자위원회(Workforce Investment Boards, WIBs) 설치이다. 각 지역의 고용주들이 과반수를 차지하는 지방 노동력 투자위원회를 설립하여, 지역 노동시장의 수요에 맞는 훈련 프로그램이 운영되도록 했다. 넷째, 서비스 대상의 확대이다. 성인, 실직자, 저소득층, 청소년 등 다양한 계층을 대상으로 서비스를 제공했으며, 특히 장애인의 고용 자격 절차를 간소화하는 조항도 포함되었다(Bradley, 2015, p. 3). 취업 지원, 직업 소개 지원, 평가를 통해 구직 활동으로 연결하는 핵심 서비스(Core service), 보다 포괄적인 평가, 사례 관리 집중 서비스(Intensive service), 직업훈련(Training)이 실시되는데, 직업훈련은 핵심 서비스와 집중 서비스를 받은 후 마지막 단계에서 진행된다. 직업훈련은 지역 대학의 직업훈련, 민간 직업훈련, 기업 현장훈련(On the Job Training, OJT), 도제 프로그램 등이 진행되며 개인 훈련 계좌가 도입되어 원스톱 센터의 사례 관리자와 상담하여 직업훈련의 종류나 공급자를 선택하는 구조이다.

나) 노동력 혁신 및 기회법(Workforce Innovation and Opportunity Act, WIOA)

2014년, WIA를 대체하여 노동력 혁신 및 기회법(WIOA)이 제정되었다. 주요 목적은 고용 장벽이 있는 개인을 대상으로 노동시장에서 성공하기 위해 필요한 고용, 교육, 훈련, 지원 서비스의 접근성을 향상시키는 것이다. 고용 장벽 대상자는 소득이 낮은 사람, 인디언 부족, 알래스카 선주민, 하와이 선주민, 장애가 있는 사람, 노인, 전과자, 홈리스, 부양이 필요한 아동, 영어 학습 중인 사람, 장기 실업자 등이다(原田, 2017, p. 14). WIOA는 WIA의 기본 틀을 유지하면서도, 변화하는 경제 환경과 노동시장의 요구에 더 효과적으로 대응하기 위해 여러 가지 중요한 개선점을 도입했다. WIOA는 WIA의 원스톱 센터에서 고용 및 조련에 관한 서비스를 제공하는 시스템을 계속 운영하면서, 고용에 취약한 입장에 있는 노동자에게 서비스를 우선 제공하고, 교육이나 직업훈련의 선택을 확대하며 생활이 어려운 성인이나 청년의 교육·훈련 지원 프로그램의 포괄적인 계획과 책임성을 높이고자 하였다. 주요 특징은 다음과 같다. 첫째, 전략적 연계 강화이다. WIOA는 고용, 교육, 경제 개발 간의 연계를 더욱 강조한다. 주정부는 핵심 프로그램(성인, 실직자, 청소년 대상 프로그램, 성인 교육, 직업 재활)을 아우르는 통합된 주 계획(Unified State Plan)을 수립하여 부처 간 협력을 강화해야 한다. 둘째, 기업의 역할 증대이다. 지역 노동력 개발위원회(WDBs)에서 기업 대표의 역할을 더욱 강조하고, 지역에서 수요가 많은 산업 분야(in-demand industry sectors)를 파악하여 맞춤형 인력 양성에 집중한다. 셋째, 성과 책임 강화이다. 프로그램의 성과를 측정하는 공통된 지표를 도입하여 투명성과 책임성을 높였다. 단순히 취업률뿐만 아니라, 고용 유지, 임금 상승, 자격증 취득률 등 다양한 지표를 통해 프로그램의 실질적인 효과를 평가한다. 넷째, 청소년 프로그램 강화이다. 특히 학교 밖 청소년(out-of-school youth)에 대한 투자를 대폭 늘려(청소년 대상 전체 예산의 75% 이상), 이들이 교육 및 고용 기회를 다시 받을 수 있도록 지원을 강화했다. 다섯째, 현장 중심 훈련 강조이다. 기존의 교실 훈련 외에도 인턴십, 직업 체험, 현장 훈련(On-the-Job Training), 도제 제도(Apprenticeship) 등 일과 학습을 병행하는 '현장 기반 학습(Work-based learning)'을 적극 장려한다. 여섯째, 장애인 서비스 개선이다. 장애를 가진 청소년들이 학업을 마치고 직업 세계로 원활하게 전환될 수 있도록 '고용 전 전환 서비스(Pre-employment transition services)'를 의무화했다.

<표 4> 원스톱 센터의 파트너 프로그램의 예

프로그램	법적 근거	주관 기관	주요 대상
WIOA 핵심 프로그램			
성인 프로그램	WIOA Title I	노동부(DOL)	성인(저소득층, 기술 부족자 우선)
실직 근로자 프로그램	WIOA Title I	노동부(DOL)	(비자발적) 실직 근로자
청소년 프로그램	WIOA Title I	노동부(DOL)	청소년(특히 학교 밖 청소년 등 고용 장벽이 있는 경우)
성인 교육 및 문해력 교육 프로그램	WIOA Title II	교육부(ED)	기초 기술 또는 영어가 부족한 성인
고용 서비스(Wagner-Peyser Act)	WIOA Title III	노동부(DOL)	모든 구직자, 고용주
직업 재활(VR)	WIOA Title IV	교육부(ED)	고용 장벽이 있는 장애인
기타 주요 파트너 프로그램			
TANF(빈곤 가정 일시 부조)	사회보장법	보건복지부(HHS)	(자녀가 있는) 빈곤 가정
지역서비스 포괄보조금(CSBG)	CSBG법	보건복지부(HHS)	저소득 지역사회 및 개인
퇴역군인 직업 서비스(JVSG)	38 U.S.C.	노동부(DOL)	퇴역군인(특히 장애가 있거나 고용 장벽이 있는 경우)
주 실업 보상(UI)	사회보장법	노동부(DOL) / 주정부	(자격 요건을 갖춘) 실직 근로자
WIOA Title I 국가 프로그램 예시			
네이티브 아메리칸 프로그램	WIOA Title I	노동부(DOL)	인디언, 알래스카/하와이 원주민
이주/계절 농장 근로자 프로그램	WIOA Title I	노동부(DOL)	이주/계절 농장 근로자

출처: Bradley, 2015, pp. 6-17을 참조하여 필자가 작성함.

WIOA는 위의 <표 4>와 같은 파트너 프로그램을 제공하는데, 고용 서비스에 더하여 실업보험과 TANF도 포함되어 있다. WIOA 서비스는 미국 고용센터(원스톱 센터)에서 원스톱 서비스로 이루어진다. 2022년 기준으로 모든 서비스가 제공되는 종합형(Comprehensive)이 1,284개소, 일부 서비스가 제공되는 제휴형(Affiliate)이 1,011개소 운영되고 있다. 약 560개소가 설치되어 있는 각 지역의 노동력 개발위원회에 최소 1개소의 종합형 고용센터를 설치해야 한다. 주정부는 4년 동안의 계획을 연방 노동부에 제출하여 승인을 받아야 한다. 주정부는 계획에 따라 WIOA 사업 평가를 받아야 한다. WIOA의 실적 평가에는 참가자의 특성과 6가지 성과 지표(2분기 취업률, 소득의 중간값, 4분기 취업률, 자격 취득, 측정 가능한 기술 향상, 고용자에 대한 서비스 제공의 효과성)가 포함된다(U. S. Department of Labor, 2000). WIOA와 TANF의 관계에서 원스톱 센터에서 제공하는 효과가 있으므로 WIOA의 제공 서비스에 TANF가 추가되었다. TANF와의 연계를 통해 많이 제공되는 지원으로는 구직 활동을 위한 주거지 공유나 자금의 공동 이용을 들 수 있다. 반대로 팀이나 공동으로 이루어지는 사례 관리, 정보 공유는 원활하지 않다(Cielinski, 2017; Brown et al., 2018).

바. 분절된 안전망: 취업 조건부 지원의 한계

퀘이드(Quade)에 의하면 미국의 취업 지원 법제의 활성화 대상은 다섯 영역으로 제시되고 있는데 그것은 실업자, 저소득 가구, 고용자, 고용주, 고용 정책을 담당하는 기관이다(Quade et al., 2008, p. 354). 미국의 취업 지원 제도에서는 고용주에 대해서도 WIOA에 있어서 노동력 개발위원회에 참여하도록 요구하는 것에 더하여, 고용주에 대한 세액공제로서 1996년 소기업 고용기회법(The Small Business Job Protection Act)에 근거한 고용세액공제(Work Opportunity Tax Credit, WOTC)가 있다. 이는 빈민이나 장애인, 퇴역군인 등을 고용하는 고용주에게 지불한 임금 일부에 대하여 법인세

세액을 공제해 주는 제도이다.

연방과 주의 역할 분담의 경우, 저소득층의 소득 지원 중심은 EITC가 담당하며 주 차원에서의 세부적 지원은 TANF로서 보완한다는 구조가 형성되어 있다. 각 지역의 실정에 부합하는 효율적인 복지를 실현하기 위하여 현금 부족 상태를 파악하기 쉬운 요건에 대해서는 연방 소득세 제도를 통하여 운용한다. 사회복지 행정 운영 조직을 통하여 실시되는 복지 서비스에 대해서는 현장에 가까운 지방정부의 재량성을 크게 하여 정밀하고 효율적인 복지를 실현하고자 한다(佐佐木貴雄, 2024, p. 99). 또한 미국은 취업을 위한 구인 정보나 직업훈련, 교육 서비스 제공뿐만 아니라 다양한 장치가 마련되어 있다. 수급을 위한 취업 요건, 취업 인센티브, 보육, 교통 서비스 등 취업의 장벽을 제거하기 위한 서비스가 제공된다. 하지만 과제도 적지 않다. 취업을 통해 사회부조를 벗어나는 효과가 그다지 크지 않고, 취업을 해도 불안정한 질 낮은 고용으로 연결되어 빈곤에서 탈출하지 못하고 보충영양 지원 프로그램(Supplemental Nutrition Assistance Program, SNAP)이나 메디케이드를 계속 수급하는 경우도 많다. 그 때문에, 취업 요건을 충족하기보다 직업훈련 프로그램에 주력하는 게 더 중요할 수 있다. 더욱이 취업 요건이 장기적인 직업훈련이나 교육 프로그램 참가를 방해한다는 비판도 제기된다(佐佐木貴雄, 2024, p. 100). 더욱이 TANF 수급 후 취업해도 통근을 위한 교통이나 아동 돌봄, 건강상 문제가 있는 사람이 여전히 많으므로 기초생활에 필요한 서비스를 얻을 수 없는 이상, 저소득층이 취업해서 계속 일하기 위해서는 더 많은 서비스가 필요할 것이다. 주택과 의료 등의 급부를 현금과 같은 생계 유지를 위한 급부와 동시에 병렬적으로 제공해야 하는지, 취업을 위한 기초적 서비스로 다르게 제공해야 하는지에 대한 검토도 필요할 것이다.

빈곤층을 위한 안전망으로서 먼저 EITC는 저소득 근로자와 그 가족을 위한 환급형 세액공제 제도이다. 임금 보조 제도로 매년 수백만 명의 빈곤자를 구제하지만, 그 혜택은 일하는 사람에게만 해당된다. 반면 TANF는 실직자를 위해 설계되었지만, 극소수에게만 혜택이 돌아간다. TANF의 취업 지원 논리는 다른 안전망으로까지 확장되었다. SNAP도 엄격한 취업 요건의 적용을 받는다. 3년 동안 3개월만 혜택을 받을 수 있고, 이를 초과하여 혜택을 받으려면 월 80시간 이상 일하거나 취업 프로그램에 참여해야 한다. 이러한 흐름은 미국이 사실상 분절되고 불평등한 안전망을 만들었음을 시사한다. 즉 혜택을 받을 자격이 있고 취업할 수 있는 빈곤층을 위한 것(EITC, SNAP)과 자격이 없고 취업할 수 없는 빈곤층을 위한 징벌적인 안전망(TANF)이다. 특히 TANF는 조건이 매우 까다롭고 시간 제한이 있으며 사회적 낙인이 심하다. SNAP과 EITC 등 모든 혜택을 받기 위해서는 취업을 해야만 하는 구조가 만들어진 것이다. 이러한 분절적 대응은 개인 책임으로 이념이 전환된 결과로 남겨진 유산이다. 빈곤에 대한 도덕적 판단이 일자리를 이념적 잣대로 복지 시스템에 제도화한 것이다. 미국의 안전망은 취업 중심의 계층화된 시스템이 되었다. 이미 취업 시장에 참여하고 있는 사람에게 중요한 지원이 돌아가고, 장애, 보육, 일자리 부족 지역에 거주하는 등 여러 장벽으로 인하여 일할 수 없는 가장 취약한 계층은 적은 지원을 받게 되는 것이다. 지난 수십 년간 선진 복지국가의 변용은 일(work)을 사회 정책의 중심으로 끌어들이는 방향으로 수렴되었다. 수동적인 소득 보장에서 벗어나 노동시장 참여를 조건으로 하거나 적극적으로 장려하는 활성화(activation)는 거스를 수 없는 대세가 되었다. 미국의 워크페어 개혁은 복지 수급을 권리가 아닌 개인의 책임 문제로 재정의하며, 수급자 수 감축을 최우선 목표로 삼았다. 그 결과, 공식적인 복지 의존도는 극적으로 감소했지만, 그 이면에는 가장 취약한 계층의 심각한 빈곤과 사회적 배제라는 어두운 그림자가 드리워졌다.

2) 보수주의 레짐: 독일

1990년대 이후 전 세계적으로 복지국가 패러다임은 수동적이고 권리 기반의 소득 보장 시스템에서 벗어나 개인의 책임과 노동시장 참여를 강조하는 활성화(activation) 또는 워크페어(workfare) 모델로 전환하는 거대한 흐름을 맞이하였다. 이러한 변화는 복지 수급을 취업 조건과 연계하고, 노동을 통한 자립을 최우선 가치로 삼는 것을 특징으로 한다. 이러한 맥락에서 독일의 사례는 특히 중요하고 흥미로운 연구 대상이다. 독일의 변화는 전통적인 보수주의 모델과의 급진적인 단절을 의미하기 때문이다. 독일의 전환은 단순한 정책 조정을 넘어, 국가와 개인 간의 사회계약을 근본적으로 재조정하는 과정이었다.

(1) 위기의 비스마르크 모델

독일 복지국가의 전통 모델은 19세기 후반 비스마르크가 도입한 세계 최초의 사회보험 체계에 뿌리를 두고 있으며, 보수주의 체제의 원형으로 간주된다. 이 모델의 가장 중요한 원리는 현상 유지 원칙이다. 실업 및 연금 급여와 같은 핵심적인 사회보험 급여는 수급자의 이전 소득에 비례하여 책정된다. 이는 단순한 빈곤 예방을 넘어 실업이나 노령과 같은 사회적 위험에 처했을 때에도 기존 생활 수준과 사회적 지위를 유지할 수 있도록 보장하는 것을 목표로 한다. 이는 최저생계를 보장하는 보편주의적 베버리지 모델이나 자산 조사를 기반으로 하는 자유주의 모델과 근본적으로 다른 철학이다. 한때 안정과 번영의 상징이었던 독일 모델은 1990년대에 들어 심각한 위기에 직면했다. 1990년 독일 통일은 막대한 경제적·사회적 비용을 초래했다. 그 결과 1990년대 후반, 2000년대 초, 독일은 '유럽의 병자(sick man of Europe)'라는 오명을 얻게 되었다. 2005년에는 실업자 수가 500만 명을 넘어서고 실업률은 11%를 넘었으며, GDP 성장률은 정체 상태에 머물렀다(Ceta, Kristi, 2025). 이러한 위기의 근저에는 경제적 요인뿐만 아니라 제도적 경직성이 자리 잡고 있었다. 특히, 소득 대체율이 높고 수급 기간이 사실상 무제한이었던 장기 실업수당은 실업자들이 자신의 과거 소득이나 기술 수준보다 낮은 일자리를 거부하게 만드는 강력한 유인으로 작용했다. 이는 실업의 장기화를 이끄는 복지 함정을 초래하였다. 한때 독일 모델의 안정성을 담보했던 현상 유지의 원칙이 역설적으로 새로운 시대 변화의 발목을 잡는 족쇄가 된 것이다. 이러한 위기 상황 속에서 슈뢰더 정권은 구조 개혁에 대한 강력한 압력에 직면하였다. 2003년 3월 슈뢰더 총리는 포괄적 개혁 프로그램으로 '어젠다 2010'을 발표했다. 이는 독일의 경제사회 시스템을 근본적으로 현대화하여 국가 경쟁력을 회복하기 위한 고통스럽지만 불가피한 조치로 제시되었다(Ceta, Kristi. 2025). 어젠다 2010의 핵심은 단연 노동시장 개혁이었다. 정부는 사회적 합의를 이끌어 내기 위해 폭스바겐 노무 담당 이사였던 페터 하르츠(Peter Hartz)를 위원장으로 하는 '노동시장의 현대적 서비스를 위한 위원회(하르츠 위원회)'를 출범시켰다. 이 위원회가 제시한 개혁안은 하르츠 I~IV까지 총 4단계의 법안으로 구체화되며 독일 복지국가의 구조를 바꾸어 놓았다.

(2) 하르츠 개혁: 활성화 국가로의 전환

개혁의 핵심 철학은 요구와 지원으로 요약된다. 사회적 지원을 받을 권리와, 자립을 위해 노력하고 국가의 요구에 응해야 할 의무를 결합한 새로운 사회계약을 의미한다. 더 이상 복지 수급은 수동적 권리가 아니며 취업이나 직업훈련 등 적극적 노력을 전제로 하는 조건성 권리가 되었다. 미국의 징벌적 워크페어나 스웨덴의 보편적 사회 투자 접근법과 구별되는 독일 특유의 활성화 모델의 구축 기반이 되었다.

하르츠 개혁은 한마디로 규제 완화와 새로운 고용 형태의 복지국가로의 변신을 의미한다. 2003년 1월 시행된 하르츠Ⅰ 법안은 실업자를 신속하게 재취업시키기 위한 목적으로 공공 파견 업체인 인력 서비스 기관을 도입했다. 또한 파견 및 임시직 고용에 대한 규제를 완화하여 기업의 고용 유연성을 높였다. 2003년 4월 시행된 하르츠Ⅱ 법안은 독일 저임금 노동 확산에 결정적 영향을 끼쳤다. 구체적으로는 월 소득 400유로[21]까지 소득세와 사회보장 기여금이 면제되는 미니잡(Minijob) 노동이 확대되었다. 유연한 노동력이 학생, 주부, 연금 수급자 등 특정 근로자의 부수입 취업처로 급속히 확산되었다. 또 미니잡과 일반 정규직 사이 일정 구간을 설정하여 사회보장 기여금을 점진적으로 부과하는 미디잡(Midijob) 일자리 유형을 창출했다(Bouvard & Lambert etc., 2013, pp. 3-8). 2004년 1월 시행된 하르츠Ⅲ 개혁 법안은 고용기관 전달 체계의 혁신에 초점을 맞추어, 구직자를 고객으로 대하는 능동적 서비스 제공 기관으로서 전국에 고

---

21 독일의 미니잡 월 소득 상한액은 2022년 10월 1일에 450유로에서 520유로로 인상되었으며, 이후 2024년 1월 1일에 법정 최저임금이 12.4유로로 인상됨에 따라 538유로로 다시 인상되었다[GrenzInfoPunkt(독일-네덜란드-벨기에 국경정보 사이트), https://grenzinfo.eu/en/increase-in-the-mini-job-income-threshold/ 참고].

용센터(jobcenter)를 설치하였다. 이곳에서 고용과 복지 서비스를 한곳에서 제공하는 원스톱 서비스 체제를 구축하고자 했다(Jacobi & Kluve, 2006, pp. 14-19). 2005년 1월 시행된 하르츠Ⅳ 개혁 법안은 독일 사회보장법 체계에 가장 근본적인 변화를 초래하였다. 핵심은 기존의 장기 실업자에게 지급하던 실업부조와 생계부조를 실업수당Ⅱ로 통합하여 단일급여로 만든 것이다. 이전의 장기 실업수당이 과거 소득에 연동되었던 것과 달리, 하르츠Ⅳ는 자산 조사를 거쳐 지급되는 고정된 액수의 최저생계 보장 급여였다. 이는 장기 실업자에 대한 현상 유지 원칙을 폐기하고 복지 수급을 빈곤선에 맞춘 최후의 사회안전망으로 재정의했음을 의미한다. 이 개혁으로 독일의 실업부조 체계는 두 개의 법적 체계로 명확히 분리되었다. 첫 번째는 보험 원리에 따라 운영되는 실업급여(Arbeitslosengeld, ALG I)로서, 보험료 납부 기간과 수급자의 연령에 따라 통상 6개월에서 최대 24개월간 지급된다(사회법전 제3권 고용촉진, 이하 SGBⅢ). 두 번째는 SGBⅢ 수급 기간이 종료되었거나 근로 능력이 있어 수급 자격이 없는 저소득층에게 조세 재원으로 지급되는 급여이다. 이 급여는 사회법전 제2권(구직자 기초보장, 이하 SGBⅡ)에 근거하는데, 2022년까지는 실업수당Ⅱ(Arbeitslosengeld Ⅱ)로 불렸으나 2023년 1월 1일부터 시민수당(Bürgergeld)으로 개편되어 지급된다. 이 수급자는 고용센터의 집중 관리 대상이 된다(Eichhorst & Grienberger-Zingerle etc., 2006). 고용센터는 수급자 관리의 핵심 기관으로서 급여 지급, 개별 상담, 직업훈련 연계, 구직 활동 감독, 의무 불이행 시 제재 부과 등 활성화 정책과 관련된 모든 업무를 통합적으로 수행한다(Schumacher, 2025).

<표 5> 하르츠Ⅳ법 시행 전후의 급부 변화

<table>
<tr><th rowspan="2">구분</th><th colspan="3">노동 능력이 있는 사람</th><th rowspan="2">노동 능력이 없으며
생활이 어려운 사람</th></tr>
<tr><th>실업수당 Ⅰ
수급 자격이
있는 사람</th><th>실업수당 Ⅰ
수급 자격이 있으며
생활이 어려운 사람</th><th>실업수당 Ⅰ
수급 자격이 없으며
생활이 어려운 사람</th></tr>
<tr><td>하르츠Ⅳ법
시행 전</td><td>실업수당
(SGBⅢ)
보험료 재원</td><td>실업부조
(SGBⅢ)
연방 조세 재원</td><td colspan="2">생계부조
(연방 사회부조법) 자치단체 조세 재원</td></tr>
<tr><td>하르츠Ⅳ법
시행 후</td><td>실업수당Ⅰ
(SGBⅢ)
보험료 재원</td><td colspan="2">실업수당Ⅱ(SGBⅡ)(신설)
연방 조세 재원</td><td>생계부조
(SGB XII)
자치단체 조세 재원</td></tr>
</table>

출처: 森 周子, 2024, p. 26.

(3) 개혁의 이중적 유산: 취업인가, 복지인가

독일의 노동시장 현대화 개혁은 고질적 실업 문제를 해결한 고용 기적으로 칭송받지만, 노동시장의 불안정성을 심화시키고 새로운 형태의 빈곤을 확산시켰다는 비판에 직면하였다. 하르츠 개혁 이후 2005년 11%를 넘었던 실업률은 지속적으로 하락하여 2010년대 6% 미만으로 안정화되었고, 2008년 글로벌 금융 위기에도 견고한 고용시장을 유지했다. 특히 개혁의 주요 목표 집단이었던 여성과 고령층의 노동시장 참여율이 크게 증가하며 전체 고용 상승을 견인했다(Bouvard & Rambert etc., 2013, pp. 3-8). 그러나 개혁 이후 독일의 저임금 부문은 유럽연합 내에서 가장 크게 증가하였다. 2010년대 중반, 독일 노동자의 약 20~24%가 중위 임금의 3분의 2 미만을 받는 저임금 노동자로 분류되었으며, 이는 개혁 이전보다 현저히 높은 수치이다. 특히 미니잡 일자리가 크게 증가하였는데, 대다수 미니잡 노동자는 정규직으로 전환되지 못하고 저임금, 저숙련 일자리에 머물렀다. 특히 여성은 미니잡 노동의 대부분을 차지하였고, 이는 성별 임금 격차와 노후 빈곤 문제를 심화시키는 요인으로 작용했다. 또한 미니잡 등 저임금 일자리만으로는 생계를 유지할 수 없어 일을 하면서도 실업급여를 추가로 받아야 하는 근로 빈곤층이 증가하였다. 이는 국가가 저임금 부문을 암묵적으로 보조하고 있음을 보여 준다. 결과적으로 독일은 근로 빈곤율이 개혁 이후 10년간 EU에서 가장 큰 폭으로 상승한 국가 중 하나가 되었다.[22]

당연히 개혁을 둘러싼 효과성 논란이 제기되었다. 핵심적인 활성화 기제는 강력한 제재 제도였다. 고용센터가 제안하는 합당한 일자리를 거부하거나, 약속된 상담 및 교육 프로그램에 불참할 경우, 급여가 10~30%, 심지어 100%까지 삭감될 수 있었다. 물론 제재가 실업자의 구직 활동을 강화하고 취업으로 연결하는 효과가 있다는 연구 결과도 있다(Weber, 2024). 그러나 동시에 수급자를 극심한 물질적 박탈 상태로 내몰고 인간의 존엄성을 침해한다는 비판이 제기되었다. 결국 이러한 논란은 2019년 독일 연방헌법재판소의 판결로 중대한 전환점을 맞았다. 헌재는 30%를 초과하는 급여 삭감이 위헌이라고 판결함으로써 하르츠Ⅳ법 체제의 징벌적 측면에 한계를 설정했으며 이후 시민수당 개혁으로의 토대를 마련했다. 결국 하르츠 개혁은 취업을 통한 실업 문제 대응에는 성공했지만, 그 대가로 노동시장의 질적 저하와 새로운 사회적 문제를 야기했다. 빈곤의 문제가 실업에서 저임금 근로 문제로 치환된 것이다. 국가가 권리로서 복지를 제공하는 대신 저임금 취업을 지원하고 보조하는 방식으로 정책 노선을 바꾼 것이다. 이러

22 유로스타트(Eurostat) 데이터에 의하면 독일의 근로 빈곤율은 2005년 약 5%대에서 2014년 9.9%로 정점을 찍었다. 특히 단시간 근로자, 임시직 근로자, 한부모 가구 등 특정 집단에서 근로 빈곤의 위험이 높게 나타났다(https://ec.europa.eu/eurostat).

한 구조적 모순과 사회적 긴장은 하르츠 체제의 재검토를 초래하였다.

(4) 하르츠IV에서 시민수당으로

20년 가까이 독일 복지국가 시스템의 근간을 이루었던 하르츠IV 체제는 그동안 제기되었던 부정적 유산에서 벗어나려는 정치적 의지, 헌법재판소 판결 등의 영향으로 더 이상 미룰 수 없는 개혁의 대상이었다. 하르츠 체제는 2023년 1월 1일 시민수당으로 대체되었다. 시민수당은 15세 이상 연금 지급 개시 연령 미만으로, 근로 능력이 있고 부조가 필요한 독일 국내에 거주하는 사람을 대상으로 한다. 신청 후 자산 조사를 거쳐 수급할 수 있으며, 조건을 충족하는 한, 연금 수급 연령에 이를 때까지 수급할 수 있다. 몇 가지 중요한 변화는 첫째, 급여 수준 및 조정 방식이다. 표준 급여액이 기존 449유로에서 502유로로, 2024년에는 563유로로 대폭 인상되었다. 더 중요한 변화는 물가 상승률뿐만 아니라 인플레이션 전망치를 반영하여 급여의 실질 가치 하락을 방지하고자 하였다(Kraemer, 2025)는 것이다. 둘째, 자산 기준 인정 및 유예 기간이다. 수급 신청 후 첫 1년간을 유예 기간으로 설정한 것이 가장 큰 변화 중 하나이다. 이 기간에 1인 가구 기준 40,000유로까지 자산을 보유할 수 있으며, 주거 비용 역시 적정성 심사 없이 바로 실비로 지원된다. 이는 수급 초기 갑작스러운 자산 처분이나 이사 압박 없이 구직 활동에 집중할 수 있도록 보호하는 조치로, 하르츠IV의 엄격한 자산 조사와는 근본적으로 다르다. 셋째, 제재 시스템이다. 헌재의 판결을 반영하여 제재 수위를 대폭 완화했다. 의무 불이행 시 첫 번째 위반 시에는 1개월간 10%, 두 번째 위반 시에는 2개월간 20%, 세 번째 위반 시에는 3개월간 30%를 삭감하는 단계적 제재 방식을 도입했다. 넷째, 훈련 우선 원칙이다. 신속 알선 우선 원칙을 폐기하여 단기적인 저임금 일자리 알선하기보다 장기적으로 고용 안정성을 높일 수 있는 직업훈련과 자격증 취득을 우선적으로 지원한다. 이를 장려하기 위해 월 150유로의 훈련수당을 신설했다. 다섯째, 소득공제 규정 완화이다. 근로 유인을 높이기 위해 특히 월 소득 520~1,000유로 구간의 소득에 대해 공제 보유할 수 있는 금액 비율을 20%에서 30%로 상향 조정하여, 저임금 근로자의 실질 소득이 최대 월 48유로까지 증가할 수 있도록 했다(Federal Ministry of labour and Social Affairs, 2023).

(5) 사회적 노동시장의 가능성

시민수당 도입과 관련하여 독일의 사회적 노동시장 논의를 살펴볼 필요가 있다. 하르츠 개혁 이전부터, 장기 실업자를 추가적이고 공익적인 지원이 수반되는 노동시장(2차적 노동시장)에 취업시키면서 저임금을 유지하는 대응이 주류였다. 여기서 '추가적'이란 의미는 당해 활동이 공적인 추가 재정 지원으로 실시되며 이미 존재하는 고용을 위협하지 않는 활동 영역으로 한정된다는 것이다. '공익적'이란 의미는 활동 결과가 공공에 이익이 되며 경제적 이익을 추구하는 것이 아니라는 의미이다. 대신 최저생활비에 미달하는 부분에 대해서는 실업수당Ⅱ(SGBⅡ)로 보충하는, 이른바 콤비 임금 대책으로 대응하였다. 그러나 그러한 방향이 2008년부터 변하기 시작하면서 2019년 참가 기회법이 시행되어 장기 실업자를 2차적 노동시장이 아니라 사회적 노동시장, 즉 조건부로 지원하는 일반 취업(사회보험 의무 가입 근로)에 참가시키는 대책을 추진하였다. 그리고 취업으로 인하여 절약되는 소득 보장 재원을 취업 지원 급부에 투입하는 '능동적 고용지원 전환(Passive-Active Transfer, PAT)' 정책이 실시되었다.[23] 이는 장기 실업자 취업 지원 정책이 '콤비 임금'에서 '사회적 노동시장'으로 패러다임 전환이 진행된 것이라 볼 수 있다.

독일의 사회적 노동시장 개념이 도입된 배경은 다음과 같다. 이 용어는 2005년 제2차 메르켈 정권 출범 시 연립 협정에서 언급된 직업 비전의 일환으로, 다양한 단체가 의견을 제안하는 과정에서 2007년 독일 공공과 민간 복지단체가 처음 사용하였다[Bundesarbeitsgemeinschaft der Freien Wohlfahrtspflege(BAGFW), 2007: 森 周子, 2024, p. 32 재인용]. 고용수당[24]과 고용보조금(FAV) 제도[25]는 이러한 제안을 근거로 도입되었다. 사회적 노동시장은 지원이 수반되는 근로이며 이에 따라 지금까지 주로 장애인의 사회 통합에 이용되었던 참가라는 개념이 사회 정책의 중심 개념이 되었다. 따라서 지원 없이 독립적으로 취업하는 데 구애받지 않는 참가라는 측면이 고용수당에서는 중요했다. 그렇지만 고용 보조금 제도는 고용수당과 다르게 무제한 임금 보조를 할 수 없을뿐더러 예산이 자유로운 조성과 맞물려 고용센

23 실업자에게 지급되는 현금성 복지(소극적·수동적 지원) 예산을 장기 실업자를 고용하는 기업에 대한 임금 보조금(적극적·능동적 지원)으로 전환하여 사용하는 혁신적인 고용 촉진 정책이다. 만약 한 기업이 이 장기 실업자를 고용하면, 고용센터는 해당 실업자에게 지급되었을 복지급여 예산의 일부를 재원으로 삼아 고용주에게 임금 보조금을 지급한다. 장기 실업 상태에 있는 사람에 대해 복지 비용을 지출하는 대신, 그 비용으로 고용을 창출하는 '비용 구조의 전환'을 꾀하는 것이다(森 周子, 2024, p. 18).

24 2007년 10월 사회법전 제2권(SGB II) 개정을 통해 운영 근거가 구체화되었다. 일반 노동시장 참가가 어려운 구직자를 사회보험 가입이 의무화되어 있는 일자리에 취업하여 통상임금을 받게 하는 것이다. 사용자에게는 2년 동안 근로자 임금의 최대 75%까지 보조금이 지급된다. 고용수당은 제2차 메르켈 정권 시기(2009~2013)인 2011년 12월에 성립된 노동시장 참가 기회 개선법 제정을 계기로 폐지된다(森 周子, 2024, p. 30).

25 고용수당 제도가 폐지되고 2012년 4월~2012년 12월까지 시행되었다. 고용수당과 내용은 유사하지만, 사용자에 대해서 5년 동안 24개월을 기한으로 임금의 75%까지 보조가 이루어졌다(森 周子, 2024, p. 31).

터의 재취업에 관한 급부 예산의 20%까지 상한선이 설정되었다. 보다 상위에 위치하고, 제어가 더 강한 재취업 급부(<표 6의> SGB Ⅱ 제16조, 제16b~16e조 참조)를 활용하고 싶다는 의도가 작동하였다(森 周子, 2024, pp. 32-33).

<표 6> SGB Ⅱ의 취업 관련 급부 유형

급부 명칭	SGB Ⅱ의 해당 조항	내용
재취업 급부	제16조	SGB Ⅱ의 취업 지원 급부
자치단체 재취업 급부	제16a조	재취업의 경우, 전체적이고 포괄적인 돌봄과 지원을 실현하기 위하여 제공되는 급부를 자치단체가 부담
취업수당	제16b조	구직자의 사회보험 가입 의무가 있는 일자리에 고용되거나 자영업에 종사하는 경우에 지급될 수 있음
자영업 지향 통합 급부	제16c조	구직자가 자영업자를 목표로 하는 경우에 개업을 위한 대출, 지원금, 조언 등을 제공
고용 기회(1유로 일자리)	제16d조	직업을 구하지 못한 구직자에게 제초 작업이나 청소 같은 시급이 낮은 1유로 일자리 제공(주로 단순 작업 종사)
장기 실업자의 재취업 (2019년 신설)	제16e조	적어도 2년간 실업 상태인 구직자에게 사회보험 의무 가입 고용을 제공한 사용자에 대한 임금 비용 보조
자유 조성	제16f조	고용센터의 독자적인 조성
부조가 종료될 시기의 기금 조성	제16g조	구직자 취업 후에 최대 6개월간, 조언이나 알선 등 제공
불리한 입장에 있는 청년을 위한 기금 조성	제16h조	사회보장 시스템의 혜택을 받을 수 없는 청년층을 대상으로 직업훈련이나 고용 촉진을 제공(강제, 벌칙 없음)
노동시장에의 참가 (2019년 신설)	제16i조	실업수당Ⅱ의 수급 기간이 최근 7년 중 6년 이상인 상태의 구직자에게, 사회보험 의무 가입 고용을 제공한 사용자에 대한 임금 비용 보조

출처: 森 周子, 2024, p. 22.

그렇지만 2019년 참가 기회법은 제16i조가 한시적 조치로서 고용 보조금 제도보다 충실한 내용이 되었다. 사회적 노동시장을 통해 장기 실업자를 일반 취업으로 정착시키기 위해서는 코칭이 매우 중요하다. 코칭은 노동시간 내외에서 모두 가능하다. 장소도 직장뿐만 아니라 그 외에서도 가능하다. 사용자는 제16e조 또는 제16i조의 참가자에 대하여 처음 6개월 또는 처음 1년은 코칭 중에 일자리를 소개하지 않으며, 또한 노동시간 내의 코칭에서도 임금을 지불하지 않는다. 제16e조와 제16i조 참가자들의 코칭 수요는 참가 기간 전반에 걸쳐 매우 높지만, 실제 현장에서는 다수의 고용센터가 코칭 지원을 초기 6개월 또는 1년의 안정화 기간으로만 한정하는 경향이 있다. 이러한 정책 실행상의 문제는 법적 의도와 다른 것으로, 그 원인을 해명할 필요가 있다는 지적이 제기되었다(森 周子, 2024, p. 33). 다음으로 능동적 고용전환 지원(PAT) 제도에 대해서이다. 사회적 노동시장 도입 추진의 계기가 된 것이 PAT이다. 제16i조의 참가자가 지원형 일반 취업에 종사함으로써 절약할 수 있었던 수동적 급부(실업수당Ⅱ—2023년 이후에는 시민수당—의 기준 수요액, 집세, 난방비, 사회보험료)에 드는 비용을 능동적 급부(제16조i에 드는 임금 비용 보조)로 전환하는 것이며, 고용센터의 관리 비용에서 재취업 비용에 대하여 자금이 쓰이게 되었다고 평가되었다(Diakonie, 2015: 森 周子, 2024, p. 33 재인용). 2015년 출범한 능동적 고용전환 대책은 2020년 기준 지출 규모가 2억 유로이며, 이는 실업수당Ⅱ의 지출 153.5억 유로의 1.3%에 이른다. 같은 해 노동시장 참가(제16i조) 지출은 5억 유로이므로 40%를 커버하고 있는 셈이다. 이 급부로 이용 가능한 자금은 노동시장 참가자(제16i조) 세대 구성을 기준으로 일률적으로 규정되어 있으며 단독 가구가 월 500유로, 한부모 가구가 600유로, 기타 가구가 700유로이다(Schupp, 2020, p. 15: 森 周子, 2024, p. 33 재인용). 또한 PAT 급부는 매년 7억 유로까지 실시 가능한데, 2020년 시점에 2억 유로만 집행되는 등 대응이 불충분하다는 지적이 있으며, 최근 연방의회에서는 PAT 급부 의무화와 이용 자금의 상한을 인상하자는 주장이 제기되었다(Deutscher, 2022: 森 周子, 2024, p. 33 재인용). 그리고 사회적 시장경제 개념으로의 패러다임 전환이다. 사회적 노동시장으로의 패러다임 전환의 배경을 이루는 것이 사회적 시장경제 개념이다. 이는 제2차 세계대전 후 서독의 역대 정권에 의해 지속적으로 표방되어 온 것이며 시장에서의 자유 원칙과 사회적 형평 원칙을 결합하려는 것이다. 사회적 형평의 원칙은 국민에 대한 국가의 사회적 배려이며 시장에서의 자유 원칙은 경쟁 질서를 말한다. 경쟁 질서는 완전경쟁 시장이 우위에 있는 경제 질서로서, 사람과 사물의 본성에 맞는 이성적인 질서라 할 수 있다. 그리고 경쟁 질서를 실현하려면 국가에 의한 강력한 질서 정책이 요구된다. 질서 정책은 경쟁 질서의 실현 및 기능적 유지를 위한 경제 정책이다. 경제 질서 실현은 완전경쟁, 물가 안정, 계약 자유의 보증을 위한 정책이며 기능적 유지를 위한 정책은 독점 금지 정책과 소득 정책으로 구별된다(永合, 2001, p. 78).

사회적 경제에서는 경쟁 질서와 사회적 형평의 결합 구조 및 목표하는 사회 정책에 대하여 세 가지 유형으로 구분할 수 있다. 첫 번째 유형은 경제 질서 자체가 사회적 형평을 실현한다고 하여 질서 정책 자체가 사회 정책이라고 한다. 적절한 경제 정책에 의해 자유롭고 건강한 경제 질서가 유지되면 대량 실업, 공급 부족, 생활 불안 등의 폐해는 자동적으로 방지된다는 것이다. 다른 한편 경쟁 질서만으로는 해결할 수 없는 다양한 사회 문제가 존재하므로 그 해결을 위하여 일정한 경제 정책적 사회 정책을 허용하지만, 어디까지나 소극적으로 허용하는 데 그친다. 이러한 유형에서는 장기 실업자에 대한 경과 정책적인 대응이 소극적이므로 경제 정책이 양호하게 기능한다고 해도 직업훈련 등이 의도적으로 진행되지 않는

한, 장기 실업자가 일반 취업으로 연결되기는 어려울 것이다.

두 번째 유형은 경제 질서만으로는 해결할 수 없는 사회 문제를 해결하기 위하여 어느 정도 경과 정책적인 사회 정책을 적극적으로 요청한다. 하지만 어디까지나 경쟁 질서를 보완하는 위치이므로 시장의 가격 메커니즘과 경쟁 질서 실현을 방해하지 않는 보충성 원리가 요구된다(オイケン, 1967, pp. 422-437). 여기서는 경쟁 질서와 사회적 형평은 별개이면서도 양립하는 것이다. 그렇지만, 시장 정합성의 기준이 무엇인지 명확하지 않으며 또한 시장 정합성이 아닌 조치에 관해서도 시장경제가 그 대부분을 어려움 없이 수용할 수 있는 경우에는 용인할 수 있다고 본다. 따라서 일정 규모의 소득 재분배에 의한 사회 정책 실시를 적극적으로 주장한다(森 周子, 2024, p. 35). 그러므로 사회 정책이 수반되면 시장의 기능을 방해할 정도로 과도하게 재분배적인 것으로 전환되기 쉬운 위험성을 안고 있다. 이런 유형에서는 장기 실업자가 과도기적 급부를 수급하면서, 적극적인 취업 지원을 받고, 추가적·공익적인 고용에 종사하는 콤비 임금과 같은 방식이 주류를 이룬다.

세 번째 유형은 경쟁 질서와 사회적 형평, 경제 정책과 사회 정책이 통합되어야 한다는 점을 강조한다. 그런 점에서 앞의 두 유형의 중간적 입장이다. 사회보장은 국민의 자조가 선행되어야 하며 자조가 실패한 경우에만 국가나 단체가 대응해야 한다는 점을 강조한다. 그리고 국민이 자기 자산을 형성할 기회를 얻는 것, 국민소득 증가에 기여하는 것이 중요하다(Erhard, 2000, p. 262: 森 周子, 2024, p. 36 재인용). 이는 개인의 자조 촉진을 의도하고 있으며 질서 정책과 아울러 경과 정책적 사회 정책의 의의를 인정하면서도 시장 질서에 맞게 통합하려고 한다. 장기 실업자에 대하여 임금 보조와 코칭 같은 2차 분배적 지원을 수반하는 1차 분배, 즉 임금을 통해 일반 취업에 참여시켜 정착하게 한다. 즉 점차 2차 분배적 요소를 축소해 가는 사회적 노동시장 접근이라 할 수 있다. 이러한 세 번째 유형의 사회적 노동시장(지원형 일반 취업)이 정식으로 도입된 것은 2008년 고용 수당 도입을 계기로 10여 년을 거친 2019년이었다. 과거에는 주로 저임금 2차 노동시장에 취업했을 때 실업수당Ⅱ를 가산하여 지급함으로써 장기 실업자의 생계 및 생활을 보장하는 콤비 임금 방식이 주류였다. 그러므로 저임금 취업에 보조금이 더해진 수급 상태(콤비 임금)가 되어도 그것은 실업 상태보다는 바람직한 상태라고 보았다. 하지만 콤비 임금은 장기적으로 볼 때 당사자에게 있어서 바람직한 것이 아니라는 비판이 제기되었으며 그러한 요소를 반영한 것이 사회적 노동시장이라고 할 수 있다.

사회적 노동시장에서 재정상의 핵심축인 능동적 고용전환 제도(PAT)는 절약된 실업수당Ⅱ의 비용으로 임금 보조 비용을 커버하며 그에 따라 실업이 아니라 노동으로의 지출을 늘린다는 획기적인 측면이 있지만 임금 보조 비용의 일부만 커버한다는 한계도 있다. 그러나 PAT를 실시한 배경에는 사회적 시장경제의 개념이 있다. 이는 장기 실업자에게 저임금 일자리만 강조하는 유형도 아니며, 저임금 일자리와 임금 보조를 결합한 콤비 임금 형태도 아니며, 지원이 수반되는 일반 취업이라는 중간적 개념이다. 급부를 수반하면서도 임금 노동에 참여할 수 있도록 유도하여 복지에서 노동으로 전환하려는 방식과 연결되는 것이다. 장기 실업자에 대하여 급여를 가산한 임금 노동에 참여하도록 하기보다 일반 취업을 통한 사회참여를 촉구하며 임금 보조와 코칭을 활용하여 우선은 일반 취업에 참여하게 하고 거기서부터 정착으로 연결하려는 것이 현재 독일 노동시장의 큰 특징이다. 사회적 노동시장의 정착을 위해서는 코칭의 확대와 고용전환 급부의 적극적 활용이 필요할 것으로 보인다.

(6) 전환인가, 재조정인가

시민수당 개혁이 하르츠 체제와의 단절, 즉 패러다임 전환인지, 아니면 기존 틀 내에서의 재조정인지를 두고 평가가 엇갈린다. 패러다임 전환이라고 보는 관점은 시민수당이 징벌적이고 강압적인 통제 논리에서 벗어나 수급자와의 신뢰 기반 협력을 지향하는, 보다 인간적이고 지원적인 시스템으로 전환되었다고 평가한다(Expact Care, 2022). 재조정으로 보는 관점은 개혁의 근본적 한계를 지적한다. 자산 조사를 기반으로 한 조세 재원의 기초보장 급여라는 구조가 그대로 유지되었기 때문이다. 조건성과 제재는 완화되었을 뿐 폐지되지 않았으며, 취업 지원이라는 핵심 원칙 역시 포기되지 않았다(Matthias, 2025). 따라서 하르츠 체제의 해체가 아니라, 헌법적 요구와 시대 변화에 맞춰 시스템을 현대화하고 일부 가혹한 측면을 보완한, 본질적으로는 하르츠 체제의 연장선에 있는 재조정에 불과하다는 것이다.

결론적으로 독일의 활성화 국가는 자유주의 모델의 '조건성'과 '노동시장 유연화' 압력을 수용하면서, 이를 전통적인 조합주의적 보험 체계와 결합하고, 명시적인 근로 연계 현금 지원 대신 기존의 기초보장 제도를 활용하여 저임금 노동을 보조하는 독특한 경로를 선택했음을 알 수 있다(김영미, 2013, pp. 100-101). 이 하이브리드적 성격은 독일 모델의 성과와 한계를 동시에 설명하는 핵심 열쇠이다. 시민수당 개혁은 이러한 하이브리드 모델의 내부적 모순, 즉 고용 창출과 사회적 불평등 심화라는 모순을 해결하기 위해, 그 균형점을 사회 투자 방향으로 이동시키려는 시도로 해석될 수 있다. 앞으로 독일 복지국가는 새로운 도전에 직면할 것이다. 긱 경제(gig economy)의 확산, 인공지능(AI)과 자동화가 노동시장에 미칠 영향, 그리고 새로운 이민자와 난민을 노동력으로 통합해야 하는 과제 등은 현재의 정책 틀만으로는 해결하기 어렵다. 특히 인구 고령화와 전문인력 부족 문제는 '어떻게든 취업하라'는 식의 양적 활성화에서 벗어나, 다양한 개인의 선택을 존중하고 지원하는 취업 정책의 활성화를 요구할 것이다.

시민수당 개혁이 보여 준 점진적이고 경로 의존적인 조정 방식이 이러한 미래의 도전에 효과적으로 대응할 수 있을지는 미지수이다. 어쩌면 독일 복지국가는 또 다른 근본적인 패러다임 전환의 기로에 서 있는지도 모른다. 확실한 것은 '요구와 지원' 사이의 적절한 균형점을 찾으려는 독일의 고뇌와 실험이 21세기 복지국가의 미래를 고민하는 모든 사회에 중요한 교훈을 제공할 것이라는 점이다.

3) 사회민주주의 레짐: 스웨덴과 네덜란드

(1) 스웨덴

스웨덴은 오랫동안 보편주의 복지국가의 전형으로 여겨져 왔다. 높은 조세 부담을 바탕으로 모든 국민에게 높은 수준의 사회 서비스를 제공하며 완전고용과 평등을 추구하는 스웨덴 모델은 20세기 복지국가 발전의 이상적인 형태로 많은 국가의 관심 대상이었다(주 OECD 대표부, 2005, pp. 1-36). 이러한 모델의 이념적 뿌리는 모든 국민을 하나의 가족처럼 여기는 '국민의 집(Folkhemmet)' 비전과, 경제성장과 사회 통합을 동시에 달성하려 했던 독창적인 경제사회 정책인 렌-마이드너(Rehn-Meidner) 모델에 있다. 그러나 1990년대 초 심각한 경제 위기를 겪으면서, 스웨덴 모델 역시 중대한 도전에 직면했고, 이후 지속적인 개혁과 변용의 과정을 거쳐 왔다. 중요한 것은 이 과정에서 전 세계적인 활성화(Activation) 또는 워크페어(Workfare) 흐름을 스웨덴의 고유한 제도적 맥락 속에서 수용하고 재해석했다는 것이다. 즉, 복지 수급자의 권리와 함께 노동시장 참여의 의무와 책임을 강조하는 방향으로 정책의 무게 중심이 이동하였다.

가. 국민의 집과 렌-마이드너 모델

스웨덴 복지국가의 근간을 이해하기 위해서는 두 가지 핵심 개념을 먼저 살펴봐야 한다. 1930년대부터 스웨덴 사회민주당이 제시한 '국민의 집'은 모든 구성원을 동등하게 보살피는 국가, 하나의 좋은 가정과 같은 국가를 만들자는 이념이다. 이는 계급 갈등을 넘어 사회적 연대를 통해 평등 사회를 구현하려는 비전이었으며, 특정 계층이 아닌 모든 국민을 대상으로 하는 보편적 복지 제도의 철학적 기반이 되었다. 국민의 집 비전을 경제적으로 구현한 것이 바로 스웨덴 노동조합총연맹(LO)의 경제학자였던 괴스타 렌(Gösta Rehn)과 루돌프 마이드너(Rudolf Meidner)가 설계한 '렌-마이드너 모델'이다(송호근, 1996, pp. 122-124). 이 모델은 완전고용과 물가 안정을 동시에 달성하기 위한 독창적인 정책 조합으로, 두 개의 핵심 축으로 구성된다. 첫째는 연대 임금 정책이다. 이는 동일 노동 동일 임금 원칙에 따라 산업이나 기업의 지불 능력과 무관하게 동일한 임금을 적용하는 정책이다. 생산성이 낮은 한계기업은 자연스러운 도태를 유도하고, 생산성이 높은 기업은 초과 이윤을 투자로 연결하여 성장을 촉진하는 산업 구조조정의 핵심 기제이다. 둘째는 적극적 노동시장 정책이다. 구조조정 과정에서 발생하는 실업자를 국가가 적극적으로 개입하여 재교육과 직업훈련을 실시해 새로운 산업으로 이동하도록 하는 정책이다. 이는 적극적인 노동시장 개입을 통해 인적 자본의 질을 높이고 산업 구조를 고도화하여 복지와 성장의 선순환을 이루려는 사회 투자적 성격을 보여 준다.

나. 적극적 노동시장 정책(Active Lavor Market Policy, ALMP)

스웨덴의 취업 지원 정책의 핵심은 소극적으로 실업수당을 지급하는 것을 넘어, 실업자가 노동시장에 신속히 복귀하도록 돕는 적극적 노동시장 정책(ALMP)에 있다(홍승현·원종학, 2013, pp. 21-32). 이는 복지를 일과 연결하는 스웨덴식 '활성화' 전략의 핵심이라 할 수 있다. ALMP는 다양한 프로그램의 조합으로 이루어진다. 첫째, 공공 고용 서비스이다. 구직자 등록, 직업 상담, 개인별 활동 계획 수립, 적합한 일자리 및 훈련 프로그램 연계 등을 지원한다. 둘째, 직업훈련 및 교육이다. 실업자가 새로운 기술 습득이나 기술 향상을 통해 노동시장 수요 변화에 대응할 수 있도록 지원한다. 훈련에 참여하는 동안에는 교육 보조비가 지급된다. 셋째, 고용 보조금 및 보호 고용이다. 민간기업이 실업자를 고용하도록 임금 일부를 지원하거나, 장애 등으로 일반 노동시장에 진입하기 어려운 이들을 위해 보호받는 환경에서 일할 기회를 제공한다. 넷째, 재활 및 사회적 기업 연계이다. 장기 실업자나 특정한 어려움을 가진 이들이 노동시장으로 복귀할 수 있도록 재활 서비스를 제공하고, 이들을 고용 훈련시키는 사회적 기업과 긴밀히 협력한다(오미림, 2019). 스웨덴의 실업보험은 국가가 직접 운영하기보다는, 노동조합이 운영하는 실업기금에 정부가 보조금을 지원하는 겐트(Ghent) 시스템을 기반으로 한다. 노동자들은 노조에 가입해 실업보험 혜택을 받는데, 이는 높은 노조 조직률과 노사정 간의 협력적 관계를 유지하는 중요한 기반이 된다.

다. 유연안정성 모델: 유연성, 안정성, 활성화의 삼위일체

스웨덴의 노동시장 모델은 종종 덴마크와 함께 유연안정성(Flexicurity) 모델로 설명된다. 이는 노동시장의 유연성(Flexibility)[26]과 사회적 안정성(Security)이라는 상반된 가치를 결합한 개념으로, 스웨덴 모델에서는 ALMP가 이 둘을 매개하는 핵심적인 역할을 한다(오미림, 2019). 이 모델의 철학은 특정한 일자리를 보장하는 직업 안정성(job security)이 아니라, 실직하더라도 새로운 일자리를 찾을 수 있다는 믿음을 주는 고용 안정성(employment security)에 있다. 이는 사람들을 처벌하고 강제하여 일하게 만드는 것이 아니라, 인적 자본에 대한 사회적 투자를 통해 노동시장 참여를 유도한다는 점에서 미국의 워크페어 모델과 근본적인 차이를 보인다.

라. 개혁과 조건성 강화

보편적 복지국가의 상징이었던 스웨덴 모델도 1990년대 초, 부동산 거품 붕괴와 금융 위기로 인한 심각한 경제 위기를 겪으며 근본적인 도전에 직면했다. 마이너스 성장, 실업률 급증, 재정 적자 확대라는 위기 속에서 스웨덴은 복지 시스템의 지속 가능성을 확보하기 위한 대대적인 개혁을 단행했다. 이 과정에서 전 세계적인 활성화 담론이 스웨덴식으로 수용되며, 복지 제도의 조건성이 강화되었다. 구체적으로는 첫째, 급여 수준 및 기간의 축소이다. 실업수당의 소득 대체율이 90%에서 75%, 65% 수준으

26 기업이 경제 상황 변화에 따라 인력을 비교적 쉽게 조정할 수 있도록 한다. 이는 렌-마이드너 모델의 산업 구조조정 원리와도 맞닿아 있다.

로 점차 낮아졌고, 수급 기간도 단축되었다(조은영, 2014, pp. 23-34). 둘째, 조건성 강화이다. 실업수당을 받기 위한 구직 활동 의무가 강화되었는데, 이를 이행하지 않을 경우 제재가 부과되었다. 과거에는 노동시장 프로그램 참여를 통해 수급 자격을 사실상 무기한 연장할 수 있었으나, 이러한 관행에도 제동이 걸렸다. 셋째, 연금 개혁이다. 확정급여형(DB) 연금 제도를 명목확정기여형(NDC)으로 전환하여, 개인이 낸 기여금 및 기대수명과 연동하여 연금이 결정되도록 하였다. 이는 재정 안정성을 높이고 동시에 개인 책임을 강화하는 조치였다. 넷째, 공공 서비스 민영화와 시장 원리의 도입이다. 철도, 통신 등 공공 부문이 민영화되었고, 노인 돌봄, 의료, 교육 등 사회 서비스 영역에 민간기관이 참여하고 경쟁 원리가 도입되었다(장호종, 2015). 이러한 일련의 개혁은 스웨덴 복지국가가 순수한 보편주의 모델에서 벗어나, 재정 건전성과 노동 유인을 강조하는 활성화 국가로 변모했음을 보여 준다. 복지 혜택은 여전히 보편적이지만, 그 혜택을 누리기 위한 개인의 책임과 의무가 과거보다 훨씬 더 강조되기 시작한 것이다.

마. 성과와 과제

수십 년에 걸친 변용을 통해 스웨덴 모델은 뚜렷한 성과와 함께 새로운 도전 과제들을 안게 되었다. 성과를 먼저 살펴보면 첫째, 경제 위기 이후 성공적인 구조조정을 통해 높은 고용률과 안정적인 경제성장을 달성하였다. 둘째, 소득 불평등이 낮아졌다. 1990년대 이후 불평등이 심화되는 추세이긴 하지만, 지니 계수로 측정한 소득 불평등 수준은 여전히 OECD 국가 중 가장 낮은 수준을 유지하고 있다(옥세진, 2025). 그러나 당면한 과제도 있다. 첫째, 이민자 통합 문제이다. 스웨덴 모델이 직면한 가장 심각한 문제 중 하나는 이민자 집단의 사회적·경제적 통합이다. 특히 노동 이민이 아닌 난민 배경의 이민자들은 언어 문제와 기술 불일치 등으로 인해 스웨덴 현지인에 비해 현저히 높은 실업률을 보이며, 이는 사회 갈등의 주요 원인이 되고 있다(한국재정정보원, 2017). 둘째, 청년 실업 문제이다. 전반적인 실업률은 낮지만, 청년층, 특히 장기 실업 문제는 여전히 중요한 과제로 남아 있다(김문회, 2015, p. 103). 셋째, 불평등 심화와 복지 축소 문제이다. 1990년대 이후의 개혁은 재정 건전성을 확보했지만, 소득 불평등을 심화하고 복지 서비스의 질을 하락시켰다는 비판에 직면해 있다. 특히 민영화된 서비스 영역에서의 질적 저하와 지역 간 격차 문제가 제기된다(장호종, 2015). 넷째, 재정적 지속 가능성 문제이다. 높은 수준의 복지를 유지하기 위한 막대한 재정 부담은 고령화 사회가 심화될수록 계속해서 도전 과제가 될 것이다.

스웨덴 모델은 완결된 청사진이 아니라 끊임없이 진화하는 과정 그 자체이다. 한국이 지향해야 할 복지국가의 미래는 특정 국가의 모델을 답습하는 것이 아니라, 스웨덴과 같은 선진 복지국가들의 성공과 실패 경험을 비판적으로 학습하고, 한국 사회의 고유한 맥락과 당면 과제에 맞는 우리만의 성장과 복지의 선순환 모델을 창조해 나가는 데에 있다.

(2) 네덜란드

네덜란드 복지국가는 전후 유럽의 풍요로운 사회보장 체제에서 노동시장 참여를 강조하는 현대적 활성화(activation) 국가로 전환되는 과정에서 독특한 경로를 보여 준다. 다른 많은 국가들이 신자유주의적 단절이나 급진적 개혁을 통해 변화를 모색한 것과 달리, 네덜란드의 변용은 심각한 경제적·사회적 위기의 대응 과정에서 고유한 제도적 유산, 즉 합의주의적 전통에 깊이 의존한 경로 의존적(path-dependent) 진화의 산물이었다. 여기서는 네덜란드의 복지국가 변용 과정을 워크페어와 활성화라는 정책 렌즈를 통해 심층적으로 분석하고자 한다. 영미권의 자유주의적 워크페어나 독일의 하르츠 개혁이 저임금 부문 확대를 동반한 것과 달리, 네덜란드는 임금 억제와 노동시간 단축, 그리고 시간제 일자리의 확산을 핵심 전략으로 채택했다. 그 결과, 세계 최고 수준의 고용률을 달성하는 데 성공했지만, 동시에 '1.5인 소득자 모델(1.5 earner model)'의 고착화, 노동시장 이중 구조, 그리고 '참여사회(participatiesamenleving)' 담론의 한계라는 새로운 도전에 직면하게 되었다.

<표 7> 네덜란드 복지국가 변용의 주요 단계

시기	주요 법률/협약	경제적 배경(실업률, 장애수당 청구)	핵심 정책 패러다임	주요 결과 (시간제 근로율, 여성 노동 참여율)
1960 ~ 1970년대	장애보험법(WAO, 1967), 공공부조법(1963)	낮은 실업률, 천연가스 발견(1959)으로 인한 네덜란드병 징후 시작, WAO 수급자 증가 시작	관대한 소득 보장, 수동적 복지	낮은 시간제 근로율, 낮은 여성 노동 참여율
1980년대	바세나르 협약(1982)	높은 실업률(10% 초과), 재정 적자 심화, WAO 수급자 급증	임금 억제와 노동시간 단축(일자리 나누기)	시간제 근로 증가 시작, 복지 지출 삭감
1990 ~ 2000년대	신사회부조법(1996), 일과 사회부조에 관한 법(WWB, 2004)	네덜란드의 기적(고용률 증가), 실업률 감소, WAO 위기 지속	취업 우선(Work First) 원칙 확립, 활성화 정책 도입, 지방 분권화	시간제 근로 급증(특히 여성), 여성 노동 참여율 급격히 상승
2010년대 ~ 현재	참여법(Participatiew, 2015), 특수 고용직 규제 강화(DBA법)	높은 고용률 유지, 특수 고용직 급증, 이민자 통합 문제	참여사회 담론, 포용적 노동시장 강조	높은 시간제 근로율 유지, 특수 고용직 비중 증가, 가짜 자영업 문제 대두

출처: 정기혜·김용하·이지현, 2012.

가. 전후 조합주의 복지국가

19세기 후반부터 1960년대까지 네덜란드 사회는 가톨릭, 개신교, 사회주의, 자유주의라는 네 개의 기둥으로 수직적으로 분열되어 있었다(김인춘, 2005, p. 73). 각각은 고유의 정당, 노동조합, 학교, 병원, 언론사, 심지어 스포츠클럽까지 갖춘 자족적인 하위 사회(sub-society)를 형성했다. 이러한 구조는 사회적 분열을 심화시키는 동시에, 역설적으로 안정적인 통치를 위한 독특한 정치 문화를 낳았다. 어떤 단일 세력도 다수파가 될 수 없었기 때문에, 서로가 국가적 차원의 중요한 의사 결정을 위해 협상하고 타협할 수밖에 없었다(Becker, 1991; Chris, 2008). 이는 이후 노동, 자본, 정부라는 새로운 사회적 파트너들이 사회경제 정책을 조율하는 조합주의(corporatism)의 제도적 토양이 되었다. 네덜란드의 조합주의적 정책 결정 모델은 흔히 '폴더 모델(Polder Model)'로 불린다. 이는 해수면보다 낮은 땅(polder)을 지키기 위해 적대적인 관계에 있던 공동체들이 제방 건설과 유지라는 공동의 목표 아래 협력해야만 했던 역사적 경험에서 유래한 용어이다. 폴더 모델은 서로 간의 차이에도 불구하고 협력하는 실용주의적 문제 해결 방식을 상징하며, 네덜란드 노사정 관계의 핵심 원리로 작동해 왔다(the Netherlands Board of Tourism & Conventions, 2024; 선학태, 2012, p. 371). 이러한 합의주의는 1950년 '산업조직법(Industrial Organisation Act)'에 의해 설립된 사회경제위원회(Sociaal-Economische Raad, SER)를 통해 제도화되었다. SER은 사용자 단체 대표, 노동조합 대표, 그리고 정부가 임명하는 독립적인 전문가(Crown-appointed members) 각 11명씩, 총 33명으로 구성된 삼자 협의체이다(Nima, 2013). 네덜란드 정부는 주요 사회경제 법안을 의회에 제출하기 전에 SER의 자문을 구해야 할 법적 의무가 있으며, SER의 만장일치 권고안은 강력한 사회적 정당성을 확보하여 정책 수용도를 높이는 핵심적인 역할을 수행한다. 전후 네덜란드는 이러한 조합주의적 합의를 바탕으로 매우 관대한 복지국가를 건설했다. 1980년대 초 네덜란드의 공공 사회지출은 GDP 대비 25%에 달해 OECD 평균(16%)을 훨씬 상회하는 수준이었다(Nima, 2013). 네덜란드 사회보장 제도는 크게 국민보험(National Insurance)과 피용자보험(Employee Insurance)으로 구성되었다(윤석명·김대철, 2004). 국민보험은 모든 거주자를 대상으로 하는 보편적 제도로, 1957년에 도입된 기초노령연금(AOW)이 대표적이다. AOW는 가입 기간에 따라 정액의 연금을 지급하여 노후 소득을 보장한다. 반면 피용자보험은 임금 노동자를 대상으로 소득에 비례하는 급여를 제공하는 비스마르크식 사회보험으로, 실업보험(WW)과 함께 특히 관대했던 장애보험(WAO)이 핵심이었다. 1967년에 도입된 WAO는 질병이나 사고로 노동 능력을 상실한 노동자에게 이전 소득의 최대 80%에 달하는 급여를 장기간 보장해 주었다. 이 시스템은 수동적이었다. 즉, 소득 상실이라는 사회적 위험이 발생했을 때 소득을 보전해 주는 기능에 초점을 맞추었을 뿐, 수급자를 노동시장으로 복귀시키기 위한 적극적인 재활이나 취업 지원 프로그램은 거의 부재했다(Jonathan and David, 1999). 이와 같은 관대하면서 수동적인 시스템은 1970년대 이후 네덜란드 경제가 심각한 위기에 직면하면서 그 취약성을 드러내게 된다.

나. 균열과 합의를 통한 전환

1959년 흐로닝언(Groningen)에서 거대한 천연가스전이 발견되자, 네덜란드는 막대한 부를 손에 쥐게 되었다. 그러나 이러한 행운은 곧 '저주'로 바뀌었다. 막대한 천연가스 수출로 외화가 대량 유입되면서 네덜란드 통화인 길더(guilder)의 가치가 급격히 상승했다. 통화 가치 절상은 수입품의 가격을 낮추는 동시에 네덜란드산 수출품의 가격 경쟁력을 심각하게 약화시켰다. 특히 전통적인 제조업 부문은 가격 경쟁에서 밀려나 쇠퇴의 길을 걸었다. 이러한 네덜란드병(Dutch Disease) 현상은 경제 구조를 왜곡시켰다. 자본과 노동은 호황을 누리는 자원 부문과 서비스업으로 몰렸고 제조업은 위축되었다. 더욱이 정부는 가스 수출로 벌어들인 막대한 재원을 복지 지출 확대에 사용했는데, 이는 임금 상승을 부추겨 제조업의 비용 부담을 가중시키는 악순환을 낳았다. 그 결과 1980년대 초 네덜란드는 2년 연속 마이너스 성장과 10%를 넘는 높은 실업률, 그리고 막대한 재정 적자에 시달리며 '노동 없는 복지(welfare without work)'라는 오명을 얻게 되었다(Faster, 2024; 윤석명·김대철, 2004). '네덜란드병'으로 인한 구조적 실업 문제는 관대한 복지 제도와 결합하여 또 다른 위기를 낳았다. 본래 질병이나 사고로 장기 노동 능력을 상실한 이들을 보호하기 위해 설계된 WAO는, 실업보험(WW)보다 수급 조건이 덜 까다롭고 급여 수준은 높으며 수급 기간도 길다는 특징이 있었다. 그런데 경제 불황으로 기업들이 구조조정에 나서자, 노사는 해고의 대안으로 WAO를 활용하기 시작했다. 즉, 나이 많은 노동자나 생산성이 낮은 노동자를 해고하는 대신, 장애 판정을 받게 하여 WAO 수급자로 만들어 퇴출시키는 것이 사회적으로 용인되는 관행이 된 것이다. 이로 인해 WAO 수급자 수는 1960년대 말 약 20만 명에서 1980년대 말에는 100만 명에 육박할 정도로 폭발적으로 증가했다, 이는 네덜란드 경제의 실제 실업 상태를 은폐하는 숨겨진 실업 문제를 발생하게 했으며, 복지 재정에 엄청난 부담을 안겨 주었다(Erick &

Roger etc., 2004, pp. 17-35). 소득 보장에만 초점을 맞춘 수동적 복지 시스템이 노동시장 변화에 대한 왜곡된 유인을 제공함으로써, 대규모 탈노동을 제도적으로 양산하고 복지 제도의 지속 가능성을 위협하게 된 것이다.

극심한 경제 위기와 복지 재정의 파탄 직면 속에서 네덜란드의 사회적 파트너들은 다시 한번 합의 테이블에 앉았다. 1982년 11월, 사용자 단체와 노동조합은 바세나르 협약(Wassenaar Agreement)이라는 역사적인 사회적 대타협을 이끌어 냈다. 협약의 핵심은 교환에 있다. 노동조합은 물가 상승률에 연동되던 임금 인상을 억제하여 실질 임금을 감수하는 대신, 사용자 측은 노동시간 단축을 통해 일자리를 나누고 시간제 고용을 확대하는 데 합의했다. 이 협약은 네덜란드 복지국가 변용의 결정적 전환점으로 평가된다. 임금 상승을 통한 분배보다 고용 안정을 우선시하는 정책 기조로 전환했기 때문이다. 이는 시간제 일자리의 확산과 노동시장 유연화를 이끄는 제도적 토대가 되었으며, 1990년대 네덜란드의 기적이라 불리는 경제 회복의 발판이 되었다.

다. 활성화와 재상품화 지원

1990년대 이후 네덜란드는 복지 시스템 자체를 수동적 소득 보장에서 적극적 노동시장 참여로 전환하는 구조적 개혁을 단행했다. 이 과정의 핵심은 사회부조 제도를 근본적으로 재편하고, 고용 지원 서비스 전달 체계를 분권화하며, 수급자에게 구직 의무와 책임을 부과하는 활성화 원칙을 전면적으로 도입하는 것이었다.

네덜란드 활성화 정책의 시작은 1996년 신사회부조법(New Social Assistance Act)으로, 사회부조 수급자에게 처음으로 구직 의무를 부과하였다. 더 결정적인 변화는 2004년 일과 사회부조에 관한 법(WWB)의 시행으로 이루어졌다. 일이 소득보다 우선한다는 원칙을 명확히 천명하며 사회부조와 노동을 하나의 법체계 속으로 통합했다. 이에 따라 사회부조는 수동적인 권리가 아니라 구직 활동, 직업훈련 참여 등 취업을 위한 노력을 전제로 하는 조건부 급여가 되었다. 이러한 흐름은 2015년 참여법(Participatiewet) 제정으로 정점에 이르렀다. 기존의 사회부조법, 장애인보호고용법, 청년장애인법 등을 하나의 법으로 통합하여 노동 능력에 제한이 있는 사람을 포함한 모든 시민이 가능한 한 노동시장에 참여해야 한다는 이념을 법제화했다(Rik, 2006, pp. 20-31). 이는 전통적 복지국가에서 참여사회로의 전환을 공식화한 것으로, 국가의 역할이 탈상품화에서 취업 중심의 재상품화 지원으로 완전히 전환되었음을 상징한다. 이를 위해 네덜란드는 고용 서비스 및 사회부조 전달 체계를 대대적으로 개편했다. 핵심은 중앙정부의 역할을 축소하고, 집행 책임을 지방자치단체에 대폭 이양하는 지방 분권화였다. 지자체는 사회부조 급여 지급과 수급자의 취업 지원에 대한 포괄적 책임을 지게 되었다. 중앙정부로부터 총괄 보조금을 받아 지역 특성에 맞는 맞춤형 서비스를 설계하고 민간 위탁기관을 통해 실행할 수 있는 자율성을 부여받았다. 이는 지역 상황에 맞는 유연한 정책 시행을 가능하게 한 반면, 지방자치단체 간 서비스 격차와 같은 불평등 문제를 불러일으켰다. 실업보험, 장애보험 등 전국 단위 피용자보험의 집행을 담당하는 고용보험청은 지자체와 협력하여 취업 지원을 위한 통합 서비스 창구를 운영하며 구직자와 기업에게 원스톱 서비스를 제공하는 중요한 역할을 수행한다(Susanne, 2019, pp. 75-93). 활성화 모델의 핵심은 수급자에게 재상품화의 의무를 부과하고 이를 이행하지 아니할 경우, 급여를 삭감하는 조건성과 제재의 논리이다. 참여법에 따라 사회부조 수급자는 지자체가 제공하는 일자리를 수용하고, 구직 활동에 적극적으로 참여하며, 필요한 교육 및 훈련 프로그램에 임할 의무를 진다. 특히 장기 실업자의 경우, 자신의 경력이나 학력과 무관하더라도 지자체가 제안하는 합당한 일을 거부할 수 없도록 규정하여 노동시장 참여 압력을 강화했다. 정당한 사유 없이 의무를 이행하지 않을 경우, 지자체는 재량적으로 일정한 기간 동안 급여의 일부 또는 전부를 삭감할 수 있다. 제재는 반복적으로 의무를 이행하지 아니할 경우 가중될 수 있으며, 수급자의 도덕적 해이를 방지하고 재상품화를 촉진하는 핵심적 정책 수단이다. 재상품화를 위한 다양한 정책 도구가 설계되어 있어 고용주에게는 인센티브를 제공하고, 구직자에게는 맞춤형 지원을 제공하는 방식이다. 특히 시간제 근로와 특수 고용직은 네덜란드 노동시장의 유연성을 상징하는 독특한 특징이다. 지방자치단체와 고용보험청(UWV)은 구직자의 특성과 노동시장 상황에 맞춰 다양한 재상품화 서비스를 제공한다. 구직자의 상태를 진단하고, 개인별 계획을 수립한 후, 가장 적합한 수단을 연계하는 방식으로 운영된다.

<표 8> 네덜란드 참여법에 따른 주요 재상품화 정책 수단

정책 수단	상세 내용	대상 집단	주관 기관	주요 특징 및 목표
임금 보조금	생산성이 낮은 노동자를 고용하는 고용주에게 임금 일부를 보조하여 비용 부담을 경감시켜 줌	장애인, 장기 실업자 등 노동시장 취약 계층	지방자치단체	고용주에게 채용 인센티브를 제공하여 취약 계층의 일자리 창출 촉진
잡코칭	직장 내에 업무 적응, 기술 습득, 동료 관계 형성 등을 지원하는 전문 코치를 배치함	정신적·신체적 장애가 있는 노동자, 장기 미취업자	지방자치단체/고용보험청(UWV)	개인 맞춤형 지원을 통해 고용 유지를 돕고 장기근속 유도

정책 수단	상세 내용	대상 집단	주관 기관	주요 특징 및 목표
시험 고용	고용주가 정식 채용 전 일정 기간(최대 3개월) 동안 구직자를 시험적으로 고용, 이 기간 동안 구직자는 수당을 유지하며 고용주는 임금 부담 없음	구직자, 특히 경력 단절자나 직무 경험이 부족한 청년	지방자치단체/고용보험청	고용주는 채용 리스크 없이 직무 적합성을 판단하고, 구직자는 실무 경험 습득
직업훈련 및 교육	구직자의 기술 향상 및 자격증 취득을 위한 교육과정 제공, 개별 계획을 통해 맞춤형 설계 가능	기술이 부족하거나 직종 전환이 필요한 구직자	지방자치단체/고용보험청	노동시장 수요에 맞는 인적 자본을 개발하여 취업 가능성 제고
사회적 활성화	유급 노동이 당장 어려운 수급자를 대상으로 자원봉사, 지역사회 활동 등 사회적 참여를 유도하여 고립을 방지하고 근로 의욕을 고취	장기 수급자, 심리적·사회적 장벽이 있는 구직자	지방자치단체	점진적인 사회 참여를 통해 노동시장 복귀를 위한 디딤돌 마련

출처: Blommesteijn, M. & Mallee, L., 2009; Heeger-Hertter, S., 2019.

네덜란드 노동시장의 가장 두드러진 특징은 유럽연합 내에서 시간제 근로(part-time work) 비율이 압도적으로 높다는 점이다. 2023년 기준 네덜란드 전체 고용의 38.7%가 시간제 근로이며, 이는 EU 평균 17.1%를 크게 상회한다. 특히 여성의 시간제 근로 비율은 60%를 넘어, 많은 가정이 남성은 전일제, 여성은 시간제로 일하는 '1.5인 소득자 모델(1.5 earner model)'을 유지하고 있다. 네덜란드의 시간제 근로는 비자발적 비율이 EU에서 가장 낮아 문화적 선호가 반영된 결과로 해석되기도 한다(Alla, 2024). 노동시장 유연화의 또 다른 축은 '직원 없는 자영업자(Zelfstandige Zonder Personeel, ZZP'er)', 즉 직원을 고용하지 않은 1인 자영업자의 급증이다. 이는 노동자들이 유연한 근무 형태를 선호하고, 기업들이 사회보장 비용 부담과 해고 규제를 회피하려는 수요가 맞물린 결과이다. 하지만 이는 가짜 자영업 문제를 낳았다. 실질적으로는 한 기업에 종속되어 직원처럼 일하면서도, 형식상 자영업자로 계약하여 노동법의 보호나 사회보험 혜택을 받지 못하는 사례가 늘어난 것이다. 이에 네덜란드 정부는 2025년부터 '고용관계 규제 완화법(Deregulering Beoordeling Arbeidsrelaties, DBA)'의 집행을 강화하여 가짜 자영업에 대한 단속에 나섰다(Jolijn, 2025). 세무당국은 새로운 평가 기준을 통해 특정 계약이 실질적인 고용 관계에 해당하는지를 판단하고, 위반 시 기업에 과징금과 체납된 세금 및 사회보장 분담금을 부과할 예정이다.[27]

라. 참여사회와 비판

2010년대 이후 네덜란드 복지국가 담론의 중심에는 '참여사회(participatiesamenleving)'라는 개념이 자리 잡고 있다. 이는 복지 시스템의 목표와 시민의 역할을 재정의하는 이데올로기로 기능했지만, 동시에 새로운 형태의 불평등과 사회적 배제 문제를 낳고 있다는 비판에 직면해 있다. '참여사회'라는 용어는 2013년 빌럼 알렉산더르 국왕의 즉위 연설을 통해 공식화되었다. 이는 "능력이 있다면 누구나 자신의 생활과 환경에 책임을 져야 한다."라는 메시지를 통해, 국가가 모든 것을 책임지던 전통적 복지국가에서 시민 개개인의 자립과 사회 참여를 강조하는 사회로의 전환을 선언한 것이었다. 이 담론은 유럽 전역에서 나타나는 사회 투자 국가로의 전환과 맥을 같이한다. 국가의 역할은 더 이상 사후적인 소득 보장이 아니라, 교육, 훈련, 보육 서비스 등 인적 자본에 대한 투자를

27 Netherlands Tax Administration, Business.gov.nl.

통해 유급 노동 참여를 목표로 재상품화 역량을 키워 주는 것으로 이해할 수 있다. 그렇지만, 참여사회는 포용과 기회를 약속하지만, 그 이면에는 여러 비판점이 존재한다. 예를 들어, 참여사회 담론은 유급 노동을 거의 유일하게 가치 있는 형태로 상정함으로써, 육아, 가사, 자원봉사, 지역사회 활동 등 공식적인 경제활동으로 측정되지 않는 다른 중요한 사회적 기여의 가치를 평가절하한다(Jagersma, 2018, pp. 63-70). 또 개인의 책임과 자립을 과도하게 강조한 나머지, 개인이 통제할 수 없는 구조적 장벽, 즉 건강 문제, 장애, 교육 수준의 한계, 차별, 불안정한 노동시장 조건 등을 간과하는 경향이 있다. 이는 결국 노동시장에서 배제된 취약 계층에게 실패한 개인이라는 낙인을 찍는 결과를 낳을 수 있다. 그리고 유급 노동을 통해 재상품화되는 시민과 그렇지 못한 의존적인 시민 사이에 새로운 사회적 균열을 만들어 낼 수 있다. 특히 이는 포용을 목표로 한 정책이 오히려 새로운 형태의 사회적 배제를 낳는 역설을 보여 준다.

참여사회 모델은 여러 지표에서 양호한 성과를 보이지만, 그 이면에는 해결되지 않은 불평등 문제도 존재한다. 네덜란드의 지니 계수는 2022년 기준 0.285로, EU 평균(0.30)보다 낮아 비교적 평등한 소득 분포를 보인다고 할 수 있다. 이는 연금과 사회보장 제도를 통한 강력한 재분배 기능 덕분이다. 그러나 1980년대와 2000년대에 있었던 세제 개혁과 임금 동결 해제 시기에 불평등이 증가하는 등, 정책 변화에 따라 불평등 수준이 민감하게 반응하는 모습을 보인다. 또한 네덜란드는 이민자 통합에 상당한 어려움을 겪고 있다. 2022년 발효된 새로운 시민통합법은 언어 교육과 노동시장 참여를 연계하는 등 통합 정책을 강화했지만, 비서구 출신 이민자, 특히 여성의 실업률은 현저히 높다. 엄격한 노동시장 조건은 저숙련·

중숙련 이민자의 합법적 취업을 어렵게 만들고, 이는 이민자들이 공공부조에 의존하는 주요 원인이 된다(Jan etc., 2024, pp. 1-47). 네덜란드의 활성화 모델이 높은 전체 고용률을 달성했음에도 불구하고 특정 집단, 특히 이민자들을 노동시장에 효과적으로 통합하는 데에는 한계를 보이고 있는 것이다. 참여사회라는 이상은 모든 시민의 자립과 포용을 지향하지만, 현실에서는 유급 노동 중심의 획일적인 잣대와 개인의 책임을 과도하게 강조함으로써 기존의 취약 계층을 더욱 주변화하고 새로운 형태의 사회적 불평등을 야기할 도전에 직면해 있다.

네덜란드의 경험은 복지국가의 변용이 단선적인 과정이 아니라 각국의 고유한 역사적·제도적 맥락 속에서 복잡하게 전개됨을 보여 주는 탁월한 사례이다. 합의와 실용주의를 통해 위기를 극복하고 높은 고용률을 달성한 네덜란드의 성공은 분명 주목할 만하다. 그러나 이제 네덜란드는 고용의 양적 확대를 넘어, 재상품화 정책의 질을 높이고 모든 사회 구성원을 포용하는 다음 단계의 과제에 직면해 있다. 이 과제를 해결하는 과정에서 네덜란드의 합의주의 전통이 다시 한번 그 힘을 발휘할 수 있을지 주목된다.

4) 동아시아 레짐: 한국과 일본

(1) 한국

1997년 아시아 외환 위기는 한국 사회에 단순히 경제적 충격을 주는 것을 넘어, 기존 사회 시스템의 근본적인 취약성을 드러내는 결정적 계기였다. 고도 성장기 동안 유지되어 온 압축 성장 및 후분배 기조와 가족 및 기업 중심의 비공식적 복지 체계는 대량 실업과 빈곤의 확산이라는 거대한 파도 앞에서 한계를 명확히 보였다. 특히, 근로 능력이 있다는 이유로 사회안전망에서 배제되었던 수많은 실직자와 그 가족들은 국가 보호의 사각지대에 놓였다. 이러한 총체적 위기 상황은 한국 복지국가의 패러다임을 전환하는 강력한 동력으로 작용했다.

이러한 배경 속에서 등장한 핵심 이념이 바로 생산적 복지(Productive Welfare)이다. 생산적 복지는 복지를 단순한 시혜나 비용으로 간주하던 과거의 관점에서 벗어나, 인적 자본에 대한 투자이자 경제성장과 사회 통합을 동시에 추구하는 적극적 국가 전략으로 재정의했다. 이는 복지 수급을 국민의 기본적인 권리로 인정하면서도, 근로 의무와 자활 노력을 강조하는 이중적 성격을 띠었다. 즉, 유럽식 사회민주주의의 보편적 권리 개념과 영미식 워크페어의 취업 연계 조건이 결합된 독특한 하이브리드 모델의 등장을 예고한 것이었다(신광영, 2002, pp. 57-59).

가. 잔여주의에서 생산적 복지로

1997년 외환 위기는 대량 실업 사태를 촉발하며 평생 고용의 신화를 붕괴시켰고, 중산층마저 빈곤층으로 추락할 수 있다는 사회적 불안감을 증폭시켰다. 기존의 구제할 가치가 있는 빈민에 한정된 생활보호법 체계로는 이들을 포괄할 수 없다는 인식이 확산되면서, 시민사회와 정치권을 중심으로 보다 포괄적이고 권리에 기반한 새로운 사회안전망을 구축해야 한다는 요구가 분출했다. 이러한 결과물로 2000년 10월, 국민기초생활보장법('기초보장법'으로 줄여서 쓰기도 함)이 시행되었다. 이는 기존의 생활보호법을 전면 대체하는, 한국 복지 역사상 가장 중요한 전환점 중 하나라고 할 수 있다. 국민기초생활보장제도('기초보장제도'로 줄여서 쓰기도 함)는 최저생활 보장을 시혜가 아닌 국민의 기본적 권리로 명시했으며, 수급권자 선정 기준에서 연령이나 근로 능력 여부와 같은 인구학적 제한을 원칙적으로 폐지했다. 이로써 한국의 공공부조는 특정 범주에 속한 사람들만 지원하는 범주적 성격에서 소득과 재산이 일정 기준 이하인 모든 국민을 대상으로 하는 일반 공공부조로 전환되었다. 이는 국가의 복지 책임과 국민의 복지권을 획기적으로 강화한 조치였다.

기초보장제도의 도입과 함께 한국 복지국가의 새로운 이념으로 채택된 것이 생산적 복지였다. 김대중 정부의 국정 지표로 제시된 이 개념은, 복지를 비용으로 보지 않고, 경제와 사회 발전을 조화시키는 선순환의 핵심 요소로 파악했다. 초점은 일을 통한 복지(Welfare to Work)로, 국가가 최저생활을 보장하되, 근로 능력이 있는 수급자에게는 자활 지원 서비스를 제공하여 취업을 통해 자립하도록 유도하는 것이다. 기초보장제도는 설계 초기부터 일 우선(work-first) 정책의 가치를 명확히 드러낸다. 첫째, 제도의 목적이 최저생활 보장과 자활 조성이다. 둘째, 급여의 종류에 전통적인 급여 방식 외에 자활급여가 포함되었다. 셋째, 근로 능력이 있는 수급자가 생계급여를 받기 위해서는 자활사업 참여를 조건으로 하는 조건부 수급자 제도가 도입되었다. 이는 복지 수급과 근로 의무의 연계가 제도의 부가적인 요소가 아니라, 그 자체가 핵심적인 운용 원리임을 보여준다. 이는 권리 기반의 보편적 복지 모델과 구별되는 지점이다.

나. 생활 보장과 활성화

국민기초생활보장제도는 빈곤층에게 단순히 생계비를 지원하는 것을 넘어, 입체적인 지원을 통해 최저생활을 보장하는 것을 목표로 한다. 제도의 핵심적인 수급 자격 기준은 소득 인정액이다. 이는 가구의 실제 소득(근로소득, 사업소득 등)에 재산(주택, 자동차, 금융자산 등)을 소득으로 환산한 금액을 더하여 산출된다. 제공되는 급여는 생계급여, 의료급여, 주거급여, 교육급여, 해산급여, 장제급여, 자활급여 등 모두 7개이다.

기초보장제도 내에서 취업 지원 연계 대책의 원형은 자활사업이다. 18세 이상 64세 이하의 근로 능력이 있는 수급자는 자활사업 참여를 조건으로 생계급여를 지급받는 조건부 수급자로 분류될 수 있다. 자활사업은 1996년 시범사업으로 시작되어 2000년 기초보장법 제정과 함께 본격화되었으며, 단순한 공공근로를 넘어 기술 습득, 취업 알선, 그리고 참여자들이 협동하여 기업을 설립하는 자활기업 창업 지원 등 다양한 프로그램을 포함한다. 이는 수급자를 수동적인 복지 수혜자가 아닌, 생산 활동의 주체로 재상품화하려는 생산적 복지 이념을 직접 구현하는 장치이다.

2015년, 기초보장제도는 또 한 번의 중요한 개편을 맞이한다. 바로 맞춤형 급여 체계의 도입이다. 맞춤형 급여는 소득이 조금만 증가해도 모든 혜택을 잃게 되는 복지 사각지대 문제를 해결하기 위해 생계, 의료, 주거, 교육 등 급여 종류별로 선정 기준을 다르게 했다(보건복지부, 2015). 이 개편은 맞춤형 탈빈곤을 유도하기 위한 조치로 평가할 수도 있지만, 활성화 패러다임을 더욱 고도화시킨 측면도 있다. 예를 들어 생계급여는 받지 않지만 주거급여나 교육급여 등 일부 혜택을 받는 차상위 계층 제도를 확대하였는데, 이들은 공식적 빈곤층이지만 생계비 지원은 받지 않으므로 국민취업지원제도와 같은 다른 취업 지원 정책의 핵심 대상이 된다. 빈곤층을 더욱 세분화하여 맞춤형 근로 유인으로 이끄는 효과가 있는 것이다.

2021년 1월, 구직자 취업촉진 및 생활안정지원에 관한 법률에 근거하여 한국형 실업부조를 표방하는 국민취업지원제도('국취제'로 줄여서 쓰기도 함)가 시행되었다. 핵심 목표는 고용보험의 혜택을 받지 못하는 저소득 구직자, 청년, 경력 단절 여성 등 취업하기 어려운 계층에게 취업 지원 서비스와 최소한의 소득 지원을 결합하여 제공하는 것이다(경사노위 일자리 위원회, 2019). 국민취업지원제도는 지원 대상과 내용에 따라 크게 두 가지 유형으로 나뉜다. 첫째, Ⅰ유형은 저소득층 구직자를 위한 지원이다. 15~69세 구직자 중 가구 단위 소득이 기준 중위소득 60% 이하이고, 일정 수준 이하의 재산을 보유하며, 최근 2년 내 일정 기간 이상의 취업 경험이 있는 사람이 그 대상이다(고용노동부, 2021). Ⅰ유형 참여자에게는 맞춤형 취업 지원 서비스와 함께, 생계 안정을 위한 '구직촉진수당'이 지급된다. 둘째, Ⅱ유형은 Ⅰ유형에 해당하지 않는 특정 취약 계층, 청년, 중장년층 등을 대상으로 한다. 소득 기준이 Ⅰ유형보다 완화되거나 적용되지 않는 경우가 많다. Ⅱ유형은 주로 취업 지원 서비스 제공에 초점을 맞추며, 구직촉진수당 대신 직업훈련 참여 시 취업활동비용을 지원받는다. 2021년 1월 1일 제도 시작 당시, 국민취업지원제도의 지원 내용은 크게 재정적 지원과 서비스 지원으로 구성되었으며(고용노동부, 2021b), 이러한 기본 구성은 현재(2025년 기준)에도 동일하게 유지되고 있다(고용노동부, 2025). 첫째, 재정적 지원은 '생계 안정'과 '직무 능력 향상'에 초점을 두고 있다. Ⅰ유형은 구직 기간 동안의 최소 생계 보장에, Ⅱ유형은 구직 활동에 필요한 실비 지원에 중점을 둔다. Ⅰ유형 참여자에게는 구직촉진수당을 지급한다. 이는 저소득 구직자가 경제적 어려움 없이 구직 활동에만 전념할 수 있도록 직접적인 생계비를 지급하는 것이다. Ⅱ유형 참여자에게는 직무 능력 향상을 위한 취업활동비용을 지원한다.

<표 9> Ⅰ유형 참여자에게 지급되는 구직촉진수당

구분	2025년 기준 지원 내용
명칭	구직촉진수당
기본수당	월 50만 원씩 6개월간, 총 300만 원 지급
가족수당	부양가족(만 18세 이하, 만 70세 이상, 중증장애인) 1인당 월 10만 원씩, 최대 40만 원까지 추가 지원(월 최대 90만 원까지 수급 가능)
지급 조건	- 소득/재산: 가구 단위 기준 중위소득 60% 이하, 재산 4억 원(청년은 5억 원) 이하 - 취업 경험: 최근 2년 내 100일 또는 800시간 이상의 취업 경험 필요(예외 있음) - 구직 활동: 고용센터와 수립한 취업활동계획(IAP)을 성실히 이행해야 함
특이사항	2024년 말, 조기취업성공수당은 폐지됨

출처: 고용노동부의 고용24 홈페이지를 참조하여 필자가 작성함.

<표 10> Ⅱ유형 참여자에게 지급되는 취업활동비용

구분	2025년 기준 지원 내용
명칭	취업활동비용
훈련 참여 지원 수당	직업훈련에 참여할 경우, 월 최대 28만 4천 원을 6개월 범위 내에서 지급
저소득층 참여 장려 수당	Ⅰ유형에 해당하지 않는 저소득층(중위소득 60% 이하)이 Ⅱ유형에 참여 시, 1단계(초기 상담 및 계획 수립)를 완료하면 15만 원을 지급

출처: 고용노동부의 고용24 홈페이지를 참조하여 필자가 작성함.

둘째, 서비스 지원의 핵심은 두 유형 공통으로 맞춤형 솔루션 서비스를 제공하는 것이다. 참여자는 고용센터 담당자와의 심층 상담을 통해 진로를 설정하고, 직업심리검사, 이력서 클리닉, 면접 코칭 등 구직 기술 향상 프로그램을 제공받는다. 필요에 따라 '국민내일배움카드'와 연계하여 전문적인 직업훈련을 받거나, 기업에서 실제 업무를 경험하는 일자리 경험 프로그램에 참여할 수 있다. 또한 주거, 금융, 심리 문제 등 취업의 장애요인을 해소하기 위해 관련 복지 서비스를 연계하는 통합 사례 관리도 중요한 부분을 차지한다(고용노동부, 2024).

<표 11> 공통 맞춤형 취업 솔루션

구분	2025년 기준 지원 내용
1단계: 진단 및 경로 설정	- 심층 상담 및 직업심리검사: 전문 상담사가 1:1로 개인의 적성, 역량, 직업 선호도를 진단하고 분석함 - 개인별 취업활동계획(IAP) 수립: 상담 결과를 토대로 참여자 개인에게 최적화된 취업 목표와 그것을 달성하기 위한 구체적인 활동 계획을 함께 수립함
2단계: 역량 강화	- 직업훈련: 국민내일배움카드와 연계하여 희망 직무에 필요한 훈련을 받을 수 있도록 지원함(Ⅰ유형 참여자는 훈련비 자부담 일부 면제) - 복지 서비스 연계: 생계, 의료, 금융, 돌봄 등 구직 활동에 걸림돌이 되는 문제를 해결할 수 있도록 지자체 복지 제도 등과 연계함
3단계: 집중 취업 알선	- 맞춤형 일자리 탐색 및 알선: 개인별 취업활동계획(IAP)에 따라 적합한 기업과 채용 정보를 제공하고, 적극적으로 취업을 알선함 - 구직 기술 강화: 이력서 및 자기소개서 클리닉, 면접 기법 코칭, 동행 면접 등 실질적인 구직 기술 향상을 지원함
사후 관리	- 취업성공수당: 취업 후 장기근속을 장려하기 위해 최대 150만 원의 수당을 지급함(6개월 근속 시 50만 원, 추가 6개월 근속 시 100만 원/저소득층 등 일부 참여자 대상) - 지속적인 관리: 취업 후에도 직장에 잘 적응할 수 있도록 돕거나, 지원이 종료된 미취업자에게도 3개월간 구인 정보 제공 등 사후 관리를 지원함

출처: 고용노동부의 고용24 홈페이지를 참조하여 필자가 작성함.

다. 제도의 구조: 연계와 상호 배제

국민기초생활보장제도와 국민취업지원제도의 가장 중요하고도 역설적인 연결고리는 연계와 상호 배제의 원칙이다. 기초보장 생계급여를 받는 수급자는 국민취업지원제도 Ⅰ유형에 참여하여 구직촉진수당을 받을 수 없다. 이는 두 제도가 모두 최소한의 생계를 보장하는 목적을 가지고 있어 중복 지원을 방지하기 위함이다. 국가는 정책 대상자를 생계급여를 받아야 할 복지 대상과, 구직촉진수당을 받으며 취업 활동에 전념해야 할 고용 대상으로 명확히 구분한다. 생계급여 수급자는 서비스 중심의 국민취업지원제도 Ⅱ유형에는 참여할 수 있지만, 소득 지원과 집중적인 취업 지원이 결합된 Ⅰ유형에서는 배제된다.

이러한 분리 원칙에 의해 근로 능력이 있는 빈곤층이 직면하는 활성화 경로는 다음과 같이 나뉜다. 먼저 주민센터를 통해 기초보장제도 수급을 신청한다. 심사 결과, 소득·재산 기준을 충족하고 근로 능력이 있다고 판정되면, 조건부 수급자로 지정될 수 있다. 이 경우, 개인은 생계급여를 받는 대가로 지자체가 연계하는 자활사업에 의무적으로 참여해야 한다. 이것이 복지 시스템 내에서 이루어지는 활성화 경로이다. 반면, 개인이 기초보장제도 생계급여 수급 자격이 안 되거나(예: 소득이 생계급여 기준을 약간 초과하지만, 국민취업지원제도 Ⅰ유형 기준은 충족하는 경우) 스스로 생계급여를 신청하지 않고 고용센터를 통해 국민취업지원제도를 신청하면 다른 경로를 밟게 된다. Ⅰ유형 자격을 인정받으면, 구직촉진수당을 받으며 고용센터의 집중적인 취업 지원 서비스를 받게 된다. 이것이 고용 시스템을 통한 활성화 경로이다.

이러한 이원적 구조는 근로 능력이 있는 빈곤층에게 선택의 문제를 초래할 수 있다. 상대적으로 안정적이지만 노동시장 연계성은 약한 자활사업을 선택할 것인가, 아니면 더 나은 취업 연결 가능성이 있지만 기간 제한(6개월)이 있고 구직 실패의 위험이 따르는 국민취업지원제도 Ⅱ유형을 택할 것인가. 이는 단순히 개인의 선호에 의해 결정되는 것이 아니라 복잡한 자격 조건에 의해 결정되는 경우가 많아, 오히려 최적의 선택을 방해하는 제도적 장벽이 될 수 있다. 물론 이러한 시스템의 비효율을 해소하고 연계를 강화하기 위해 고용복지플러스센터를 설립하였다. 이론적으로 볼 때 센터를 방문한 민원인은 자신의 상황에 맞는 최적의 서비스를 상담하고 기초보장제도, 국민취업지원제도, 자활사업 등 필요한 프로그램에 원스톱으로 연결될 수 있다. 따라서 센터는 분절된 정책을 현장 차원에서 통합하는 핵심적인 역할을 수행해야 한다.

국민취업지원제도는 취업이 최종 목표이지만, 생활 지원을 위한 현금 급부와 취업 지원 서비스를 조합하고 있는 것이 특징이다. 홍보에도 상당한 공을 들이고 있으며, 현금 급부와 취업 지원이 세트가 되어 있다. 또 기초보장제도에 포함되어 있는 자활사업의 경우 법에 근거하여 취업 지원 시스템이 구축되고 있으며, 일반 노동시장을 통한 근로의 장과는 다르게 사회적으로 유용한 일을 국가·자치단체·민간의 거버넌스로 시너지를 창출하고자 노력하고 있다.

하지만 국민취업지원제도는 아직 성숙되어 있지 않기 때문에 제도적인 정착과 안정을 어떻게 이루어 나갈지 계속 주목해야 한다. 또한 자활사업에 참여하고 있는, 취업이 어려운 계층에 대한 취업 지원을 국민취업지원제도를 중심으로 추진할 것인지, 현재와 같이 기초생활보장제도와 이원화로 추진할 것인지에 대해서도 논의가 필요하다. 그리고 기초보장제도의 자활사업에 대해서는, 프로그램의 다양성이 부족하고 급부가 낮다는 점 때문에 노동 동기를 강화하기에는 한계가 있다는 지적이 있다(노대명, 2003; 정재철, 2010; 노대명, 2010; 이채정, 2012; 노대명, 2020). 노동 능력의 평가에 대해 충분히 판단할 수 있는 정책 지표가 제시되고 있는지도 지적할 수 있다. 자활사업은 제도적으로 규정되어 있기 때문에 재정적인 안정성은 확보할 수 있지만 활동 내용의 경직성으로 인해 역동적인 활동을 약화시키고 있다는 비판도 있다(노대명, 2020, p. 35). 이를 근거로 하면 실제로 한 사람 한 사람의 요구에 맞는 취업 지원 서비스를 제공하는 데는 한계가 있다. 하지만 국민취업지원제도와 자활사업 모두 법적으로 현금 급여와 취업 지원 실시를 명시하고 있다. 국가와 지방자치단체는 재정적 지원(현금 급여의 안정적 제공과 현실화)은 물론, 사회적 지원(직장 적응 및 사회관계 형성을 위한 프로그램) 역시 내실 있게 제공할 책무가 있다. 따라서 어떻게 되었든 한계를 극복하는 제도적 노력을 지속적으로 전개해야 할 것이다.

라. 한국 활성화 체제의 평가

한국의 활성화에 의한 취업 지원 정책은 자활사업과 국민취업지원제도라는 두 가지 경로를 통해 실현된다. 두 경로는 대상, 목표, 방식에서 뚜렷한 차이를 보이며, 이는 각기 다른 성과와 한계를 낳는다. 첫째, 자활사업은 보호와 통제의 경계에 있다. 장점은 노동시장과 가장 멀리 떨어진 취약 계층에게 즉각적인 일자리와 소득을 제공한다는 점이다. 참여자들은 이를 통해 규칙적인 생활 습관을 회복하고, 동료들과의 관계 속에서 사회적 고립감을 해소하며, 자존감을 회복하는 등 긍정적인 사회적·심리적 효과를 경험하는 것으로 보고된다(박소영·최윤정·김주희, 2020, p. 69). 반면 본래의 목적인 '탈수급'과 '노동시장 이행' 측면에서 뚜렷한 한계를 보여 왔다. 참여자에게 지급되는 급여는 최저임금에 미치지 못하는 경우가 많아 근로 유인이 낮고, 제공되는 일자리가 일반 노동시장과 괴리되어 있어 실질적인 기술 향상이나 경력 개발로 이어지기 어렵다는 비판이 지속적으로 제기된다(송선영, 2019). 결과적으로 자활사업이 빈곤으로부터의 탈출을 위한 징검다리가 아니라, 저임금 일자리에 장기간 머무르게 하는 함정이 될 수 있다는 우려가 크다. 둘째, 국민취업지원제도는 시장 지향적 통합의 빛과 그림자가 있다. 장점은 자활사업에 비해 훨씬 더 개방된 노동시장의 수요에 초점을 맞춘다는 점이다. IT, 디자인 등

최신 산업 분야의 직업훈련을 제공하고 개인별 맞춤 상담을 통해 구체적인 취업 계획을 수립하며, 취업성공수당과 같은 금전적 인센티브를 통해 취업 동기를 강력하게 부여한다. 반면 초기 연구 결과들은 제도의 취업률 제고 효과를 일부 보여 주지만, 그 성공이 참여자 개인의 기존 역량과 구직 의지에 크게 좌우되는 경향을 보인다(최기성·안준기·이혁무, 2024, pp. 79-82)는 약점이 있다. 이는 가장 도움이 필요한, 즉 근본적인 취업 장애 요인을 가진 사람들을 실질적으로 변화시키는 데에는 한계가 있을 수 있음을 시사한다. 또한, 단기적인 취업 성과에 집중하다 보면 질 낮은 비정규직이나 단기 계약직으로의 취업을 유도하여, 불안정 고용을 양산하고 노동시장의 이중 구조를 고착화할 위험도 내포하고 있다(김민정, 2023, pp. 148-152). 결론적으로, 생계급여와 구직촉진수당의 상호 배제 원칙은 한국의 활성화 체제를 '복지 트랙(자활사업)'과 '고용 트랙(국민취업지원제도)'으로 명확히 구분하는 핵심 기제이다. 이 이원적 구조는 각 트랙의 목표를 명확히 하는 장점이 있지만, 두 트랙 간의 경직된 단절로 인해 개인의 상황 변화에 유연하게 대응하지 못하고 특정 경로에 고착시키는 '경로 의존성'을 낳을 수 있다. 이는 취업과 복지의 유기적 연계를 통해 원활한 자립을 지원한다는 정책 본연의 목표를 저해하는 구조적 모순으로 작용할 수 있다.

한국의 근로-복지 연계 모델은 그동안 뚜렷한 성과와 함께 복합적인 문제점을 드러냈다. 첫째, 양적 성과에서 기초보장제도는 과거 생활보호제도에 비해 수급자 수를 대폭 늘리고 1인당 급여 수준을 향상시켜 사회안전망의 양적 확대에 크게 기여했다는 긍정적 측면이 있다. 국취제 역시 참여자의 취업률을 높이는 데 일정 부분 성과를 보이고 있다. 한 연구에 따르면 국민취업지원제도 전체 참여자의 취업률은 64.7%에 달했으며, 특히 취업 능력과 의지가 모두 높은 집단에서 가장 높은 취업률을 기록했다(최기성·안준기·이혁무, 2024, p. 71). 반면 빈곤 완화 효과가 사회보험에 비해 여전히 미미하며, OECD 평균에도 미치지 못한다는 부정적 측면도 있다. 자활사업을 통한 탈수급률은 여전히 낮은 수준에 머물러 있으며, 국민취업지원제도의 성공 여부가 참여자의 기존 역량에 의존할 수 있다는 점은 제도의 부가가치에 대한 의문을 제기할 수 있다(이채정, 2012; 송선영, 2019; 최기성·안준기·이혁무, 2024). 둘째, 질적 성과에서 국민취업지원제도 참여자들의 만족도는 복합적으로 나타난다. 서비스 내용 자체에 대해서는 긍정적인 평가가 많지만, 구직촉진수당 액수가 생계를 유지하기에 부족하다는 불만이 상당수 있다. 특히 연령대가 높은 참여자일수록 만족도가 낮은 경향을 보인다(이승호, 2022, p. 9). 또한 자활사업 참여자들은 경제적 자립이라는 목표 달성에는 어려움을 겪지만, 규칙적인 일상과 동료 관계를 통해 얻는 사회적·정서적 안정감을 중요한 가치로 꼽는다(최상미·홍송이, 2018, p. 5). 국민취업지원제도 참여자들은 명확한 목표를 가지고 적극적으로 프로그램에 참여할 때 더 긍정적인 경험을 하는 것으로 나타났다(이승호, 2022, pp. 7-8).

마. 새로운 대응

현재 한국의 근로-복지 연계 시스템은 저출생·고령화라는 거대한 인구구조 변화와 새로운 유형의 취약 계층 등장이라는 도전에 직면해 있다. 이에 대응하기 위한 정책 논의는 기존 제도의 한계를 인식하고 이를 보완하려는 방향으로 전개되고 있다. 첫째, 더 많은 청년들이 혜택을 받을 수 있도록 국민취업지원제도 Ⅰ유형의 소득 기준을 상향하는 방안이 검토되고 있다. 또한 직업훈련수당을 인상하고, 청년을 신규 채용하는 기업에 '청년일자리도약장려금'과 같은 인센티브를 제공하여 청년 고용을 직접적으로 촉진하고자 한다. 아울러 심리적 문제, 자신감 부족 등으로 구직 활동에 어려움을 겪는 청년들을 위해, 본격적인 직업훈련에 앞서 심리상담을 진행하고 자신감을 회복시키며, 대인관계 훈련 등을 실시하는 '청년도전지원사업'과 같은 프로그램을 확대하고 있다. 이는 구직 활동을 할 준비가 되도록 돕는 '사전 활성화(pre-activation)' 전략으로 볼 수 있다(손우영, 2025). 둘째, 기초보장제도 및 자활사업 개혁이다. 청년층의 근로 의욕을 높이기 위해, 생계급여 산정 시 근로소득을 공제해 주는 대상 연령을 현행 24세 이하에서 30세 미만으로 확대한다. 또한 단순한 탈수급률을 넘어 참여자의 사회적·정서적 변화를 측정하기 위한 '사회 통합(정서적 자활) 지표'를 시범 도입하고, 사례 관리를 강화하기 위해 지역자활센터의 전문인력을 확충한다(손우영, 2025). 이는 자활사업의 성과를 다차원적으로 평가하려는 중요한 변화이다.

기본 방향은 기존의 근로-복지 연계라는 큰 틀을 유지하면서도, 그 한계를 보완하려는 이중적 전략을 보여 준다. '쉬었음' 청년을 위한 사전 활성화 프로그램이나 자활사업의 정서적 성과지표 도입은, 기존의 경제적·기능적 접근만으로는 해결할 수 없는 복합적인 문제에 대한 인식이 깊어졌음을 시사한다. 이는 활성화 정책이 단순히 다시 일을 시키는 재상품화에서 일할 수 있도록 만드는, 상품화를 위한 조력 과정까지 지원하는 전략으로 진화하고 있음을 보여 주는 긍정적 신호이다. 그러나 여전히 생계급여와 구직촉진수당의 분리 운영 등 핵심적인 구조는 유지되고 있어, 근본적인 패러다임 전환보다는 점진적이고 경로 의존적인 개혁이 이루어지고 있다고 평가할 수 있다.

성과와 한계에 대한 종합적인 분석을 바탕으로 단기적으로는 국민취업지원제도와 기초보장제도 사이의 유연한 연계 경로 구축, 탈수급률보다 고용 안정, 임금 수준, 사회보험 가입률 등 질 중심의 성과 관리 강화, 고용복지플러스센터 등 현장 상담 인력의 전문성 강화와 심층적인 개인 맞춤형 지원 등 사례 관리 전문성 제고 등의 개선이 이루어져야 할 것이다. 장기적으로는 노동시장의 이중 구조 문제를 해결해야 한다. 활성화 정책만으로는 노동시장 자체의 구조적 문제를 해결할 수 없다. 저임금·불안정 일자리가 만연한 2차 노동시장의 근로 조건을 개선하기 위한 적극적인 노동시장 정책(최저임금 현실화, 비정규직 차별 해소, 전 국민 고용보험 확대 등)이 병행되지 않는 한, 근로-복지 연계는 나쁜 상품화나 재상품화로 연결될 위험이 크다. 또한 일의 개념을 확장해야 한다. 인공지능, 자동화, 인구 구조 변화의 시대에 접어들면서, 전통적인 전일제 고용 중심의 일 개념을 재고해야 한다. 돌봄, 지역사회 활동, 평생 학습 등 다양한 형태의 사회적 기여 활동을 가치 있게 평가하고, 이를 복지 시스템과 연계하는 방안에 대한 사회적 논의를 시작해야 한다.

한국의 복지국가는 보장과 취업 중심의 활성화라는 두 가지 가치를 결합하며 독자적인 길을 걸어 왔다. 이제는 그 과정에서 드러난 구조적 모순을 직시하고, 양적 팽창을 넘어 질적 성숙으로 나아가야 할 때이다. 이는 단순히 제도를 개선하는 것을 넘어, 변화하는 사회 속에서 일과 복지의 관계를 어떻게 재정립할 것인가에 대한 근본적인 성찰을 요구한다.

(2) 일본

가. 생산주의 복지 체제

전후 일본의 복지 모델은 기업이 사회복지의 1차적 장소였다. 종신고용, 연공서열형 임금, 기업별 노동조합이라는 세 가지 수단은 핵심 남성 노동자들에게 안정적인 환경을 제공했다. 사택, 구내식당, 후생 시설 등의 기업 복지는 국가가 제공하는 사회 서비스를 대체하는 기능을 수행하며 실질적으로 임금을 보완하고 노동자의 충성심을 확보했다. 이 시스템은 안정적인 기업 급여에 의존하는 가족 단위가 사회적 위험에 대한 첫 번째 방어선이 되는 남성 생계 부양자 모델을 명시적으로 지원하도록 설계되었다(김성원, 2009, pp. 235-270). 이러한 기업 중심 복지 모델의 성공은 국가 역할을 최소화하는 강력한 제도적·이념적 경로 의존성을 창출했다. 복지는 기업에 대한 충성을 통해 획득되는 것이라는 인식이 깊이 자리 잡았고, 이는 국가 주도의 보편적 복지 프로그램 확대를 어렵게 만드는 요인이 되었다. 따라서 후대의 개혁이 활성화와 취업 지원을 강력하게 강조한 것은, 안정적인 기업 고용이라는 메커니즘 없이도 과거의 노동을 통한 복지를 재현하려는 시도였다고 볼 수 있다.

이처럼 일본의 국가 복지는 자유방임주의에 기반하여 의도적으로 그 역할이 제한되었다고 볼 수 있다. 개인의 욕구는 가족과 시장(즉, 기업)이라는 자연스러운 제도를 통해 충족되는 것이 정상이라 여겨졌다. 따라서 국가 개입은 이러한 1차 안전망에서 탈락한 이들을 위한 일시적인 최후의 수단으로 최소화되는 잔여적 복지 모델이라 할 수 있다. 1950년에 확립된 일본의 생활보호제도는 생존권을 규정하는 헌법 제25조에 근거한다. 이 제도의 핵심 원칙은 국가 책임, 무차별 평등, 그리고 곤궁의 정도에 따라 필요한 보호를 제공하는 보충성의 원리이다. 즉, 국가가 정한 최저 생활 기준에 미달하는 소득이나 자산을 보충하여 생계를 보장하는 것이다. 이 제도는 가족 부양이나 자산 등 모든 자원을 활용한 후에야 작동하는 최후의 수단으로 설계되었다. 이러한 설계는 본질적으로 높은 수준의 사회적 낙인과 제도적 장벽을 동반했다(野田 彰彦, 2023, pp. 69-70).

나. 불안정 노동의 확산과 안전망의 한계

1990년대 초 버블경제의 붕괴는 장기 경제 침체의 서막을 열었고, 이는 종신고용 시스템의 존립 자체를 위협했다. 이러한 위기 속에서 정책 입안자들과 기업들은 기업 생존과 경제 개혁을 위한 핵심 전략으로 노동 시장의 유연성 확보를 추구했다(박지환, 2017, p. 171). 불안정 노동의 증가는 우연이 아닌 의도된 정책의 결과였다. 특히 고이즈미 준이치로 정권(2001~2006)은 시장 규제와 일자리 보호라는 과거 모델과 결별하고 신자유주의적 개혁 노선을 추구한 분기점이었다(우준희·이대진, 2011, pp. 150-157). 1999년과 2003년의 파견법 개정은 파견 가능 업무를 대폭 확대하고 제조업에까지 허용했으며, 계약 기간도 연장했다(은수미, 2011, pp. 61-64). 이러한 개혁은 기업에게 더 유연하고 저렴한 노동력을 제공하기 위해 설계되었으나, 그 주된 효과는 정규직과 비정규직으로 분리된 이중적 노동 시장 구조를 제도적으로 고착시키는 것이었다. 규제 완화의 직접적인 결과는 비정규직 노동자(파트타임, 계약직, 파견직 등) 비율의 폭발적인 증가였다. 이들은 현저히 낮은 임금, 낮은 고용 안정성, 그리고 결정적으로 고용 기반 사회보험 가입률 저조라는 문제에 직면했다(오학수, 2016, pp. 119-121). 그 결과 일을 하는데도 빈곤에서 벗어나지 못하는 워킹푸어 계층이

대거 형성되었고, 실직이나 질병과 같은 단 한 번의 위기만으로도 곧바로 빈곤 상태로 추락하는 '미끄럼틀 사회(滑り台社会)'라는 현상이 나타났다. 이들은 기업 복지와 사회보험이라는 두 가지 보호망 모두에서 배제되었기 때문이다. 이러한 정책적 선택이 낳은 사회적 위기는 결국 복지 시스템의 근본적인 개혁을 불가피하게 만들었다.

<표 12> 일본 정규직과 비정규직의 비율

연도	총 고용자 (만 명)	정규직 (만 명)	비정규직 (만 명)	비정규직 비율 (%)
1991	4,917	3,943	974	19.8
2000	5,313	3,988	1,325	24.9
2010	5,104	3,341	1,763	34.5
2015	5,284	3,304	1,980	37.5
2024	5,780	3,654	2,126	36.8

출처: 労働力調査（基本集計）2024年（令和６年）平均結果の要約, https://www.stat.go.jp/data/roudou/sokuhou/nen/ft/pdf/youyaku.pdf.; 非正規雇用者はどれくらいいる？ - 公益財団法人 生命保険文化センター, https://www.jili.or.jp/lifeplan/houseeconomy/1092.html.

<표 13> 지니 계수와 빈곤율

연도	지니 계수	상대적 빈곤율(%)	아동 빈곤율(%)	한부모 가구 빈곤율(%)
1998	0.472	14.6	-	-
2000	-	15.3	-	-
2009	0.336	16.0	15.7	50.8
2018	0.334	15.7	14.0	48.3
2021	0.337	15.4	11.5	44.5

출처: 貧困率の年次推移, https://www.mhlw.go.jp/toukei/list/dl/20_21_r021222_seigo_g.pdf.; 日本の相対的貧困率, データブック国際労働比較, https://www.jil.go.jp/kokunai/statistics/databook/2025/05/d2025_5T-16.pdf.

다. 생활보호제도의 활성화

일본의 생활보호 수급자 수는 워킹푸어와 장기 실업자가 증가함에 따라 급증하여 2011년에는 전후 최고치인 216만 명을 넘어섰다. 이는 국가 및 지방정부 재정에 막대한 부담을 주었으며(박지환, 2017, p. 170), 수급자를 게으르고 부도덕한 존재로 매도하는 대중적·정치적 반발을 불러일으켰다. 이러한 분위기는 기존의 낙인을 심화시켰고, 복지사무소가 정당한 신청자를 부당하게 돌려보내는 밀어내기 작전과 같은 관행을 낳기도 했다. 이러한 압력 속에서 2005년 생활보호 수급자를 대상으로 한 자립 지원 프로그램이 공식적으로 도입되었다. 이는 수동적인 소득 보장에서 경제적 자립을 촉진하기 위한 재상품화로의 중대한 이념적 전환을 의미했다. 이 프로그램은 복지사무소가 수급자를 자립 저해 요인에 따라 유형화하고 개인별 지원 계획을 수립하도록 의무화하여, 사례 관리(case management) 방식으로의 전환을 꾀했다(장영신, 2013, pp. 39-44). 자립 지원 프로그램은 구체적으로 다음과 같은 도구들을 활용했다. 첫째, 건강 관리 지원이다. 수급자의 생활습관병 유병률이 높다는 점이 취업의 장애물로 인식되면서, 건강검진을 독려하고 건강 관리를 지도하는 프로그램이 도입되었다. 둘째, 취업 활동 지원의 강화이다. 케이스워커는 구직 활동을 더욱 적극적으로 점검하고 조언하며, 공공직업안정소(헬로워크)와 연계하는 역할을 부여받았다. 셋째, 재정적 유인책이다. 취업 자립 급부금 제도가 도입되어, 수급 중 얻은 근로소득의 일부를 적립했다가 제도 탈피 시 일시금으로 지급함으로써 취업 및 근로 유지에 대한 명확한 인센티브를 제공했다(厚生労働省, 2017, p. 6).

이러한 개혁은 이미 건강 문제, 사회적 고립, 기술 부족 등 복합적인 어려움에 처한 가장 취약한 계층에게 활성화의 책임을 지우는 것이었다. 본질적으로 수급자를 제도로부터 밀어내어 비용을 통제하려는 징벌적 성격이 강했으며, 양질의 안정적인 일자리가 부족하다는 구조적 문제는 외면했다(福原 宏幸, 2012, pp. 8-11). 결국 이러한 접근은 노동시장에서 발생하는 문제의 원인이 아니라 그 증상인 복지 의존을 치료하려는 시도였다.

라. 제2의 안전망: 생활곤궁자 자립지원제도의 구축

2015년 4월부터 전국적으로 시행된 생활곤궁자 자립지원제도는 사회보험과 생활보호제도 사이에 위치하는 '제2의 안전망' 역할을 하도록 설계되었다(노대명, 2014, p. 221). 그 핵심 목표는 심각한 빈곤 상태로 떨어질 위험에 처한 사람들(생활곤궁자)을 조기에 지원하여 이들이 생활보호 신청에 이르지 않도록 하는 예방적 논리에 기반한다. 지원 대상은 워킹푸어, 불안정한 주거 상태에 놓인 자, 사회적으로 고립된 히키코모리 등을 포괄하도록 넓게 정의되었다. 이 제도는 주거 지원을 제외하면 직접적인 현금 급여가 아닌 서비스 중심으로 구축되었다. 이는 개인의 역량에 투자하여 장기적인 자립을 촉진한다는 사회 투자(social investment) 철학을 반영한다. 주요 사업은 필수 사업과 임의 사업으로 구분할 수 있다. 첫째, 필수 사업은 모든 지자체가 실시할 의무가 있다. 이 가운데 자립 상담 지원 사업은 제도의 관문 역할을 하며, 상담사가 개인의 복합적인 상황을 평가하고 맞춤형 지원 계획을 수립하여 다양한 서비스를 연계하는 원스톱 상담 창구를 운영한다. 또한 주거 확보 급부금 지원 사업은 실직 등으로 주거를 상실했거나 그럴 위험이 높은 사람에게 구직 활동을 조건으로 일정 기간 임대료를 지원한다(김문길, 2017). 둘째, 임의 사업은 지자체의 재량 사업으로,

먼저 취업 준비 지원 사업은 즉각적인 취업이 어려운 이들을 대상으로 기초생활 습관 형성, 사회성 훈련, 단기 직장 체험 등을 제공한다. 또한 가계 개선 지원 사업은 재무 상담, 예산 관리 지원, 채무 정리 서비스 연계 등을 제공한다. 아동 학습·생활 지원 사업은 저소득층 아동에게 학습을 지원하고 안전한 공간을 제공하며 빈곤의 대물림을 예방하고자 한다.[28]

<표 14> 생활곤궁자 자립지원제도의 주요 사업

사업	법적 지위	주요 대상	주요 지원 내용
자립 상담 지원 사업	필수	생활에 곤란을 겪는 모든 사람	원스톱 상담, 지원 계획 수립, 서비스 연계
주거 확보 급부금 지원 사업	필수	주거 상실 또는 상실 우려가 있는 이직자 등	구직 활동을 조건으로 한시적 임대료 지원
가계 개선 지원 사업	임의	가계 관리에 어려움을 겪는 사람	재무 상담, 예산 관리 지원, 채무 정리 서비스 연계
취업 준비 지원 사업	임의	즉시 취업이 어려운 사람	일상생활 자립, 사회성 훈련, 직장 체험
아동 학습·생활 지원 사업	임의	생활 곤궁 세대의 아동	학습 지원, 생활 습관 지도, 안전한 공간 제공

출처: 厚生勞動省, 生活困窮者自立支援制度 안내 자료를 바탕으로 필자가 작성함.

제도의 시행은 복지사무소를 설치한 지자체에 위임되며, 지자체는 직접 사업을 운영하거나 사회복지법인 또는 NPO에 위탁하는 경우가 많다. 이러한 분권화는 지역별로 서로 다른 모델을 낳았다. 예를 들어 도요나카시는 전국적으로 제도화되기 이전부터 종합 지원 모델을 구축했다. 고용 지원을 광범위한 복지 지원과 통합하고, 복지 제도에 의존하면서도 일할 수 있는

28 厚生勞動省, 生活困窮者自立支援制度, https://www.mhlw.go.jp/stf/seisakunitsuite/bunya/0000059425.html.

환경을 조성하는 데 중점을 둔다. 또한 가와사키시는 구체적인 일자리 매칭과 높은 취업률 달성에 초점을 맞춘, 보다 고용 중심적인 모델을 대표한다(조홍식 외, 2018). 이러한 지방 분권적 구조는 지자체의 재정 능력, 정치적 의지, 그리고 지역 NPO 부문의 역량에 따라 지원의 질과 범위가 크게 달라지는 현상을 초래한다. 이는 국가가 표준화된 권리의 직접 제공자에서 분권화된 지역 서비스의 촉진자 및 구매자로 전환되고 있음을 보여 준다. 그런데 이 모델은 유연성을 높이는 동시에 재정적 책임을 지방정부와 제3섹터로 이전시켜, 책임 소재가 불분명하며 불균등한 복지 지형을 만들 수 있다.

마. 정책 전환의 본질

생활보호제도와 생활곤궁자 자립지원제도는 일본의 공공부조 체계 내에서 뚜렷하게 구분되는 두 개의 축을 형성한다. 이들의 차이는 단순히 지원 대상을 넘어 철학, 수단, 목표 전반에 걸쳐 나타난다.

<표 15> 생활보호제도와 생활곤궁자 자립지원제도 비교

구분	생활보호제도	생활곤궁자 자립지원제도
대상 인구	최저생활 기준 이하의 모든 국민	최저생활 유지가 어려워질 우려가 있는 자
법적 기반	헌법 제25조 생존권에 기반한 권리	자립 촉진을 목표로 하는 예방적·과정적 지원
지원형태	현금 급여(생계, 주택, 의료 부조 등)	서비스 제공(상담, 취업 훈련, 주거 확보 등)
행위자	복지사무소(공공 기관)	지자체 및 위탁 NPO (민관 협력)
지원조건	엄격한 자산 및 소득 심사, 부양 의무자 기준	구체적 기준 없음, 상담을 통한 유연한 판단
사회적 낙인	매우 높음	상대적으로 낮음
궁극적 목표	최저생활 보장 및 자립 유도	생활보호 예방 및 포괄적 자립

출처: 厚生労動省, 生活困窮者自立支援制度, 生活保護事業 안내 자료를 바탕으로 필자가 작성함.

이러한 이중 구조는 근본적인 철학의 전환을 반영한다. 생활보호제도가 헌법상의 생존권이라는 권리에 뿌리를 둔다면, 생활곤궁자 자립지원제도는 자립이라는 개념을 중심으로 구성된다. 여기서 자립은 개인이 자기 자신을 부양하기 위해 노력해야 하는 책임과 과정을 포함하며, 국가의 역할은 그 과정을 돕는 것이다. 특히 새로운 제도는 경제적 자립뿐만 아니라 일상생활과 사회생활의 자립까지 포괄하는 더 넓은 의미의 자립을 추구한다. 두 제도는 상호 연계되도록 설계되었다. 후생노동성은 공식적인 의뢰 경로를 제시하고 있다(厚生労働省社会·援護局, 2024). 생활곤궁자 지원을 받던 사람의 상황이 악화되면 생활보호로 연계되고, 반대로 생활보호를 신청했으나 요건 미비로 탈락하거나 보호에서 벗어난 후에도 지속적인 지원이 필요한 사람은 생활곤궁자 지원 시스템으로 의뢰된다. 이는 빈곤과 불안정성을 관리하는 공식적인 2단계 구조가 형성되었음을 의미한다. 이러한 구조는 국가가 이중화된 노동시장에 제도적으로 적응한 결과로 해석할 수 있다. 엄격하고 권리에 기반한 생활보호제도는 완전한 시장 실패에 대한 최후의 보루로 남겨 두고, 유연하고 서비스에 기반한 생활곤궁자 자립지원제도는 유연한 경제 속에서 상시적으로 불안정한 노동력을 관리하는 새로운 도구로 기능한다. 즉, 복지 시스템의 구조가 상품화와 재상품화 논리를 명시적으로 반영하게 된 것이다. 새로운 제도는 지지자들에게 복합적인 장벽을 극복하도록 돕는 맞춤형·포괄적 지원이라는 점에서 역량 강화라 할 수 있다. 사회적 자립을 강조하는 것 역시 적극적인 측면이다. 그러나 이 제도는 더 많은 비용이 드는 생활보호제도로부터 사람을 분리시키고 질이나 안정성과 무관하게 어떤 형태의 고용이든 받아들이도록 압박하는 징벌적 재상품화의 수단일 수 있다. 현금 대신 서비스를 강조하는 것은 국가 지출을 제한하면서 개인의 행동을 제어하는 수단으로 보인다.

바. 취업 지원의 사례

일본의 생활곤궁자 자립지원제도와 생활보호제도 이용자의 취업 관련 상황을 보면, 애초에 바로 취업하기 어려운 경우가 적지 않음을 알 수 있다. 취업으로 이어지기 위해서는 당연히 취업 의욕과 취업에 필요한 기초 능력이 요구된다. 더불어, 취업 외에도 일상생활이나 가계 관리, 육아, 간병, 장애 복지 등에 관한 지원이 필요한 경우도 있다.

그리고 취업 지원을 받아 취업했다 하더라도 경제적 자립에 이르지 못하는 경우가 적지 않음을 알 수 있다. 먼저, 취업 소득이 낮거나 주별 또는 월별로 소득액이 변동하여 불안정한 경우도 보인다. 그 경우에는 예를 들어 생활보호와 같이, 낮은 수준의 취업 소득을 보충하는 복지 급부가 요구된다. 그리고 취업은 했으나 지속이 어려운 경우도 보인다. 그러한 경우에는 필요에 따라 취업 시작 후의 상담 지원이나 돌봄 등의 사후 관리가 요구된다.

이처럼 적극적인 사회적 포용의 세 가지 요소 중, 취업 활성화 정책에 의해 취업 및 취업 지속을 실현하는 데 있어, 취업 소득을 보충하는 최저소득 보장이나 취업 지속을 위한 사후 관리 및 일상생활 지원 등의 서비스·돌봄이 요구된다. 취업 지원을 수행할 때는 취업 활성화 정책만으로는 취업 및 취업 지속이 이루어지지 않는 세대가 존재하므로, 최저소득 보장 및 서비스·케어를 결합한 포괄적인 지원 틀의 관점이 중요하다고 할 수 있다.

생활곤궁자 자립지원제도나 생활보호제도의 취업 지원에 대해, 현금 급부 및 지원 서비스 급부가 목표로 하는 노동력의 탈상품화에 역행하여 상품화를 도모하는 것으로서 소극적이라 평가할 수 있다. 취업했던 사람, 즉 노동력을 판매하여 임금을 얻어 노동력의 상품화를 경험했던 사람이 생활보호를 수급하여 일을 하지 않게 되고(노동력의 탈상품화), 그 후에 취업 지원을 받아 다시 직업을 갖게 되었다고 하더라도(노동력의 상품화) 여전히 임금 소득이 최저생활비 수준에 미치지 못하여 계속 생활보호를 수급하며 생계를 꾸려 나가는 가구가 많다. 이를 일자리와 복지의 결합 급여로 표현할 수도 있겠다. 즉, 일자리라는 상품화와 생활보호의 복지 급부라는 탈상품화는 동행할 수 있는 것이며, 취직 상황에 따라 생활보호를 수급하는 경우를 가정한다면, 일자리 지원에 의한 취직이라는 노동력의 상품화가 탈상품화에 역행한다고 단정하기 어렵다.

취업 및 취업 지속을 실현하기 위해서는 자조나 자유방임으로는 어려운 경우가 있을 수 있으므로, 실제로는 근로소득을 보충하는 생활보호와 같은 현금 급부 외에, 일상생활이나 육아, 장애 복지 등에 관한 욕구에 대한 대응이나, 그러한 욕구를 판단하여 대응하는 상담 지원과 같은 지원 서비스 급부가 요구된다. 취직이라는 노동력의 상품화에는 일자리 지원이라는 사회 정책의 개입뿐만 아니라, 현금 급부 및 지원 서비스 급부라는 사회 정책의 개입도 함께 요구되는데, 실제로 현장에서 그렇게 실천되고 있다. 다만, 생활보호의 현금 급여나 일상생활 지원 등의 지원 서비스 급부가 적절하거나 충분히 이루어지지 않는 사례가 있다. 일자리 지원을 통한 취업 촉진은 시장에서의 자조 강화라는 시각과는 별개로, 취업과 생활에 필요한 현금 급부·서비스 제공과 같이 사회 정책에 의한 포괄적인 생활 지원으로 볼 수 있다. 취업 지원은 취업 성공으로만 끝나는 것이 아니다(垣田裕介, 2024, pp. 206-211). 지원을 제공하여 실제로 성공하기 위해서는, 취업 이후의 가계 관리나 일상생활 등에 관한 다른 상담 지원도 필요하다.

사. 취업 지원 정책의 특질: 새로운 모델의 형성

일본에서의 취업 지원의 목적 혹은 특질에 대해서, 특히 생활보호에 의한 소득 보장이라는 복지 급부와의 관계에서 보았을 때, 어떻게 파악할 수 있을까. 일본의 경우, 취업 지원에 의해 재상품화를 추진한다고 해서 상품화되지 않는 사람에 대해 복지 급부를 거부하는 방식은 아니다. 즉 징벌적인 취업 지원 정책이 실시되고 있다고 볼 수는 없다. 혹은 모든 취업 지원 대상자에게 취업에 의한 상품화를 통해 경제적으로 자립함으로써 산업이나 경제성장에 기여하도록 요구하는 것도 아니다. 이렇게 보면, 일본의 취업 지원 정책은 생활보호와 생활곤궁자 자립 지원 분야에 있어서, 워크페어와는 다르게 복지 지향의 사회적 포용의 성격이 강하다고 주장하는 의견도 있다. 즉, 취업을 강제하면서 복지 급부의 억제를 추진하는 시장 지향적 또는 신자유주의적 정책이라 볼 수 없다는 것이다. 가능한 범위 내에서 취업을 촉구하고, 경제적 자립이 어려운 취업이나 그러한 취업의 가치도 인정하면서(사회적 일자리나 자원봉사 등) 취업으로 인한 소득을 보충하는 것으로서 생활보호에 의한 현금 급여를 제공한다는 정책적 대응이 실제로 전개되고 있다(恒田有介, 2024, p. 213).

이상의 논의를 바탕으로 취업과 복지 급부(생활보호)를 대비하여 취업 지원 정책의 이용자 관계를 살펴보자. 먼저 생활보호 수급과 비수급, 취업과 비취업을 기준으로 네 가지 이용자 관계를 설정할 수 있다. 첫 번째 이용자 유형은 취업을 하고 생활보호를 수급하지 않는 상태(일반 취업), 두 번째 이용자 유형은 취업을 하고 생활보호를 수급하는 상태(일반 취업+생활보호, 돌봄이 지원되는 취업+생활보호), 세 번째 이용자 유형은 취업하지 않고 생활보호를 수급하는 상태(노동 능력이 있으나 생활보호만 받는 수급자, 노동 능력 없이 생활보호만 받는 수급자), 네 번째 이용자 유형은 취업도 하지 않고 생활보호 수급도 하지 않는 상태(가족 등에 의한 원조, 연금만 수급)이다.

생활보호제도나 생활곤궁자 자립지원제도에 의해 취업 지원을 이용하고 있는 사람의 상태와 지원 방향을 고려하면 몇 가지 다른 상황을 상정해야 할 것이다. 첫 번째 유형을 목표로 하는 것을 지원자도 이용자도 상정하겠지만, 실제로는 취업 자립은 곤란하고, 취업은 하되 생활보호 수급을 계속하는 상태(두 번째 이용자 유형)에 이르는 과정이나 이용자상을 예상할 수도 있다. 또는 생활곤궁자 자립지원제도의 이용자가 본인이 애초에는 취업을 통한 자립(첫 번째 이용자 유형)을 희망했지만, 실제로는 건강상의 이유로 취업보다 치료가 우선이어서, 생활보호만으로 생계를 유지하는 상태(세 번째 이용자 유형)부터 지원하게 되는 경우도 예상할 수 있다. 무엇보다 오늘날의 일본은 생활보호만으로 생계를 해결하는 상태(세 번째 이용자 유형)에 있어서 노동 능력을 가진 자에 대해서, 모두 취업 자립(첫 번째 이용자 유형)으로 이동하는 것을 강력하게 촉구하고 있다고 볼 수도 없다. 실제로는 그 정도 수준의 취업 소득을 얻기가 어렵고, 취업 지원이나 생활 지원을 충분히 제공하기도 어렵다. 또 좀 더 적극적으로 취업하지 않는다고 해서 보호를 중단하는 엄격한 집행을 하는 것이 아니어서, 취업 자립(첫 번째 이용자 유형)으로 진행하는 것을 일단 보류하고, 취업을 한 채 생활보호 수급을 계속하는 상태(두 번째 이용자 유형)로 가거나 생활

보호만으로 생계를 해결하는 상태(세 번째 이용자 유형)에 머무는 경우가 적지 않다고 할 수 있다(恒田有介, 2024, p. 213).

이와 같이 보면 일본의 생활보호제도와 생활곤궁자 자립지원제도하에서 취업 지원의 특징, 혹은 생활보호제도나 생활곤궁자 자립지원제도 이용자에 대한 정책의 특징은, 이용자에 따라서는 물론 취업 자립을 목표로 하면서도, 취업 지원과 다른 일상생활 지원 등이 포괄적으로 제공되어, 필요에 따라 취업 소득을 보충하는 생활보호에 의한 소득 보장이라는 복지급여가 제공되는 것을 고려해야 한다. 본인의 능력이나 기회에 따른 재상품화와 생활을 동시에 지원하는 상품화 조력 사회의 성격을 강하게 띠고 있다고 볼 수 있다. 일본의 변화는 에스핑-안데르센의 복지국가 유형론에 새로운 질문을 던진다. 활성화, 서비스 시장화, 개인 책임 강조 등 자유주의적 요소가 강화되었지만, 분절된 사회보험, 가족에 대한 지속적인 의존, 급진적 단절이 아닌 경로 의존적 진화 등 보수주의적·조합주의적 특징도 강하게 유지되고 있다(金成垣, 2024, pp. 262-264). 그 결과는 순수한 유형이 아닌 혼합형 모델이다. 일본의 경로는 서구 모델의 단순한 수입이 아니다. 새로운 정책을 기존의 제도적 틀 위에 겹치는(layering) 방식으로 도입하였다(Sophia & Nahm, 2024, p. 4). 그 결과는 분절된 복지국가라고 볼 수 있다. 활성화 정책이 보편적으로 적용되는 것이 아니라, 생활보호 수급자와 위기 계층이라는 서로 다른 집단을 서로 다른 제도적 경로를 통해 대응함으로써 기존의 이중 사회 구조를 그대로 답습하고 강화한다. 이러한 변용의 핵심은 위험을 외부화하는 모델로의 전환이다. 전후 일본이 복지 비용을 기업으로 외부화했다면, 현대 일본의 복지국가는 노동시장 유연화의 위험을 개인, 가족, 그리고 NPO를 통해 지역사회로 외부화하고 있다. 활성화 정책은 자립을 집단이 아닌 개인의 책임으로 재구성함으로써 이러한 외부화를 관리하는 핵심 도구가 된다. 이는 저성장, 고령화 사회에서 중앙정부의 재정 부담을 늘리지 않고 새로운 사회적 위험을 관리하는 실용적인 방식이며, 이것이 바로 일본 복지국가 재편의 결정적 특징이라 할 수 있다. 하지만 이러한 변화와 개혁은 노동시장 이중 구조라는 근본 문제를 해결하지 못했다. 유연성은 받아들였지만, 소득 보장은 취약하고 적극적인 노동시장에 대한 지출은 상대적으로 낮아 안정 없는 유연성 모델에 가깝다(John, 2014, p. 15). 또한 재원이 부족한 지방자치단체에 의존하므로 장기적 지속 가능성이 의문시된다. 일본의 베이비붐 세대가 모두 75세 이상이 되는 2025년 이후부터는 전체 사회보장 시스템에 더 큰 압박이 가해지며, 개혁의 중요성과 논쟁은 더욱 심해질 것이다(根岸 隆史, 2013, p. 12). 앞으로 일본 복지국가는 노동시장 이중 구조 문제를 해결하면서 자립 개념도 협소한 노동 중심적 정의에서 벗어나야 한다. 자립은 지속적인 지원이 필요한 일상생활, 건강, 사회적 관계의 안전을 포괄하는 방향으로 나아가 단순히 취업으로 가는 통로가 아니라 자기실현의 통로로서 자리 잡아야 할 것이다.

5) 정책적 함의와 과제

(1) 함의

앞서 각국의 취업 지원 정책을 분석한 결과, 모든 국가가 복지국가의 패러다임을 활성화와 재상품화 방향으로 전환하고 있음을 확인할 수 있다. 그러나 이러한 전환은 각국의 전통적인 복지 체제와 제도적 유산에 따라 매우 상이한 형태로 나타나며, 이는 정책의 결과와 사회적 함의에도 큰 차이를 가져온다. 주요 함의를 정리하면 다음과 같다.

가. 유형의 수렴과 분기

모든 분석 대상 국가들은 경제 세계화, 탈산업화, 재정 압력이라는 공통된 환경 변화에 대응하여 활성화와 재상품화를 지향하는 방향으로 나아가고 있다. 이는 정책 방향성에서의 광범위한 수렴을 의미한다. 그러나 각국이 이러한 목표를 달성하기 위해 선택하는 구체적인 경로와 정책 설계는 기존의 제도적 유산과 정치경제적 맥락에 크게 영향을 받는다. 이로 인해 단일한 모델로 수렴하기보다는, 각국의 특성을 반영한 독특한 융합형 모델이 형성되는 경로 의존적 수렴(path-dependent convergence) 현상이 나타난다. 예를 들어, 미국과 영국은 자유주의 복지국가로서 워크페어적 요소를 강력하게 도입하여 급여의 조건성을 높이고 제재를 강화했다. 독일은 보수주의 체제임에도 불구하고 하르츠 개혁을 통해 노동시장 유연성과 활성화를 도입하며 상당한 변화를 겪었지만, 사회보험이라는 기존의 틀을 유지하는 하이브리드 모델을 형성했다. 스웨덴과 네덜란드는 사회민주주의 및 조합주의적 전통을 바탕으로 사회적 투자를 강화하고 유연안정성 모델을 발전시켰으나, 네덜란드는 시간제 고용 확대를 통해 독특한 경로를 걸었다. 한국과 일본 등 동아시아 국가들은 생산주의적 복지 모델에서 출발하여 외환 위기 이후 국가 주도의 활성화 정책을 도입했지만, 여전히 노동시장 이중화와 잔여적 복지의 한계를 안고 있다. 이러한 현상은 복지국가가 외부 환경 변화에 반응하지만, 그 반응의 방식은 내부의 제도적 구조에 의해 제약되고 형성된다는 것을 보여 준다. 즉, 글로벌 압력이 정책 목표를 유사하게 만들더라도, 각국의 역사적·제도적 맥락은 정책 수단의 선택과 그 결과를 차별화하여, 새로운 형태의 복지국가 유형을 만든다.

나. 워크페어와 사회적 투자의 혼합

활성화 패러다임은 실제 정책에서 워크페어와 사회적 투자의 다양한 혼합 형태로 나타난다. 첫째, 워크페어 중심 접근에서 미국은 TANF를 통해 엄격한 시간 제한과 근로 요건, 강력한 제재를 부과하며 수급자 수 감축을 최우선 목표로 삼는 가장 순수한 워크페어 모델을 보여 준다. 영국 또한 유니버설 크레딧을 통해 강력한 조건성과 징벌적 제재를 시스템의 핵심으로 내재화했다. 한국의 국민기초생활보장제도와 일본의 생활보호제도 또한 워크페어적 요소를 강하게 포함한다. 둘째, 사회적 투자 지향 접근으로 스웨덴의 ALMP는 사회적 투자의 대표적인 예시로, 공공 고용서비스, 직업훈련, 교육을 통해 장기적인 인적 자본 개발과 고용 안정성을 추구한다. 독일의 시민수당 개혁 또한 훈련 우선 원칙을 도입하며 즉각적인 저임금 일자리 알선보다 장기적인 기술 개발을 우선시하는 방향으로 전환했다.

결국, 큰 흐름은 하이브리드 접근이다. 많은 국가에서 워크페어와 사회적 투자가 혼합된 형태를 보인다. 영국의 신노동당은 사회적 투자 담론을 내세웠지만, 뉴딜 프로그램과 유니버설 크레딧은 강력한 워크페어적 요소를 포함했다. 독일의 하르츠 개혁은 시장 유연성과 조건성을 보수주의 체제에 도입했으며 네덜란드의 유연안정성 모델은 노동시장의 유연성과 사회적 안정성을 결합한다. 한국의 생산적 복지와 일본의 제2의 안전망 또한 서비스 지원과 함께 강력한 활성화 요구를 결합한 형태이다. 이러한 재상품화의 '질'은 불평등에 큰 영향을 미친다. 재상품화가 주로 징벌적인 워크페어에 의해 추진되어 개인을 저임금, 불안정한 일자리로 밀어 넣을 경우, 이는 '근로 빈곤층'을 확대하고 노동시장 이중화를 심화시킬 수 있다. 미국, 영국, 그리고 초기 독일 및 동아시아 국가들의 개혁에서 이러한 경향이 나타났다. 반면, 스웨덴과 같이 재상품화가 고품질의 직업훈련, 기술 개발, 그리고 충분한 사회적 보호와 결합될 경우, 불평등을 완화하고 보다 포괄적인 사회 통합을 달성할 수 있다. 즉, 고용률 증대 자체보다 재상품화 과정이 양질의 고용으로 이어지는지, 그리고 충분한 사회적 보호와 인적 자본 개발이 동반되는지가 복지국가의 사회적 목표 달성에 결정적인 영향을 미친다. 단순히 즉각적인 일자리 배치를 우선하거나 충분한 취업 지원 없이 가혹한 제재를 부과하는 정책은 근로 빈곤층을 늘리고 사회적 분열을 심화시킬 위험이 있다.

다. 재원 조달과 제재 방식

취업 지원 정책의 재원 조달 방식과 제재 강도는 각국의 복지 철학과 제도적 유산을 반영한다. 첫째, 재원 조달 방식을 살펴보면 영국(베버리지 유산, UC), 미국(TANF 포괄보조금, EITC), 한국(국민기초생활보장법, 국민취업지원제도), 일본(생활보호제도, 생활곤궁자 자립지원제도)은 주로 조세를 통해 재원을 조달한다. 이는 일반적으로 더 넓은 수급 자격을 허용하지만, 재정 긴축에 취약할 수 있다. 반면 독일(단기 실업급여, 비스마르크 모델), 스웨덴(겐트 시스템)은 사회보험 기여금을 통해 재원을 조달한다. 이는 일반적으로 높은 소득 대체율을 제공하지만, 기여 이력이 부족한 사람들을 배제할 수 있다. 그런데 많은 국가가 두 가지 방식을 혼합하여 사용하며,

기본적인 안전망은 조세로, 소득 비례 급여는 사회보험으로 충당하는 경우가 많다. 둘째, 제재 강도를 살펴보면 미국(TANF의 엄격한 시간 제한과 급여 중단), 영국(UC의 다단계 제재)은 높은 제재 강도를 특징으로 한다. 독일(하르츠IV의 초기 강한 제재, 시민수당으로 완화), 네덜란드(지자체의 재량적 제재), 한국(국민기초생활보장법의 조건부 급여, 국민취업지원제도의 제재), 일본(생활보호제도의 사회적 낙인, 생활곤궁자 자립지원제도의 조건성)은 중간 정도의 제재 강도를 보이거나 정책 변화에 따라 강도가 달라진다. 스웨덴은 조건성이 강화되었지만, 일반적으로 지원 중심의 ALMP 틀 안에서 이루어진다. 복지 개혁은 종종 재정 제약이라는 경제적 필요성(재정 실용주의)과 의존 문화 비판 또는 개인 책임 강조와 같은 이념적 정당화가 복합적으로 작용하여 추진된다. 경제적 필요성이 개혁의 동력을 제공하는 반면, 이념적 주장은 대중의 지지를 얻고 정책의 구체적인 설계(예: 제재의 강도)를 형성하는 데 영향을 미친다. 이는 정책 변화가 단순히 경제적 합리성에 의해서만 결정되는 것이 아니라, 특정 이념적 렌즈를 통해 걸러지면서 사회계약과 취약 계층의 복지에 심대한 영향을 미칠 수 있음을 시사한다.

라. 정책의 우선순위

취업 지원 정책은 일 우선(work-first) 접근과 훈련 우선(training-first) 또는 인적 자본 투자 접근 사이에서 우선순위를 달리한다. 첫째, 일 우선 접근은 즉각적 고용을 의미한다. 미국(TANF)과 영국(뉴딜, 유니버설 크레딧 초기), 독일(하르츠IV 초기), 한국(국민기초생활보장법의 자활사업), 일본(생활보호제도, 생활곤궁자 자립지원제도)의 초기 개혁 단계에서는 즉각적인 일자리 배치를 강조했다. 이는 복지 의존도를 줄이기 위해 저숙련 또는 불안정한 일자리라도 빠르게 진입시키는 데 초점을 맞춘다. 둘째, 훈련 우선으로 스웨덴(ALMP)은 장기적인 기술 개발과 인적 자본 투자를 강력히 강조한다. 독일의 시민수당 개혁 또한 이 방향으로 전환하며, 단기적인 저임금 일자리보다 장기적인 기술 습득을 우선시한다. 한국의 국민취업지원제도 또한 기술 개발에 대한 강조가 커지고 있다.

그러나 사회적 투자는 매튜 효과(Matthew effect)를 야기할 수 있다는 비판이 제기된다. 이는 이미 잘사는 사람은 더 잘살게 되고, 가난한 사람은 더 가난해지는 현상을 의미한다. 사회적 투자 정책이 고등 교육이나 안정적인 고용 이력을 가진 사람들에게 더 많은 혜택을 제공함으로써, 기존의 불평등을 심화시킬 수 있다는 것이다. 즉, 고품질의 교육, 직업훈련, 지원 서비스에 대한 접근성이 불평등할 경우, 인적 자본 투자는 의도치 않게 기존의 사회경제적 격차를 강화할 수 있다. 이는 사회적 투자 정책의 설계와 대상 선정에 있어 가장 취약한 계층이 소외되지 않도록 적극적인 노력이 필요함을 시사한다. 단순히 투자만으로는 광범위한 번영을 가져오기 어렵고, 불평등을 심화시키는 결과를 초래할 수 있다.

마. 차별화된 대응

모든 선진 복지국가는 근로 빈곤층의 증가, 노동시장 이중화, 불안정 노동, 저출생·고령화, 이민자 통합과 같은 새로운 사회적 위험이라는 공통된 과제에 직면해 있다. 그러나 이러한 과제에 대한 각국의 대응 방식은 전통적인 복지 체제 유형에 따라 차별화된다. 전통적인 복지 체제 유형은 21세기 복지국가의 복합적인 변화를 완전히 설명하기에는 한계가 있다. 에스핑-안데르센의 탈상품화 지표는 20세기 복지국가의 핵심 기능을 잘 포착했지만, 21세기에는 불안정 노동, 워킹푸어, 그리고 여성의 노동시장 참여 및 돌봄의 사회화, 이민자 통합과 같은 새로운 위험들이 등장하였고, 이는 단순히 시장 의존 여부만으로 설명하기 어려운 다차원적인 문제이다.

복지 체제 유형별 대응 방식을 살펴보면 첫 번째, 자유주의 레짐의 경우, 강력한 워크페어적 접근을 통해 개인 책임을 강조하고 수급자 수를 줄이는 데 집중한다. 이는 가장 취약한 계층의 심층 빈곤과 배제를 심화시키는 결과를 초래할 수 있다. 두 번째, 보수주의 레짐은 시장 유연성과 활성화를 도입하며 적응해 나가지만, 노동시장 이중화와 근로 빈곤층 증가라는 새로운 문제를 야기한다. 이후 정책 조정을 통해 워크페어의 과도한 측면을 완화하려는 노력을 보인다. 세 번째, 사회민주주의 레짐은 사회적 투자를 강화하고 유연성과 안정성을 동시에 추구하며 낮은 불평등을 유지하려 노력한다. 그러나 이민자 통합과 같은 새로운 형태의 배제 문제에 직면한다. 네 번째 동아시아 레짐의 경우, 잔여적 복지 시스템을 활성화하고 '제2의 안전망'을 구축하여 위기에 대응하지만, 위험을 개인과 지역사회로 외부화하고 기존의 노동시장 이중화를 강화하는 경향을 보인다.

이러한 분석은 현대 복지국가가 새로운 사회적 위험에 대응하기 위해 전통적인 유형론의 경계를 넘어서는 복합적인 정책을 선택하고 있음을 보여 준다. 포괄적인 사회 통합을 위해서는 전통적인 계급 기반 분석을 넘어 젠더, 민족, 고용 불안정성 등 다양한 차원의 불평등과 배제 문제를 다루는 역동적이고 다차원적인 분석틀이 필요하다.

지금까지의 논의를 바탕으로 주요 국가의 취업 지원 정책을 비교하여 다음과 같이 표로 나타내었다.

<표 16> 주요국의 취업 지원 정책 비교

국가	복지 체제	주요 정책	재원 조달 방식	제재 강도	훈련 VS 노동	주요 성과
영국	자유주의, 조건부 사회 투자	뉴딜, 유니버설 크레딧, 근로가족세액공제	조세 기반	높음	노동 우선	근로 빈곤 심화, 부채 증가, 정신건강 악화, 고용률 제고
미국	자유주의, 순수 워크페어	TANF, EITC	조세 기반(주정부 포괄보조금)	높음	노동 우선	복지 수급자 수 급감, 심층 빈곤 증가, 취약 계층 배제
독일	보수주의, 하이브리드 활성화	하르츠 개혁(미니잡, 잡센터, 시민수당)	혼합(사회보험, 조세)	중간(완화 추세)	균형(훈련 우선으로 전환)	실업률 감소, 저임금 부문 확대, 근로 빈곤 증가, 노동시장 이중화
스웨덴	사민주의, 회복력 있는 사회 투자	적극적 노동시장 정책, 유연안정성	조세 기반	낮음(조건성 강화)	훈련 우선	높은 고용률, 낮은 소득 불평등 유지, 이민자 통합, 청년 실업
네덜란드	사민주의, 합의 기반, 유연안정성	바세나르 협약, 참여법, 시간제 근로 확대	혼합(지방 분권화)	중간	균형(노동시장 참여)	높은 고용률, 1.5인 소득자 모델, 노동시장 이중화, 이민자 통합
한국	동아시아, 이중화된 생산주의 복지	국민기초생활보장법(자활사업, 국민취업지원제도)	조세 기반	중간	노동 우선(균형으로 전환)	사회안전망 양적 확대, 빈곤 완화 효과 미약, 노동시장 이중화, 낮은 자활률
일본	동아시아, 잔여적 활성화(제2의 안전망)	생활보호제도(자립 지원), 생활곤궁자자립지원제도	조세 기반(지방 분권화)	중간(사회적 낙인)	노동 우선	워킹푸어 증가, 노동시장 이중화, 지역별 서비스 격차, 위험 외부화

복지국가의 미래는 단순히 고용률을 높이는 것을 넘어, 모든 시민이 존엄하게 살아가고 자신의 잠재력을 실현할 수 있는 포괄적이고 질적인 재상품화를 어떻게 달성할 것인지에 달려 있다. 이는 정책 설계에 있어 당근과 채찍의 균형을 넘어, 사회적 연대와 포용의 가치를 재정립하고, 변화하는 사회적 위험에 대해 유연하고 혁신적인 대응을 요구한다.

(2) 논점과 과제

오늘날 복지국가 변화의 가장 큰 방향은 권리로서의 복지에서 취업 지원으로의 변화이다. 이는 유럽과 동아시아 주요 국가의 개혁 동향을 통해서도 확인할 수 있었다. 이를 근거로 21세기 복지국가 재편의 전체적인 특징을 어떻게 이해할 것인가. 주목해야 할 논점과 과제를 정리하면 다음과 같다(金成垣, 2024, pp. 232-237). 먼저 취업 지원 정책은 현금 급여와 달리 서비스적 성격이 강한데, 이러한 서비스의 보장에 관련된 내용을 어떻게 평가할 것인가. 또한, 취업 지원을 우선시하는 방향성에도 불구하고 각국의 다양한 정책 선택을 어떻게 해석할 것인가. 아울러, 복지보다 취업을 더 중요한 정책으로 내세우는 후발국의 경험을 어떻게 비교할 것인가에 대해서 논의해야 한다. 첫째, 서비스의 보장을 어떻게 평가할 것인가. 탈상품화를 중심으로 한 20세기 복지국가에서는 실업, 질병, 노령, 장애 등으로 인한 소득 상실의 위험에 대해 현금 급여로 직접 소득을 보장하는 것, 다시 말해 소득 보장이 중요하게 여겨졌다. 그에 반해 재상품화와 조력 상품화를 중심으로 하는 21세기 복지국가에서는 취업에 의한 자립을 촉진하고 그것을 지원하기 위한 서비스를 제공하는 것, 즉 일자리 지원 서비스를 보장하는 것이 더 중요하다. 서비스 보장은 각 국가의 일자리 지원 정책에서 볼 수 있듯이 각 나라마다 그 추진 정도나 구체적인 내용에 차이가 있지만 모든 국가에서 과거에 비해 오늘날 사회보장 제도 개혁의 중요한 부분을 차지하게 되었다. 여기서 서비스의 보장이 중요하게 되는 것은 단순히 교육·훈련이나 직업 소개 등 직접 취업을 지원하는 서비스의 필요성 증가 때문만은 아니다. 취업 지원 정책에 의한 자립 촉진이 남성뿐만 아니라 여성도 대상으로 한다면 지금까지 가족 내에서 특히 여성이 맡고 있던 육아나 돌봄 등의 서비스를 사회화할 필요가 있다. 이른바 돌봄 사회화가 수반되지 않는 한 일자리 지원의 정책적 효과를 기대하기는 어렵다. 최근 많은 국가들이 급속히 진행되는 저출생·고령화에 대한 대응과 함께 돌봄의 사회화를 목표로 하는 서비스 보장의 확충을 적극적으로 시도하고 있다. 강조하고 싶은 것은, 에스핑-안데르센의 복지 레짐론을 포함한 과거의 복지국가 비교 분석에서는 탈상품화가 핵심적인 지표가 되고 있었던 것에서 알 수 있듯이, 대부분 소득 보장에 관련되는 사회보험 중심의 소득 보장 제도 분석에 초점이 놓여져 있었다는 점이다. 그에 비해 돌봄과 같은 서비스 보장에 관해서는 충분한 검토가 이루어져 왔다고 할 수 없다. 그러나 최근의 사회경제적 상황을 고려하면, 복지국가 연구에서, 서비스 보장을 어떻게 평가해야 할지는 빼놓을 수 없는 논점이 될 것이다. 소득 보장과 관련된 사회보장 제도라면 복지 레짐론을 통해 알 수 있듯이 탈상품화 지표를 이용하여 그 정도에 따라 수준을 측정할 수 있다. 그러나 서비스 보장을 통한 재상품화 및 조력 상품화를 평가하는 명확한 방법은, 다양한 시도가 있었음에도 불구하고 아직 확립되지 않았다. 재상품화와 조력 상품화 기능을 가진 서비스 보장을 평가하기 위한 지표를 개발하여 복지국가의 국제 비교 분석에 활용하는 것이 앞으로 연구의 주요 과제라고 할 수 있다.

둘째, 다양한 정책을 어떻게 해석할 것인가. 과거의 비교 복지국가 연구, 특히 에스핑-안데르센의 복지 레짐론은 20세기 복지국가의 다양성을 분석할 때 탈상품화 방식을 둘러싼 각국의 서로 다른 정치적 주도권에 의해 역사적으로 다른 유형의 복지국가를 형성했다는 점이 강조되었다. 그래서 21세기형 복지국가의 분석에서도 여러 국가의 서로 다른 정치적 주도권이 여전히 유효성을 가질 수 있는지에 대해 고려해야 할 것이다. 물론 21세기형 복지국가에서 복지보다 취업을 우선하는 공통적인 방향이 있다고 해도 복지국가 개혁을 추진하는 주체가 좌파 정권이냐 우파 정권이냐에 따라 구체적인 정책 내용과 이념, 목표 등에 차이가 난다. 실제로, 그 차이에 관해서는, 즉 복지로부터 몰아내기 또는 노동시장으로 돌려보내기와 같은 워크페어인가, 취업 가능성을 높이기 위한 교육·훈련과 함께 노동시장 참여뿐만 아니라 소득 보장을 수반하는 사회 참여를 강조하는 활성화인가라는 구분이 가장 대표적이다. 그 외에도 일자리 우선, 인적 자본(Peck, 2001), 노동시장 구동형, 인적 자원 개발형(Lødemel & Trickey eds, 2001), 하드한 워크페어 또는 소프트한 워크페어(埋橋, 2011), 일자리 의무 강화형 또는 고용 가능성 향상형 등 복지가 아닌 취업 지원으로의 전환을 시도하는 여러 형태를 파악하고 규정하기 위한 용어가 다양하게 사용되고 있다. 그러나 앞에서 다루었던 각국의 복지국가의 개혁 동향과 취업 지원 정책의 전개를 살펴보면, 거기에 서로 다른 특징적인 다양성이 반드시 명확하게 나타나고 있는 것 같지는 않다. 다시 말해, 복지국가 정책을 운용하는 데에 있어서, 취업 조건을 강조하거나 급부 기간을 제한하는 등, 취업을 의무적으로 압박하는 워크페어적 사고방식이 강력한 나라로 분류할 수 있는 미국에서도, 최근의 WIOA에서 볼 수 있듯이, 빈곤의 예방이나 개인의 능력 개발에 주력하는 인적 자본 접근 방식을 결합한 활성화 성격이 더해진 정책이 전개되고 있다. 반대로, 활성화 방식으로 운용되는 국가에 해당하는 스웨덴에서도 재정 부담 등으로 인하여 사회보장 수급자에게 교육·훈련 프로그램 참여를 의무화하는 워크페어 요소를 강하게 포함하는 조치가 도입되고 있다. 워크페어형 활성화 또는 활성화형 워크페어 접근이라고 규정해도 좋을 정도로 워크페어와 활성화가 구별하기 어려울 정도로 결합되고 있는 것이다. 과거와 달리 21세기 복지국가는 경제의 세계화가 진행되고 저성장 시대가 찾아오면서, 그에 따라 여러 국가의 고용 사정이 나빠지거나 재정적 한계가 심각해지는 환경 속에서 대부분의 국가에서 선택할 수 있는 정책의 범위가 매우 제한되어 있다는 것이 그 배경으로 작용한다. 이러한 현상을 근거로 보면, 복지 체제 논의를 통해 도출할 수 있는, 정치적 주도권의 차이에 의해 복지국가 정책의 성격이 달라진다는 결론도 가능하다. 그렇지만 서로 다른 정치적 주도권에도 불구하고 현실적으로 서로 비슷한 정책이 수렴되고 있다고 할 수 있다. 그렇다면 이러한 복지국가의 현상과 특징을 어떻게 분석할 것인가, 바로 이 점이 앞으로 복지국가 비교 연구의 새로운 과제라 할 것이다.

셋째, 뒤늦게 출발한 복지국가를 어떻게 비교할 것인가. 그동안 안데르센의 세 가지 복지 유형론은 20세기 복지국가를 주요 분석 대상으로 하는 방식이었다. 이와 같은 복지 체제를 기준으로 했을 때 선진국보다 반세기 이상 늦게 복지국가 제도 구축에 나선 한국과 같은 후발 복지국가를 어떻게 유형화하고 규정할 것인가. 한국은 서구와 같은 20세기형 복지국가를 경험하지 않았다. 즉 한국은 20세기 말 이후 사회보장 및 복지 제도가 갖춰졌기에, 세계대전 후 고도 경제성장을 배경으로 복지국가 황금 시대에 선진국이 공통적으로 경험하였던 복지 수준의 대폭발이 없었다. 오히려 그러한 황금기의 경험을 초월한 채 21세기 복지국가에 진입했다고 볼 수 있다. 이렇게 볼 때 베버리지형 중심의 20세기 복지국가를 대상으로 비교하는 과거의 복지국가 연구와는 달라야 한다. 앞으로는 뒤늦게 출발하여 빠르게 도약해 온 동아시아와 같은 복지국가의 등장과 변화도 공통적인 기준으로 분석할 수 있어야 한다. 과연 그것이 가능할까. 20세기 경험을 초월한 압축적인 복지국가는 제도적 유산이 약하거나, 경로 의존적 변수의 영향이 약할 것이므로 서구 중심의 20세기 복지국가에 비해 상대적으로 새로운 도전에 나서기 쉬울 수도 있다. 따라서 한국과 같은 동아시아 복지국가는 늦게 출발했음에도 불구하고 선진 복지국가의 경험에 매몰되지 않는 새로운 대응이 가능할 것이다. 앞으로 한국을 비롯한 동아시아 국가의 복지국가 변천과 정책 전개의 경험을 어떻게 분석하고 공유할 것인지는 복지국가 유형론의 새로운 도전이라 할 것이다.

제 8 장

복지국가의 미래

1. 논의의 배경과 목표

현대 복지국가는 노동시장 변화, 저출생·고령화, 국제 이주, 기후 위기 등 다층적인 도전 요인들이 상호작용하는 복합 위기에 직면해 있다. 구체적으로 노동시장의 유연화와 기술 발전은 기존 사회보험의 사각지대를 확대하고 있으며, 저출생·고령화는 생산 가능 인구 감소와 재정 부담 급증을 초래해 세대 간 형평성 문제를 심화시키고 있다. 또한, 국제 이주의 증가는 이민자의 사회적 통합과 권리 보장이라는 과제를 제기하며 복지국가의 포용성을 시험하는 요인으로 작용하고 있다. 이러한 전통적 위험 요인에 더해, 디지털 전환은 복지 서비스 전달 체계 혁신의 기회를 제공하는 동시에 디지털 격차나 알고리즘 기반 차별과 같은 새로운 딜레마를 야기하고 있다. 기후 위기 역시 기존의 사회적 위험과는 다른 환경적 지속 가능성을 고려한 새로운 정책 패러다임을 요구한다.

이러한 배경에서 복지국가의 미래는 단순히 기존 제도를 개선하는 것을 넘어, 사회 전반의 가치와 시스템을 전환하는 근본적인 재구조화를 통해 열릴 수 있다. 지속 가능한 복지국가를 위한 주요 대안으로는 생산주의를 넘어선 복지, 사회 투자 국가로의 발전, 기본소득 및 기본서비스 논의 활성화, 지역 공동체 기반 복지 레짐 강화 등이 논의되고 있다. 또한, 기술 발전의 혜택을 모두가 누릴 수 있도록 포용적 설계를 강화하고, 사회적 연대와 협력에 기반한 새로운 복지 거버넌스를 구축하여 복합 위기에 효과적으로 대응해야 한다.

이러한 관점에서 이 논의는 노동 변화, 저출생·고령화, 국제 이주, 기후 위기 등 복지국가가 직면한 핵심 도전 과제를 분석하고, 이를 기반으로 복지국가의 지속 가능성과 포용성을 강화하기 위한 정책적 방향성을 논의하는 데 목적이 있다. 이를 위해 다음과 같은 세부 목표를 설정하였다.

첫째, 노동 변화와 관련하여 경제 세계화, 기술 발전, 플랫폼 경제의 확산, 고용 형태의 다변화가 복지국가에 미치는 영향을 분석하고, 이에 대응하기 위한 사회안전망의 재설계 방안을 찾는다. 둘째, 저출생·고령화로 인한 인구 구조 변동이 복지 재정과 세대 간 형평성에 미치는 영향을 평가하고, 지속 가능한 복지 재정을 구축하기 위한 정책적 대안을 모색한다. 셋째, 국제 이주와 관련하여 이민자들의 사회권 보장과 사회적 통합을 위한 복지국가의 역할을 탐구하고, 다문화 사회에서의 포용적 복지국가 모델을 살펴본다. 넷째, 기후 위기로 인한 새로운 사회적 위험에 대응하기 위해 생태적 복지국가의 개념을 구체화하고, 탄소중립 사회로의 전환 과정에서 정의로운 전환을 실현하기 위한 정책적 과제를 모색한다. 이와 같은 논의의 목표는 복지국가가 직면한 복합적인 위기를 체계적으로 이해하고, 이를 해결하기 위한 실질적인 정책적 대안을 설계하는 데 기여할 것이다.

우리는 복지국가의 미래를 전망하고, 주요 도전 과제에 대한 대응 방안을 제시하기 위해 다각적인 분석 방법을 활용할 수 있다. 첫째, 문헌 연구를 통해 노동시장 변화, 저출생·고령화, 국제 이주, 기후 위기와 관련된 기존 연구와 정책 사례를 종합적으로 검토하면서 각 도전 과제의 주요 특징과 복지국가에 미치는 영향을 체계적으로 분석할 수 있다. 둘째, 비교 연구 방법을 활용하여 주요 선진국과 한국의 복지국가 모델을 비교 분석할 수 있다. 이를 통해 각국의 정책적 대응 사례를 검토하고, 한국 복지국가에 적용 가능한 시사점을 도출할 수 있다. 셋째, 통계 분석 방법을 활용하여 인구 구조 변동, 노동시장 변화, 이민자 유입, 기후 변화와 관련된 데이터를 분석할 수 있다. 이를 통해 각 도전 과제가 복지국가의 지속가능성과 포용성에 미치는 구체적인 영향을 평가할 수 있다. 넷째, 정책 분석을 통해 기존 복지 정책의 한계와 개선 방안을 도출할 수 있다. 특히, 사회보험 체계, 적극적 노동시장 정책, 이민 정책, 환경 정책 등 주요 정책 영역에서의 혁신 방안을 모색할 수 있다. 이와 같은 분석 방법을 활용함으로써 복지국가의 미래를 체계적으로 이해하고, 실질적인 정책적 대안을 제시하는 데 중요한 정보를 확보할 수 있을 것이다.

2. 노동의 변화와 복지국가의 미래

1) 경제 세계화와 복지국가

1970년대 이후, 견고했던 복지국가 위상에 균열이 가기 시작한다. 특히 경제 세계화에 의해 자본, 상품, 사람이 국경을 자유롭게 넘나드는 시대가 열리면서 복지국가의 개입과 조절 능력이 심각한 도전에 직면하게 된다. 그 핵심적인 위협은 자본의 자유로운 이동이다. 이제 더 이상 자본은 특정 국가의 영토에 묶여 있지 않고, 국경을 넘어 자유롭게 이동할 수 있다. 그 결과로 첫째, 국가의 조세 및 재분배 능력이 약화되었다. 기업에 높은 법인세나 누진세를 부과하여 복지 재원을 마련하기가 어려워진 것이다. 자본의 국외 탈출 위협은 각국 정부 간의 법인세 인하 경쟁과 같은 조세 경쟁(tax competition)을 촉발시켰으며, 이는 복지국가의 재분배 기반인 조세 자율성을 악화시키는 결과를 초래했다. 둘째, 국가의 경제 정책 자율성이 축소되었다. 특정 국가의 고용 확대를 위한 확장적 통화 정책이나 재정 투입에 대해 국제 금융 자본의 자본 회수 압력에 노출됨에 따라 각국 정부는 국내 경제 상황보다는 국제 금융 시장의 평가에 반응하게 되어 적극적 개입 정책이 어려워진다. 셋째, 자본의 협상력이 노동의 협상력보다 더 강력해졌다. 자본은 국경을 넘어 자유롭게 이동할 수 있지만, 노동은 훨씬 어렵기 때문이다. 이러한 비대칭성은 기업이 노동조합을 약화시키고 임금 삭감이나 불안정 노동 확대를 더욱 강하게 요구할 수 있게 한다. 그 결과 국가는 이른바 '바닥을 향한 경쟁(Race to the Bottom)'에 직면하게 되며, 국제 경쟁에서 살아남기 위해 법인세 인하, 노동 규제 완화, 복지 비용 감축 압력에 시달리게 된다. 이는 복지국가의 사회연대 원칙을 약화시키고, 최소국가를 지향하게 만드는 강력한 동력이 된다.

하지만 이에 대한 반론도 만만치 않다. 첫째, 경제 세계화가 결정론이 아니라는 지적이다. 경제 세계화의 거친 압박 속에서도 북유럽 복지국가는 여전히 상대적으로 높은 수준의 복지 체제를 유지하고 있다는 것이다. 외부 압력에 대응하는 방식은 각 국가의 정치 체제, 노사 관계, 사회적 합의 수준 등 국내적 요인에 따라 달라질 수 있다. 세계화가 하나의 조건은 맞지만, 유일한 원인은 아니다. 둘째, 복지국가의 역할은 축소가 아니라 재조정된다는 것이다. 경제 세계화로 인해 장기 실업, 산업 구조 변화에 따른 새로운 위험이 증가하면서, 오히려 국가의 역할은 더 중요해졌고 복지도 단순한 소득 보장이 아니라 교육, 훈련 등 투자나 생산성 향상 중심으로 역할과 책임이 변하고 있다는 것이다.

결론적으로 경제 세계화가 중요한 도전적 현상인 것은 분명하지만, 오히려 복지국가의 새로운 역할과 형태를 찾기 위한 노력이 훨씬 더 중요해졌다고 볼 수 있겠다. 경제 세계화로 자본의 자유로운 이동이 가능해진다면, 이에 비례하여, 노동의 이동도 자유로워져야 한다. 즉 노동의 세계화, 다시 말해, 자유 이동(Free Movement)이 이상적이다. 개인에게 더 넓은 기회를 제공하고, 효율적인 노동력 배분을 통해 역내 전체의 경제성장에 기여할 수 있다. 이론적으로 자유 이동은 모두에게 동등한 기회를 확대하는 것이다. 그런데 현실적으로, 어디든 갈 수 있는 여유로운 엘리트 상층 사람과, 어디든 가야만 하는 절박한 미숙련 하층 사람이 늘어나지 않을까. 누군가에게는 더 나은 삶의 질을 위한 선택의 문제인 반면, 또 다른 누군가에게는 자국의 저임금과 실업을 피해 국경을 넘어야 하는 생존을 위한 필요일 수 있다. 소셜 덤핑(Social Dumping) 문제는 그러한 단면을 잘 보여 준다.

소셜 덤핑이란 국가 간 노동 기준이나 사회적 보호 수준의 차이를 이용하여 기업이 인건비를 절감하고 경쟁력을 높이는 행위를 말한다. 따라서 복지 수준이 낮은 국가의 값싼 노동력을 복지 수준이 높은 국가로 데려와 고용함으로써 수용국의 기존 노동 기준을 하향 평준화시킬 수 있다. EU의 파견 노동자 제도가 대표적이다. 한 회원국의 기업은 다른 회원국의 노동자를 파견의 형태로 자국으로 데려와 일하게 할 수 있는데, 이때 파견 노동자의 사회보장세는 그가 원래 고용된 국가(본국)의 기준에 따라 납부해야 한다. 예를 들어, 회원국 A에서 고용주가 노동자에게 실수령액 2,000유로의 급여를 지급한다고 가정해 보자. A국의 현지 노동자를 고용하면, 고용주는 사회보장세와 세금을 포함해 총 2,500유로의 비용을 부담해야 한다. 그런데 사회보장세가 훨씬 낮은 회원국 B의 노동자를 파견 형태로 데려와 똑같이 2,000유로를 지급할 경우, 비용이 2,200유로로 줄어든다. 사회보장세가 그보다 더 낮은 회원국 C의 노동자는 2,100유로만 부담해도 된다면, 누구를 고용할 것인가.

노동자 입장에서는 같은 돈을 받지만, 고용주 입장에서는 현지 노동자보다 타국의 파견 노동자를 고용하는 것이 압도적으로 유리하다. 결국, 본국의 노동자는 사회보장세 부담이 더 낮은 국가의 파견 노동자에 의해 일자리를 잃을 가능성이 커진다. 이러한 소셜 덤핑은 첫째, 수용국의 노동시장을 교란하고 노동자의 권리를 약화시킨다. 특히 본국의 미숙련 노동자는 임금 하락과 고용 불안 압력에 노출될 것이고 노동조합의 단체 교섭력도 약해질 것이다. 둘째, 심각한 사회 갈등을 유발하고 사회 통합을 위협한다. 외국인 파견 노동자에 대한 반감과 혐오가 나타나며, 이민자가 복지 혜택에 무임승차한다는 극단적인 포퓰리즘이 자라나는 토양이 될 것이다. 결국 복지국가의 토대가 되는 사회적 연대의 균열과 붕괴가 초래될 것이다. 물론 이에 대한 대책 마련도 가능하다. 예를 들어, 동일 노동, 동일 임금 원칙을 파견 노동자에게도 적용하는 것이다. 파견 노동자 가이드라인을 도입하거나 개정하여 의무적으로 동일한 임금을 지급하도록 하면 된다. 하지만 사회보장세 기준은 파견 노동자의 본국을 기준으로 하므로 비용 차이는 여전히 사라지지 않는다. 각 국가의 복잡한 임금 체계를 표준화하여 비교하는 것은 현실적으로 어렵다. 이처럼 소셜 덤핑은 경제 세계화가 복지국가의 노동과 어떻게 충돌하는지를 보여 주는 매우 구체적이고 첨예한 사례이다. 자본과 노동의 자유로운 이동이라는 큰 흐름 속에서, 개별 국가가 독자적으로 노동 기준과 복지 체제를 방어하는 것이 점점 어려운 과제가 되고 있다.

2) 노동시장의 변화

1970년대 이후 경제 위기 속에 복지국가의 토대를 흔드는 구조적 변화로는 경제 세계화 외에도 탈산업화와 서비스 경제의 부상을 들 수 있다. 안정적인 일자리를 제공하던 제조업 비중이 감소하고, 고용 형태가 훨씬 다양하고 유연한 서비스 부문이 경제의 중심으로 부상했다. 서비스 부문 사용자들은 포디즘적 표준 고용 관계보다 유연한 고용 관계를 선호했으므로 비정규 노동 확산의 주요 요인이 되었다. 또한 복지국가를 비효율적이고 경제성장의 장애물로 간주하는 신자유주의 이념이 정치적 헤게모니를 장악했다. 민영화, 규제 완화, 그리고 노동시장 유연화가 시대적 화두가 되었고, 더 이상 완전고용이 목표가 아니었다. 한국도 1998년 외환 위기를 계기로 정리해고제와 파견근로제가 도입되는 등 노동시장 유연화 조치들이 제도화되었다. 이는 기업의 구조조정을 쉽게 하는 동시에 대량 해고와 신규 채용의 비정규직화 흐름을 고착시켰다. 특히 1999년에는 사상 처음으로 임시·일용직 비율이 상용직 비율을 넘어서면서 비정규직 문제가 본격적인 사회 문제로 부상했다(장귀연, 2009).

(1) 플랫폼 노동

플랫폼 노동은 디지털 플랫폼 노동의 중개를 통해 일자리를 구하고 서비스를 제공하는 새로운 고용 형태로서, 노동의 본질과 통제 방식을 근본적으로 변화시키고 있다. 전통적 근로계약과는 다른 특징을 가지므로 기존 노동법 보호 체계에 심각한 균열을 일으킨다. 플랫폼 노동은 첫째, 주문형 노동(On-Demand Work)이자 지역 기반 노동(Location-Based Work)이다. 온라인 플랫폼을 통해 주문이 이루어지지만, 실제 서비스는 특정 지역의 오프라인 공간에서 물리적으로 제공되는 형태이다. 이는 플랫폼 노동 중 가장 가시적이고 대중에게 친숙한 형태로, 음식 배달이나 대리운전, 퀵 서비스 등을 예로 들 수 있다. 둘째, 웹 기반, 크라우드 소싱(Web-Based, Crowdsourced Work)이다. 데이터 라벨링, 이미지 분류, 콘텐츠 번역과 같은 업무를 잘게 쪼개어 불특정 다수의 전 세계 온라인 노동자들에게 분배하는 방식이다. 노동을 극단적으로 파편화하고 비인격화하는 특징이 있다.[29]

플랫폼 노동의 가장 두드러진 특징은 알고리즘이 인간 관리자를 대체한다는 것이다. 알고리즘은 단순히 일감을 중개하는 것을 넘어, 업무 배정, 성과 감시, 가격 책정, 보상 및 징계에 이르는 노동 통제의 전 과정을 자동화한다. 알고리즘이 사실상 디지털 관리자 역할을 수행하는 셈이다. 고객이 매기는 별점은 알고리즘 관리의 핵심적 통제 기법이다. 별점은 노동자의 소득, 향후 일감 배정, 퇴출 여부까지 결정하는 강력한 수단이다. 이러한 시스템은 노동자에게 극심한 스트레스와 상시적인 불안감을 유발한다. 노동자들은 자신의 생존이 걸린 별점을 지키기 위해 고객의 불합리한 요구까지 견뎌야 하는 부담을 떠안게 된다. 또한 수입을 유지하거나 늘리기 위해 알고리즘이 제시하는 인센티브를 쫓아 위험을 감수하며 장시간의 노동에 내몰리는 경우가 빈번하다(김수근, 2019, pp. 30-33). 이러한 알고리즘 관리는 테일러의 과학적 관리법과 유사하다. 즉 노동자의 자율성을 박탈할 뿐 아니라 작업을 단순 반복적인 동작으로 분해하고 통제하려는 관리와 유사하게 서비스 노동을 정량화할 수 있는 긱(gig) 단위로 파편화한다. 실시간 데이터 수집을 통해 노동자의 모든 과정을 감시하고,

---

29 [긱경제⑩] “자투리 시간을 인공지능의 딥러닝으로, 크라우드웍스”, 2025년 7월 29일에 접속, https://www.jaturi.kr/news/articleView.html?idxno=5287.

별점과 같은 보상·징계 시스템을 통해 노동자의 행동을 유도한다. 과거의 성과급 제도와 유사하지만, 알고리즘에 의해 24시간 내내 감시가 이루어진다는 점에서 노동자의 무력감을 더욱 심화시키는 디지털 테일러리즘이라 할 수 있다(Stefano & Taes, 2022).

(2) 미니잡과 초단시간 노동

노동의 불안정성은 전통적 고용 관계 내에서도 노동시간을 극단적으로 줄여 법적 의무를 회피하려는 시도로 확산될 수 있다. 독일의 미니잡(Minijob) 제도를 예로 들 수 있다. 미니잡은 월 소득 상한액(초기 400유로, 2024년 기준 538유로로 인상됨)이 정해져 있는 저임금 단시간 근로 형태로, 노동자는 사회보험료 납부 의무가 거의 면제된다. 이는 2000년대 초 '하르츠(Hartz) 개혁'의 일환으로, 노동시장 유연성을 높이고 저숙련자의 노동시장 진입을 촉진하기 위해 도입되었다. 미니잡은 여성과 고령층의 고용률을 높이는 데 일부 기여한 것으로 평가받지만, 그와 동시에 거대한 저임금 노동을 형성하고 노동자들을 '불안정성의 덫'에 가두었다는 비판이 제기되었다. 특히 많은 여성이 미니잡에서 벗어나 완전한 사회보험이 적용되는 전일제 일자리로 이행하지 못하였고, 이는 결국 배우자에 대한 경제적 의존과 노후 빈곤으로 이어진다는 비판이 제기되었다(황예랑, 2004, pp. 1-4). 한국의 경우, 미니잡과 유사한 형태로 근로계약서상 소정의 근로시간이 1주 평균 15시간 미만인 초단시간 근로가 있다. 이 기준 미만으로 일하는 노동자는 주휴수당, 연차유급휴가, 퇴직금, 사회보험 등 사회안전망의 완전한 보호를 받기 어렵다(국가인권위원회, 2017). 이는 특히 서비스업, 영세 사업장에서 청년, 고령자 등 취약 계층의 고용 불안정성을 심화시키는 제도적 요인이 될 것이다.

(3) AI와 노동 관계의 변혁

인공지능(AI)이 노동시장에 미치는 영향은 일자리의 양적 변화에 그치지 않고 일자리의 질과 노사 관계를 근본적으로 바꿀 것이다. 그 영향을 구체적으로 살펴보면 첫째, 편향적 기술 변화와 노동시장 양극화이다. 기술 발전과 자동화는 노동시장의 중간층을 붕괴시키는 양극화 현상을 초래한다. 반복적인 육체노동과 같은 정형화된 업무뿐만 아니라 사무 행정직과 같은 인지적 업무까지 자동화의 직접적 대상이 된다. 반면 문제 해결이나 창의성 같은 숙련도가 높고 추상적인 업무, 대인 서비스 같은 미숙련 비정형 업무에 대한 수요는 오히려 증가할 것이다. 자동화 위험에 직면한 일자리의 비율은 계속 증가하고 모든 연령대에서 근속 기간이 짧아지고 특히 미숙련 노동자의 근속 기간 하락 폭이 더 클 것이다(외교부, 2019). 둘째, AI가 단순한 보조 도구가 아니라 강력한 관리 기술이 된다. 채용 및 인력 관리 전반에 활용되면서 투명성과 공정성에 대한 우려가 제기될 수 있다. 특히 노동자들은 자신도 모르는 사이 알고리즘에 의해 통제되고 평가받을 수 있다. 셋째, 노동자 복지에 상반된 영향을 미친다. 지루하고 반복적인 업무가 자동화되면서 직무 만족도가 상승할 수도 있지만, 실직에 대한 불안감이 강해질 수 있다. 또한 노동에 대한 감시 강화는 노동 강도를 높이고 사생활 침해 우려를 낳는다.

이와 같은 노동의 변화는 복지국가의 안전과 보호 대책에 충격을 가하고 균열을 심화시킬 수 있다. 무엇보다 표준적 고용 관계를 모델로 설계된 전통적 사회보험 제도는 새롭게 등장한 노동 형태를 체계적으로 포용하지 못한다. 플랫폼 노동자, 특수 고용직, 프리랜서, 초단시간 노동자 등은 노동 형태나 근로 시간으로 볼 때, 자영업자인지 근로자인지 경계가 애매한 가려진 노동의 성격을 띤다. 그러한 이유로 실업, 질병, 산재 등의 위험에 더 쉽게 노출될 수 있다. 따라서 노동시간과 복지 제도가 극단적으로 분절된다. 대기업 정규직이나 공공 부문 노동자(내부자)는 안정적인 고용과 함께 포괄적인 사회보험의 혜택을 누리는 반면, 비표준적 또는 비정형적인 노동자(외부자)는 고용 불안과 함께 핵심적인 사회 보호 대책에서 배제된 채 사회적 위험을 스스로 감당해야 한다. 이렇게 되면, 불평등 완화를 위해 사회적 연대에 기반한 탈상품화를 주도했던 복지국가는 오히려 역설적으로 불평등을 심화시키는 기제로 작동하게 된다. 노동시장은 이중화·파편화되어 있지만, 과거의 낡은 설계도에 기반한 복지국가를 유지하고 있는 셈이다. 소수의 안정된 내부자에게는 충실한 보장을 제공하고 다수의 불안정한 외부자는 배제하는 복지국가는 지속 가능성이 없다. 마치 가진 자에게 더 많은 보호를 제공하는 '매튜 효과(Matthew effect)'를 유발하는 딜레마를 안게 된 것이다.

3) 사회안전망의 역할 변화와 정책적 대응

노동시장의 변화와 새로운 사회적 위험의 등장은 기존 사회안전망의 한계를 드러내고 있으며, 이에 대응하기 위한 정책적 전환이 요구된다. 구체적인 논의는 다음과 같다.

첫째, 기존 사회보험 체계의 한계이다. 기존의 사회보험 체계는 정규직 남성 노동자를 중심으로 설계되어, 비정규직 노동자와 플랫폼 노동자를 포섭하지 못한다는 한계가 있다. 이러한 한계는 노동시장 변화와 고용 형태의 다양화로 인해 더욱 두드러지며, 사회보험 적용의 사각지대를 확대시킨다. 사회보험 제도의 한계는 노동시장 유연화와 기술 변화로 인해 더욱 심해지며, 복지국가의 지속 가능성을 위협하는 요소로 작용하고 있다. 기존의 사회보험 체계는 새로운 노동 형태와 사회적 위험에 대응하기 위해 재설계가 필요하다(조흥식, 2015). 둘째, 적극적 노동시장 정책(ALMP)과 근로장려세제(EITC)이다. 적극적 노동시장 정책은 장기 실업자, 이민 노동자, 경력 단절 여성, 청년 등의 직업 능력을 배양하여 노동시장 복귀를 지원하는 정책으로, 노동시장 변화에 대응하기 위한 중요한 수단으로 활용되고 있다. 이러한 정책은 노동자들의 고용 가능성을 높이고, 노동시장 전환에 유연하게 대처할 수 있도록 지원한다. 근로장려세제는 저소득 근로자의 근로 유인을 높이는 중요한 정책 수단으로, 노동시장 변화와 고용 형태의 다변화에 대응하기 위한 효과적인 방법으로 평가받고 있다. 근로가 불가능한 취약 계층은 배제되는 한계가 있지만, EITC는 저소득 근로자에게 소득 활동을 장려하며, 노동시장 참여를 촉진하는 역할을 한다. 셋째, 사회투자국가론의 중요성이다. 사회투자국가론은 노동시장 변화와 복지국가의 지속 가능성을 제고하기 위한 중요한 이론적 틀로, 인적 자본 투자와 사회 서비스 확충을 통해 노동시장 참여를 높이고 경제성장을 도모하는 전략을 제시한다. 이는 노동시장 변화와 고용 형태의 다변화에 대응하기 위한 중요한 접근법으로 평가받고 있다(양재진, 2023). 사회투자국가론은 특히 여성 고용을 촉진하고, 장기적으로 성장 잠재력을 높이는 효과를 기대할 수 있으며, 노동시장 변화와 복지국가의 지속 가능성을 제고하기 위한 중요한 수단으로 활용할 수 있다.

4) 앞으로의 과제

첫째, 사회보험 사각지대를 해소해야 한다. 노동시장 변화와 고용 형태의 다변화에 대응하기 위해, 비정규직 노동자와 플랫폼 노동자를 포괄할 수 있도록 사회보험 체계를 개혁해야 한다. 이는 사회보험 사각지대를 해소하고, 노동자들의 사회적 보호를 강화하기 위한 중요한 과제라 할 수 있다. 둘째, 적극적 노동시장 정책을 강화해야 한다. 적극적 노동시장 정책은 노동자들의 고용 가능성을 높이고, 노동시장 전환에 유연하게 대처할 수 있도록 지원하는 중요한 수단으로, 이러한 정책의 강화는 노동시장 변화와 복지국가의 지속 가능성을 제고하기 위한 중요한 과제라 할 수 있다. 셋째, 취업 지원형 사회 투자를 확대해야 한다. 취업 지원형 사회 투자는 단기적인 일자리 연결이 아니라 자기 결정을 최대한 반영한 상품화 및 재상품화 지원이 되어야 한다. 교육, 기술 훈련 등 인적 자본에 대한 투자를 강화하여 노동시장 변화와 복지국가의 지속 가능성에 대응하기 위한 중요한 수단으로, 이러한 투자의 확대는 노동시장 변화와 복지국가의 지속 가능성을 제고하기 위한 중요한 과제라 할 것이다. 넷째, 새로운 노동 위험에 대한 보장을 강화해야 한다. 새로운 노동 위험에 대한 보장은 실업부조 확대, 상병수당 도입 등 변화된 노동 환경에 맞는 소득 보장 체계를 구축하기 위한 중요한 과제로, 이러한 노동 변용에 따른 새로운 보장 강화는 사회 경제적 변화로 인한 복지국가의 지속 가능성을 제고하기 위한 중요한 수단이라 할 수 있다. 다섯째, 대안적 보완 모델의 활용 가능성을 모색해야 한다. 먼저 기본소득에 대해서이다. 노동과 복지의 연결고리가 다수 노동자에게서 분리되었다면 고용과 무관하게 보편적으로 작동하는 기본소득과 같은 보편적 안전망을 설계하는 것이다. 도입의 정당성과 지속 가능한 모델이 될 수 있을지 계속적인 연구가 필요하다. 상대적으로 효과가 큰 대상층에게 부분적으로 적용할 수도 있을 것이다. 다음으로 이동형 복지(Portable Benefits)에 대해서이다. 이동형 복지는 퇴직연금, 건강보험, 유급휴직 등 복지 혜택을 특정 기업이 아닌 노동자 개인에게 귀속시키는 제도이다. 노동자는 여러 곳에서 일할 때마다 각 일감에 비례하여 혜택을 적립하고, 이를 개인 계좌를 통해 평생 관리하는 아이디어이다(Kagan, 2024). 필요에 따라 일하지만, 모두가 어떤 형태로는 활동하고 참가하는 완전참가사회(full engagement society)의 긱경제(gig economy) 노동자에게 적합한 모델일 수 있다.

3. 인구 구조 변화와 복지국가의 미래

1) 저출생의 심화

한국은 세계적으로 유례없는 초저출생 국가로, 2024년 기준 합계출산율이 0.75명으로, OECD 평균인 1.49명(2023년 기준)에 크게 미치지 못하고 있다(여유진 외, 2024, pp. 205-206). 이는 세계 최저 수준으로, 한국 사회의 인구 구조 변동이 심각한 수준에 도달했음을 보여 준다. 특히, 출생률 감소는 단순히 인구 감소를 넘어 경제, 사회, 복지 전반에 걸쳐 심각한 영향을 미치고 있다. 출생률 감소는 생산 가능 인구의 급격한 감소로 이어져 경제성장 잠재력을 약화시키고, 국가의 지속 가능성을 위협하는 주요 요인으로 작용하고 있다. 이러한 초저출생 현상은 장기적인 추세로 자리 잡고 있으며, 이는 한국 사회의 구조적 문제를 반영한다. 특히, 출생률 감소는 결혼율 감소와 밀접하게 연관되어 있는데, 결혼을 하지 않는 청년층이 점점 증가하고 있다. 게다가 결혼은 했더라도 자녀를 갖지 않는 부부의 비율도 높아지고 있다. 이는 단순히 개인의 선택 문제를 넘어, 사회적·경제적 환경이 결혼과 출산, 양육을 어렵게 만드는 구조적 문제로 귀결된다. 그런데 저출생은 한 가지 원인만으로 설명하기 어려운 복합적이고 다층적인 문제이다. 먼저, 경제적 요인이 주요 원인으로 지적된다. 높은 주거 비용, 불안정한 고용 환경, 양육비 부담 등은 청년층이 결혼과 출산을 꺼리게 만드는 주요 요인으로 작용하고 있다(여유진 외, 2024, pp. 212-219). 특히, 서울과 같은 대도시에서의 높은 주거 비용은 젊은 세대가 안정적인 가정을 꾸리는 데 큰 장애물이 되고 있다. 또한, 일·가정 양립의 어려움도 중요한 원인으로 꼽힌다. 한국의 노동시장은 여전히 장시간 근로와 성별에 따른 고용 차별이 만연해 있는데, 이는 여성의 경력 단절과 출산 기피로 이어지고 있다. 여성들이 출산과 양육으로 인해 경력에서 불이익을 받는 구조는 저출생 문제를 더욱 심화시키고 있다. 다음으로, 사회적 가치관의 변화도 저출생의 중요한 배경으로 작용하고 있다. 결혼과 출산에 대한 전통적인 가치관이 약화되면서, 개인의 삶의 질과 자아실현을 중요시하는 경향이 강해지고 있다. 이는 결혼과 출산을 선택하지 않는 개인의 증가로 이어지고 있다. 아울러, 정부의 저출생 대책에 대한 국민 체감도가 낮다는 점도 문제로 지적된다. 정부는 다양한 출산 장려 정책을 시행하고 있지만, 실질적인 효과는 미미하며, 국민이 체감할 수 있는 수준의 지원이 이루어지지 않고 있다. 이는 정책의 설계와 실행 과정에서의 한계를 보여 준다. 그런데 탈가족화라는 렌즈를 통해 한국의 상황을 보면, 초저출생의 근본 원인이 더욱 분명해진다. 한국에서 여성의 노동시장 참여와 출산은 강한 음(-)의 상관관계를 보인다. 이는 여성이 직장 경력과 자녀 양육 사이에서 양자택일해야 하는 현실을 반영한다. 결혼과 출산이 여성 고용률과 소득을 급격히 하락시키는 모성 패널티로 작용한다는 논리가 성립된다(이삼식·최효진, 2014, pp. 156-160; 유인경·이정민, 2020, pp. 49-52). 이런 관점에서 보면, 정부가 저출생 정책에 막대한 예산을 투입했지만, 그 결과가 만족스럽지 못한 이유는 핵심을 놓쳤기 때문이다. 저출생 대책이 현금 지원에 집중되어 과중한 돌봄 부담이라는 근본 구조를 바꾸지 못했다는 점, 지속적인 젠더 평등 대책이 부족했다는 점을 지적할 수 있다. 그렇기 때문에 2인 부양자-2인 돌봄자 모델(dual earner-dual carer)로의 전환에 실패하고 저출생의 덫에 빠졌다는 분석도 가능하다(남재욱, 2021; Esping-Andersen, 2002). 이러한 분석은 두 가지 중요한 점을 시사한다. 첫째, 한국 가족의 변화는 전통에서 벗어난 도덕적 일탈이 아니라 사회경제적 활동의 요구와 전통적 복지국가의 논리 사이의 모순에 따라 발생한 것이라는 점, 둘째, 돌봄의 사회화를 위해 얼마나 복지 서비스에 투자하는지에 따라 결과가 달라질 수 있다는 점이다.

2) 급격한 고령화와 사회경제적 부담 증가

첫째, 생산성 및 경제성장률의 하락을 지적할 수 있다. 한국은 2025년 초고령사회(65세 이상 인구 비율이 전체 인구의 20% 이상)에 진입했는데, 이는 경제 전반에 걸쳐 심각한 영향을 미칠 것으로 보인다. 고령화는 생산 가능 인구의 감소를 초래하며, 이는 노동력 부족과 생산성 약화로 이어진다. 특히, 15세부터 64세까지의 생산 가능 인구가 줄어들면서 경제성장률이 둔화되고, 국가의 경제적 활력이 저하될 가능성이 높다(이성호, 2024). 고령화로 인한 경제적 부담은 단순히 노동력 감소에 그치지 않는다. 고령층의 소비 패턴 변화와 경제활동 감소는 내수 시장의 축소로 이어질 수 있으며, 이는 경제 전반의 성장 잠재력을 약화시키는 요인으로 작용한다. 또한, 고령화는 기술 혁신과 창업 활동에도 부정적인 영향을 미칠 수 있어서 장기적으로 국가 경쟁력을 약화시키는 결과를 초래할 수 있다. 둘째, 복지 부담 급증이다. 고령화는 복지 재정 부담을 급격히 증가시키는 주요 요인으로 작용한다. 노인 인구의 증가는 국민연금, 건강보험, 장기요양보험 등 노인 관련 복지 지출을 급격히 증가시키는데, 이는 젊은 세대와 국가 재정에 큰 부담을 안기고 있다. 특히, 국민연금과 건강보험의 재정 고갈 문제는 고령화 사회에서 가장 큰 도전 과제 중 하나로 꼽힌다. 노인 인구의 증가로 인해 의료비와 요양비 지출이 급증함에 따라 복지 재정의 지속 가능성을 위협하는 주요 요인이 되고 있다. 또한, 고령화로 인한 복지 지출 증가가 젊은 세대의 세금 부담으로 이어지면서 세대 간 갈등을 심화시키는 결과를 초래할 수 있다. 셋째, 노인 빈곤 및 건강 문제 심화이다. 한국은 OECD 국가 중 노인 빈곤율이 가장 높은 국가 중 하나로, 이는 고령화 사회에서 심각한 사회 문제로 대두되고 있다. 노인 빈곤 문제는 단순히 소득 부족의 문제를 넘어, 사회적 고립과 건강 악화로 이어질 수 있다. 특히, 노인 1인 가구의 증가와 가족 돌봄의 약화는 노인 빈곤 문제를 더욱 심화시킬 수 있다. 노인 건강 문제도 고령화 사회에서 중요한 과제로 부상하고 있다. 만성질환과 장애를 가진 노인의 비율이 증가하면서, 의료비와 요양비 부담이 급증하고 있다.[30] 이는 노인들의 삶의 질을 저하시킬 뿐만 아니라, 사회 전체의 복지 비용을 증가시키는 결과를 초래하고 있다.

<표 17> 노인 소득의 국제 비교

구분	노인 빈곤율 (%)	노인 고용률 (%)	노인 가구 소득원: 공적 이전(%)	노인 가구 소득원: 근로소득(%)	노인 가구 소득원: 자산/사적 이전(%)
한국	39.7(2022)	36.2(2022)	28.1	52.0	19.9
일본	20.2(2021)	25.1(2022)	68.3	20.1	11.6
독일	19.8(2021)	8.1(2022)	75.5	15.2	9.3
스웨덴	11.5(2021)	9.4(2022)	85.1	8.5	6.4
OECD 평균	14.2(2021)	15.0(2022)	56.7	25.2	18.1

출처: 김지연, 2024, p. 5.

3) 공평하고 지속 가능한 복지

첫째, 연금 제도의 구조적 문제를 지적할 수 있다. 한국의 연금 제도는 고령화 사회에서 지속 가능성을 위협받고 있다. 국민연금의 재정 고갈 문제는 이미 예견된 바 있으며, 이는 젊은 세대의 과도한 부담으로 이어질 가능성이 높다. 현재의 연금 제도는 고령층에게는 충분한 소득을 제공하지 못하면서도, 젊은 세대에게는 과도한 기여를 요구하는 구조적 문제를 안고 있다. 연금 제도의 구조적 문제는 세대 간 형평성을 저해하는 주요 요인으로 작용하고 있다. 젊은 세대는 자신들이 납부한 기여금에 비해 낮

30 보건복지부 전자정부 누리집, 보건복지부는 이런 일을 해요. https://www.mohw.go.kr/menu.es?mid=a30101030000.

은 수준의 연금을 받을 가능성이 높은데, 이는 세대 간 갈등을 심화시키는 결과를 초래할 수 있다.

<표 18> 2025년 한국 연금개혁안의 주요 내용

구분	현행 유지 (개혁 전)	2025년 개혁안 (모수 조정)	2025년 개혁안 + 기금 수익률 1%p 제고
보험료율	9%	13%(단계적 인상)	13%(단계적 인상)
소득 대체율	40%(하향 중)	43%(상향 고정)	43%(상향 고정)
기금 고갈 시점	2056년	2064년	2071년
고갈 연장 효과	-	약 8년 연장	약 15년 연장

출처: 보건복지부, 국민연금 기금 소진 관련 보도의 설명 자료, 2025년 3월 21일.

둘째, 기초연금의 개편이다. 기초연금은 고령층의 소득 보장을 위해 중요한 제도이지만, 현재의 기초연금 제도는 재정적 지속 가능성과 형평성 측면에서 한계를 드러내고 있다(이성호, 2024, p. 367). 기초연금의 지급 수준과 대상 범위를 둘러싼 논의가 지속되고 있으며, 이는 고령층의 소득 보장을 강화하면서도 재정적 지속 가능성을 확보하기 위한 방향으로 진행되고 있다. 기초연금 개편 논의는 고령층의 소득 보장을 강화하는 동시에, 젊은 세대의 부담을 완화하는 방향으로 이루어져야 한다. 이를 위해, 기초연금의 재원 조달 방식을 다각화하고, 지급 대상과 수준을 조정하는 방안이 검토되고 있다.

4) 지속 가능한 복지국가를 위한 정책 방향

첫째, 젠더 평등의 복지국가를 구축해야 한다. 저출생 문제를 해결하기 위해서는 젠더 평등의 복지국가를 구축하는 것이 중요하다. 그러려면 여

성의 경력 단절을 방지하고, 남성의 육아 참여를 확대하는 정책이 필요하다. 이를 위해, 육아휴직 제도의 확대와 유연근무제 도입 등 일·가정 양립을 지원하는 정책이 강화되어야 한다. 둘째, 노동시장을 개혁하고 양질의 일자리를 창출해야 한다. 청년 세대가 안정적인 미래를 설계할 수 있도록 양질의 일자리를 창출하고, 노동시장의 이중 구조를 개선하는 것이 필요하다. 이를 위해, 비정규직의 정규직 전환과 청년 고용 지원 정책이 강화되어야 한다. 셋째, 고령자 경제활동을 지원해야 한다. 고령층의 경제활동 참여를 지원하는 정책이 필요하다. 정년 연장, 고령층 재고용 활성화 등을 통해 숙련된 고령 인력을 활용하고, 노인 소득 공백을 줄이는 방안이 검토되어야 한다. 넷째, 지역사회 중심 통합 돌봄 체계를 강화해야 한다. 노인 1인 가구 증가에 대비하여 의료, 요양, 돌봄 서비스가 지역사회 내에서 유기적으로 연계될 수 있도록 시스템을 구축해야 한다. 이를 통해, 노인들의 삶의 질을 향상시키고, 복지 비용을 효율적으로 관리할 수 있다. 다섯째, 새로운 사회계약을 통한 연대를 강화해야 한다. 투명하고 공정한 복지 시스템을 통해 사회적 신뢰를 회복하고 세대 갈등을 완화해야 한다. 특히 모든 정책 결정의 장기적 재정 효과와 그 부담이 세대별로 어떻게 분배되는지를 명확하고 투명하게 공개해야 한다. 이는 어려운 개혁에 대한 국민적 공감대를 형성하기 위한 전제조건이다. 아울러 연금 등 복지 개혁을 세대 간 대결이 아니라, 지속 가능한 공동의 부를 축적하는 과정으로 전환해야 한다. 분열과 대립의 담론을 넘어 연대와 신뢰에 기반한 사회적 숙의 과정이 필요하다.

4. 이민과 복지국가

1) 이민자 유입 증가

전통적인 복지국가는 '국민국가(Nation-State)'를 전제로 한다. 즉, '우리 국민'이라는 동질적인 공동체 구성원들이 함께 세금을 내고, 공동의 사회적 위험에 함께 대처한다는 사회적 계약에 기반한다. 그런데 세계화로 인해 국경의 구분이 약해지고, 지구적 규모의 거대한 불평등과 위험(전쟁, 기후 변화, 빈곤)으로 인해 사람들의 대규모 이동이 일상화되면서 그 경계가 흔들리고 있다. 국민의 경계가 애매해질 때, 복지 혜택은 과연 어디까지, 어느 수준으로 제공되어야 하는가? 복지국가의 문은 누구에게까지 개방되어야 하는가? 이민 문제는 복지국가 사람들의 정체성에 대해 질문을 던진다.

이민자 유입이 증가하면서 복지국가 내부에는 필연적으로 갈등이 발생한다. 그 핵심에는 복지 쇼비니즘(Welfare Chauvinism)이 있다. 이는 복지 혜택이 원주민에게만 주어져야 하며, 이민자들은 그 자격이 없거나, 오히려 제도에 무임승차하는 기생적 존재로 보는 배타적 태도를 의미한다. 이러한 정서는 유럽의 경우, 극우 포퓰리즘 정당이 성장하는 중요한 동력이 되었다. 프랑스의 국민연합(RN, 구 국민전선), 독일의 독일을 위한 대안(AfD), 네덜란드의 자유당(PVV) 등은 이민자들이 복지와 일자리를 빼앗아 간다는 담론을 주도하며 큰 지지를 얻었다. 2024년 유럽의회 선거에서 이들 정당의 약진이 두드러졌다. 프랑스 국민연합은 1위를 차지했고, 독일 AfD는 집권당인 사회민주당을 누르고 2위에 올랐다. 네덜란드에서는 자유당이 연정 구성에 성공하며 집권하기에 이르렀다. 이들의 주장은 이민 반대를 넘어 복지국가의 재편을 요구한다. 복지 지출 자체를 줄이기보다는 그 혜택의 대상을 우리 국민으로만 제한하자는 것이다. 이는 복지국가의 보편주의 원칙을 부정하고, 민족주의와 순혈주의에 기반한 차별적 복지를 이식하려는 시도이다. 이러한 문제는 이민자 규모가 급증하는 현실과 맞물려 있다. OECD의 「2024 국제 이주 전망」에 따르면, 2023년 OECD 38개 회원국으로 유입된 영주권 취득 이민자 수는 전년 대비 약 10% 증가한 650만여 명으로 사상 최대 규모를 기록했다. 한국의 경우, 2023년 말 기준, 국내에 거주하는 외국인 주민은 약 246만 명으로, 총인구의 4.8%에 이른다. 특히 2023년 한국의 이민자 증가율은 50.9%로, OECD 회원국 중 영국에 이어 두 번째로 높았다(OECD, 2024). 이는 저출생·고령화로 인한 심각한 인력난을 외국인 노동력으로 충당하고 있기 때문으로 보인다. 그런데 한국의 이민 정책은 매우 이중적인 모습을 보인다. 즉 전문 기술이나 재력을 가진 서구권 출신 백인 이민자는 우대하지만, 인력난 해소를 위해 대규모로 유입된 비서구권 출신 이주 노동자나 난민은 철저히 통제하고 배제하려는 경향을 보인다. 이들에게는 가족 결합을 제한하고, 영주권이나 국적 취득의 문턱을 매우 높게 설정하며, 사회보장 제도 접근에도 여러 장벽을 둔다(이명현, 2024).

2) 사회 통합의 과제

한국의 이민 정책은 이민자의 기술 수준과 동일 민족성을 기준으로 위계적으로 구조화되어 있으며, 이는 이민자의 거주권, 노동권, 사회권 수준에 큰 영향을 미친다. 예를 들어, 결혼이민자와 그 가족은 비교적 높은 권리를 부여받는 반면, 단순 노동 인력으로 분류되는 이민자들은 제한적인 권리를 부여받는 경향이 있다. 이러한 위계적 구조는 이민자 집단 내에서 권리의 불평등을 초래하며, 사회 통합을 저해하는 주요 요인으로 작용한다(김규찬, 2020, pp. 17-18). 예를 들어, 일부 이민자들은 한국 사회에 적응하기 위한 언어 교육이나 직업훈련과 같은 사회 통합 프로그램에 접근할 기회를 얻지 못하고 있다. 이는 이민자들이 한국 사회에 안정적으로 정착하고 기여할 수 있는 기회를 제한하며, 장기적으로는 사회적 비용을 증가시킬 수 있다. 특히, 한국의 이민 정책은 발전주의적 복지국가의 특성과 밀접하게 연관되어 있다. 발전주의적 복지국가는 근로(기여)를 사회권 배분의 주요 기준으로 삼으며, 이는 고용을 전제로 한 노동 이민 정책과 높은 제도적 친화성을 가진다. 그러나 이러한 정책은 장기 체류가 보장되는 소수의 이민자에게만 실질적인 사회권 접근을 허용하며, 다수의 이민자는 여전히 제한된 권리만을 누릴 수 있다.

3) 사회권 보장과 복지국가의 역할

이민자들의 사회권 보장과 관련한 문제점과 그 해결 방안을 살펴보자. 한국의 사회보험과 공공부조 체계는 이민자들에게 접근성이 제한적인 경우가 많다는 문제가 있다. 사회보험은 기여를 전제하므로 이민자들이 비교적 쉽게 접근할 수 있지만, 공공부조나 사회 서비스는 국적이나 체류 자격에 따라 접근성이 크게 제한된다. 이는 이민자들이 기본적인 사회적 권리를 누리는 데 큰 장애물이 되고 있다(김규찬, 2020, p. 16). 특히, 단순 노동자로 분류되는 이민자들은 사회보험에 가입할 기회조차 제한되는 경우가 많다. 이민자들이 노동시장에서 차별을 경험하거나, 불안정한 고용 상태에 놓여 있는 경우가 많기 때문이다. 이러한 상황은 이민자들의 경제적 안정성을 저해하며, 사회적 배제의 원인이 될 수 있다. 이러한 문제를 해결하려면 이민자의 사회권 보장에 대한 접근 방식을 시혜적 차원에서 권리 친화적 차원으로 전환할 필요가 있다. 이는 이민자들이 단순히 노동력으로 간주되는 것을 넘어, 사회 구성원으로서의 권리를 인정받고, 이를 통해 사회에 기여할 수 있는 환경을 조성하는 것을 목표로 한다. 예를 들어, 아동 양육이나 돌봄과 같은 사회적 기여를 하는 이민자들에게는 보다 높은 수준의 권리를 보장해야 한다는 주장도 있을 수 있다. 권리 기반 접근은 이민자들이 한국 사회에 안정적으로 정착하고, 사회적 통합을 이루는 데 중요한 역할을 할 수 있다. 이를 위해 이민자들이 사회보험, 공공부조, 사회 서비스와 같은 기본적인 사회적 권리에 쉽게 접근할 수 있도록 제도적 장치를 마련해야 한다. 또한, 이민자들의 권리 보장을 위한 법적·제도적 기반을 강화할 필요가 있다.

4) 이민 정책과 복지국가의 정합성 문제

먼저, 사회 투자 복지국가와 이민 정책에 대해 살펴보자. 사회 투자 복지국가는 이민자들의 경제적 기여와 사회적 통합을 중요시하는 경향이 있다. 이는 이민자들이 노동시장에 참여하고, 이를 통해 사회에 기여할 수 있는 환경을 조성하는 것을 목표로 한다. 예를 들어, 적극적 노동시장 정책(ALMP)이나 근로장려세제(EITC)와 같은 정책을 내국인과 외국인 구분 없이 형평성 있게 적용한다면 이민자들이 안정적으로 노동시장에 참여할 수 있도록 지원하는 데 중요한 역할을 할 것이다. 따라서 사회 투자 복지국가는 이민자들이 단순히 노동력이라는 도구로 활용되는 것을 넘어, 동등한 시민으로서의 역할을 효과적으로 수행할 수 있도록 지원하는 것을 목표로 해야 한다. 이를 위해서는 이민자들이 사회적 권리를 보장받고, 이를 통해 사회에 기여할 수 있는 환경을 만드는 것이 중요하다. 두 번째로, 배타적 복지국가 모델의 한계에 대해 살펴보자. 배타적 복지국가 모델은 이민자들에게 사회적 권리를 제한적으로 부여하며, 이는 이민자들의 사회적 통합을 저해하는 주요 요인으로 작용한다. 예를 들어, 일부 국가에서는 이민자들에게 사회보험이나 공공부조와 같은 기본적인 사회적 권리를 부여하지 않거나, 제한적으로 부여하는 경우가 많다. 이는 이민자들이 사회에 안정적으로 정착하고 기여할 수 있는 기회를 제한하며, 장기적으로는 갈등을 초래하여 사회적 비용을 증가시킬 수 있다. 배타적 복지국가 모델은 이민자들이 사회적 권리를 보장받지 못하는 상황에서, 사회적 균열만 높일 수 있다. 따라서 배타적 복지국가 모델의 한계를 극복하고, 이민자들이 사회적 권리를 보장받을 수 있는 포용적 환경을 조성하는 것이 중요하다.

5) 다문화 사회와 포용적 복지국가 구축

다문화 사회에서 포용적 복지국가를 구축하려면 이민자 권리 보장을 강화하는 것이 무엇보다 중요하다. 이를 위해서는 이민자들이 체류 자격이나 이민 유형에 따라 차별받지 않고, 기본적인 노동권, 건강권, 교육권 등을 보장받을 수 있도록 제도적 장치를 마련해야 한다. 또한, 이민자들이 사회적 권리를 보장받을 수 있는 법적·제도적 기반을 강화하는 것이 필요하다. 두 번째로는 포용적 사회 통합 프로그램을 확대해야 한다. 사회 통합을 위한 포용적 프로그램은 이민자들이 한국 사회에 안정적으로 정착하고, 사회에 기여할 수 있는 환경을 조성하는 데 중요한 역할을 한다. 예를 들어, 한국어 교육, 직업훈련, 문화 이해 교육 등은 이민자들이 한국 사회에 적응하고, 사회적 통합을 이루는 데 중요한 요소이다. 이러한 프로그램은 이민자들이 사회에 기여할 수 있는 기회를 제공하며, 장기적으로는 사회적 비용을 감소시킬 수 있다. 세 번째로는 차별 금지 및 인권 존중 문화를 확산시켜야 한다. 차별 금지와 인권 존중 문화는 다문화 사회에서 포용적 복지국가를 구축하는 데 중요한 요소이다. 이를 위해 이민자들에 대한 사회적 편견과 차별을 해소하고, 상호 존중의 문화를 조성하는 것이 필요하다. 따라서 이민자들에 대한 차별을 금지하는 법적·제도적 장치를 마련하고, 이를 통해 이민자들이 사회적 권리를 보장받을 수 있는 환경을 조성하는 것이 중요하다. 마지막으로 지역사회 중심의 이민자 지원 체계를 구축해야 한다. 지역사회 중심의 이민자 지원 체계는 이민자들이 지역사회에 안정적으로 정착하고, 사회에 기여할 수 있는 환경을 조성하는 데 중요한 역할을 한다. 이를 위해서는 이민자들이 밀집하여 거주하는 지역을 중심으로 맞춤형 지원 서비스를 제공하고, 지역 주민과의 교류를 활성화할 필요가 있다. 또한, 지역사회와 협력하여 이민자들이 사회적 권리를 보장받을 수 있는 환경을 조성하는 것이 중요하다.

5. 기후 위기와 복지국가의 미래

1) 기후 변화와 새로운 사회적 위험

기후 변화가 복지국가에 미치는 영향은 다각적이며, 특히 새로운 사회적 위험을 발생시킨다는 점에서 주목할 필요가 있다. 기후 변화는 기존의 사회적 위험과는 다른 새로운 유형의 위험을 초래하고 있다. 이러한 위험은 전통적인 사회적 위험(실업, 질병, 노령 등)과는 달리, 환경적 요인과 밀접하게 연관되어 있으며, 그 영향이 시공간을 초월하여 복잡하게 나타난다. 예를 들어, 폭염, 홍수, 가뭄과 같은 극단적인 기상 현상은 저소득층과 같은 취약 계층의 건강과 안전을 심각하게 위협하며, 주거 불안정, 식량 위기, 에너지 빈곤 등의 문제를 야기한다. 이러한 새로운 사회적 위험은 기존의 복지 시스템으로는 효과적으로 대응하기 어려운 복합적인 성격을 띠고 있다. 특히, 기후 변화로 인한 위험은 단순히 자연재해로 끝나는 것이 아니라, 사회적 불평등을 심화시키고, 지역 간, 계층 간 격차를 확대시키는 결과를 초래한다. 예를 들어, 기온 상승은 열악한 주거 환경에 놓인 저소득층의 건강을 심각하게 위협하며, 이는 주거 복지와 환경 정책의 통합적 접근을 요구한다(남재욱, 2022). 둘째, 주거 환경 개선과 탄소중립 정책의 과제를 이해해야 한다. 기후 변화로 인한 새로운 사회적 위험에 대응하기 위해서는 주거 환경 개선과 탄소중립 정책이 중요한 과제로 부상하고 있다. 특히, '그린 리모델링'과 같은 주거 환경 개선 사업은 주거 복지와 탄소 배출 감소를 동시에 고려해야 하는 과제를 안겨 준다. 이는 저소득층과 같은 주거 약자들의 처지를 개선하는 동시에, 건축 부문의 탄소 배출을 감소시키는 방향으로 설계되어야 한다. 또한, 화석연료 보조금 폐지와 같은 탄소중립 정책은 농어촌 지역이나 특정 산업에 불균등한 영향을 미칠 수 있어, 사전에 지역 및 계층별 영향을 고려한 섬세한 정책 설계가 요구된다. 예를 들어, 화석연료 보조금의 상당 부분이 농수산업에 대한 보조금 성격을 갖고 있는 한국의 경우, 이러한 정책이 농어촌 지역에 미치는 영향을 최소화하기 위한 대책이 필요하다(김기태 외, 2024).

2) 탄소중립과 정의로운 전환의 과제

탄소중립 사회로의 이행은 필연적으로 산업 구조의 재편을 동반하며, 이는 '정의로운 전환'의 관점에서 해결해야 할 새로운 과제를 안겨 준다. 첫째, 고탄소 산업의 위축과 노동자 지원이다. 탄소중립 사회로의 전환은 불가피한 과제이지만, 이 과정에서 화석연료 산업과 같은 고탄소 산업이 소멸 또는 위축되고 이는 해당 산업에 종사하는 노동자들의 일자리 상실로 이어져 그들에게 심각한 경제적 충격을 초래할 수 있다. 그러므로 정의로운 전환(Just Transition)의 원칙에 따라, 전환 과정에서 노동자들의 해고를 최소화하기 위한 사회적 협약, 실직자를 위한 소득 보장 및 재취업 지원, 새로운 산업에 필요한 기술 개발과 직업훈련 등의 지원책이 포괄적으로 마련되어야 한다. 이러한 정책들은 노사정 협력과 중앙-지역-민간을 잇는 거버넌스 구축을 통해 효과적으로 추진될 수 있다(이상은, 2023). 둘째, 지역산업 위기 지원 및 재생 전략이다. 고탄소 산업의 상당수가 특정 지역에 밀집해 있다는 점을 고려할 때, 이러한 지역에서의 산업 전환은 지역 경제와 고용에 큰 영향을 미칠 수 있다. 따라서 지역산업 위기 지원 정책과 지역 재생 전략이 필요하다. 예를 들어, 신재생에너지 산업과 같은 새로운 산업으로의 전환을 촉진하기 위해서는 해당 지역에 대한 재정적 지원과 인프라 투자가 필요하다. 또한, 지역 주민과의 협력을 통해 지역 특성에 맞는 산업 전환 전략을 수립하고, 이를 실행하기 위한 거버넌스를 구축해야 한다(이상은, 2023).

3) 녹색 복지국가를 향한 정책 방향

첫째, 탄소세와 기본소득의 결합이다. 녹색 복지국가는 환경과 복지를 통합적으로 고려하는 대안적 패러다임으로, 탄소세와 기본소득의 결합이 중요한 정책 수단으로 논의되고 있다. 탄소세는 탄소 배출을 줄이기 위한 경제적 유인책으로, 이를 통해 얻어진 수입을 국민에게 재분배함으로써 정책의 수용성을 높이고, 저소득층의 부담을 완화할 수 있다. 둘째, 녹색 일자리 창출이다. 녹색 복지국가는 재생에너지, 친환경 건축, 지속 가능한 농업 등 녹색산업을 육성하여 새로운 일자리를 창출하는 것을 목표로 한다. 이는 단순히 환경 문제를 해결하는 것을 넘어, 경제적 기회를 창출하고, 사회적 불평등을 완화하는 데 기여할 수 있다(최경구, 2006; 이상은, 2023). 셋째, 보편적 기본서비스 확대이다. 녹색 복지국가는 대중교통, 에너지 효율 주택, 지역 식품 시스템 등 저탄소 인프라에 대한 투자를 통해 모든 시민의 필요를 충족시키면서 환경 영향을 줄이는 보편적 기본서비스를 확대하는 것을 지향한다. 이는 기후 변화로 인한 사회적 위험에 대응하는 동시에, 지속 가능한 발전을 도모하는 데 중요한 역할을 한다. 넷째, 생태적 지속 가능성을 고려한 도시 및 지역 개발이다. 녹색 복지국가는 생태적 지속 가능성을 고려한 도시 및 지역 개발을 통해 기후 변화 적응력을 높이고, 주민들의 삶의 질을 향상시키는 것을 목표로 한다. 이는 친환경적인 도시 계획과 지역 재생을 통해 실현될 수 있으며, 이를 위해 중앙정부와 지방정부 간의 협력이 필요하다.

4) 기후 위기 대응을 위한 복지국가의 혁신

기후 위기 대응을 위한 복지국가의 혁신적인 복지 정책은 기후 변화 적응 정책을 포함한다. 이는 기후 변화로 인한 피해로부터 국민의 건강을 보호하기 위한 정책을 마련하고, 기후 변화에 대한 적응력을 높이는 데 중점을 둔다. 예를 들어, 폭염, 홍수, 가뭄 등 극단적인 기상 현상에 대비한 사회적 안전망을 강화하고, 취약 계층을 위한 지원 정책을 확대해야 한다. 다음으로 기후 위기 대응 과정에서 사회적 형평성을 제고하는 것도 중요한 과제이다. 이는 기후 변화로 인한 불평등 문제가 해소되지 않으면, 기후 위기 해결에 대한 사회적 참여가 저하될 수 있기 때문이다. 따라서 기후 위기 대응 정책은 사회적 형평성을 고려하여 설계되어야 하며, 이를 통해 모든 계층이 기후 위기 대응에 동참할 수 있도록 유도해야 한다.

5) 기후 위기와 사회복지사

사회복지 전문직이 기후 위기에 응답해야 하는 이유는 명확하며, 이는 직업의 핵심적인 윤리 강령에 깊이 뿌리 내리고 있다. 사회복지사는 인간의 존엄성과 가치를 존중하고, 사회 정의 실현을 위해 헌신할 것을 서약한다. 기후 위기의 가장 큰 피해자는 바로 사회복지사가 최우선으로 섬겨야 할 고객, 즉 빈곤층, 노인, 아동, 장애인, 그리고 사회적으로 소외된 지역사회의 주민들이다. 이들의 고통이 기후 변화라는 구조적 원인에 의해 심화되고 있는 현실을 외면하는 것은 사회복지 전문직의 근본적인 사명을 외면하는 것과 같다. 따라서 기후 위기에 대한 대응은 사회복지사의 핵심적인 윤리적 책무라 할 수 있다. 기후 위기 시대 사회복지사의 역할은 세 가지 단계로 구분할 수 있다. 첫째, 미시적 차원에서 사회복지사는 기후 변화에 직접 노출된 개인과 가족의 적응력을 높이고 피해를 완화하는 역할을 수행한다. 무엇보다, 직접적 지원 및 역량 강화가 필요하다. 예를 들어, 뉴욕시가 허리케인 이후 지하 및 반지하 거주민들을 대상으로 대피 절차를 교육하고 지역사회 조사를 실시한 'Rainboots on the

Groud' 프로그램처럼 한국에서도 상습 침수 지역 주민들을 대상으로 재난 대비 훈련과 워크숍을 운영하고 재해 예방 물품을 지원할 수 있다(이명현, 2024). 시흥시 '작은자리종합사회복지관'의 '도와줘! 홈즈' 프로그램은 침수 피해 가정을 방문해 물막이판을 설치하고 고효율 LED 조명으로 교체하는 등 주거 환경 개선에 직접 개입하는 좋은 사례이다.[31] 또한 심리적·정서적 지원도 필요하다. 사회복지사는 기후 재난으로 인한 트라우마나 미래에 대한 불안감, 다시 말해, 기후 불안을 겪는 주민들을 위한 전문적인 상담과 심리 치료 프로그램을 제공한다(백주하·김혜윤, 2024, pp. 9-12). 집단 상담이나 지지 그룹을 통해 이들이 고립되지 않고 서로의 경험을 나누며 회복 탄력성을 키울 수 있도록 도울 수 있다. 아울러, 지속가능한 삶을 위한 기술 교육도 필요하다. 지역 주민들을 대상으로 옥상 텃밭 가꾸기, 음식물 쓰레기 줄이기, EM 발효액이나 천연 비누 만들기 등 친환경 생활 기술을 교육하는 프로그램을 운영하여, 생활 속에서 기후 행동을 실천하고 경제적 부담도 줄일 수 있도록 지원한다.[32]

둘째, 중범위 수준에서 사회복지사는 자신이 속한 기관을 변화시키고, 지역사회를 조직하여 공동의 대응 역량을 구축하는 역할을 수행한다. 최근 기업계의 화두인 ESG(환경·사회·거버넌스) 경영을 도입하는 것이다(김희연·김민재, 2023, p. 91). 이는 기관 운영 전반에 걸쳐 환경적 책임을 다하고(E), 투명하고 윤리적인 지배 구조를 확립하며(G), 직원과 이용자, 지역사

31 작은자리종합사회복지관, 중점사업 - 환경실천프로젝트, 2025년 8월 9일에 접속, https://jakun-jari.or.kr/business/biz1_cont3.

32 기후재난시대 사회복지공론장 - 기후위기대응 지역사회 실천사례, YouTube, 2025년 7월 30일에 접속, https://www.youtube.com/watch?v=aimZhcUHKps.

회의 권익을 존중하는(S) 경영을 실천하는 것을 의미한다. 그러려면 무엇보다 지역사회 조직화 및 동원이 중요하다. 사회복지사는 지역사회의 기후 행동을 촉진하는 조직가(organizer)이자 촉매자(catalyst)가 될 수 있다. 기후 재난에 대한 지역사회의 대응을 보여 주는 중요한 사례로, 2022년 기록적 폭우 당시 서울 신림종합사회복지관의 활동을 들 수 있다. 이 복지관은 침수 피해 주민의 목소리를 담은 실태 조사를 실시하고, 그 결과를 바탕으로 '기후재난시대 사회복지 공론장'을 열어 대응 방안을 논의했다(신림종합사회복지관, 2024). 또한, 지역 내 다양한 기관과 단체를 연결하여 '환경실천 네트워크'를 구축하고, 쓰레기 없는 축제나 주민 주도의 자원 순환 가게를 운영하는 등 공동체 기반의 실천 활동을 조직할 수 있다.

셋째, 거시적 수준에서 현장의 목소리를 정책으로 연결하는 옹호자(advocate) 역할을 수행해야 한다. 사회복지사는 현장에서 확인한 취약 계층의 구체적인 어려움을 근거로 하여, 기존 제도의 개선을 요구해야 한다. 또한 정의로운 전환 과정에 참여해야 한다. 정부의 탄소중립 정책 수립 과정이나 공청회 등에 적극적으로 참여하여, 전환 과정에서 소외될 수 있는 비정규직 노동자, 영세 자영업자, 농어민 등 취약 계층의 목소리를 대변하고 이들을 위한 사회안전망 강화를 요구해야 한다. 예를 들어, 화력발전소 폐쇄 과정에서 노동자들의 고용 승계를 보장하는 입법 제정을 촉구하는 활동 등은 복지사들이 연대해야 할 중요한 옹호 활동의 예시가 될 수 있다(여형범, 2021, pp. 48-63). 아울러 국제적 연대와 협력도 필요하다. 미국의 사회복지사협회(NSW)가 기후 변화 대응을 위한 정책 옹호 연합체를 구성하고 '파리 기후 협정' 복귀를 촉구하는 등 국제적인 목소리를 내는 것처럼,[33] 한국의 사회복지계 역시 국제적 흐름에 발맞추어 연대하고 협력해야 한다.

덧붙여서, 녹색 사회복지를 효과적으로 실천하기 위해서는 미래의 사회복지사들에 대한 교육과 실천의 근거를 마련하는 연구 분야의 혁신이 뒷받침되어야 한다. 환경정의는 더 이상 일부의 관심사를 다루는 선택 과목이 아니라, 사회복지학을 전공하는 모든 학생이 이수해야 할 핵심 역량으로 자리 잡아야 한다. 예를 들어, 미국 사회복지교육협의회(CSWE)는 이미 2015년에 사회복지사의 9대 핵심 역량 중 하나로 '인권 및 사회적·경제적·환경적 정의 증진'을 명시하여, 모든 인준된 사회복지 교육과정에서 이를 다루도록 의무화했다.[34] 한국의 사회복지 교육계 역시 이러한 흐름에 맞추어 교과과정에 생태적 관점과 환경정의 이슈를 통합하려는 노력을 강화해야 한다. 또한 한국적 맥락에서 기후 변화가 각 취약 계층(예: 장애인, 이주민, 한부모 가정 등)에게 미치는 구체적인 영향, 다양한 생태-사회적 개입 프로그램의 효과성, 기후 위기가 초래하는 정신 건강 문제의 실태와 대응 방안 등에 대한 심층적 연구를 강화하여 실천 지식과 데이터를 제공해야 한다.

사회복지사는 더 이상 기후 변화 문제에 사후적으로 대응하는 수동적

33 미국 사회복지사협회(National Association of Social Workers): Environmental Justice and Climate Change, 2025년 8월 9일에 접속, https://www.socialworkers.org/Advocacy/Social-Justice/Environmental-Justice-and-Climate-Change.

34 Council on Social Work Education (CSWE): 2022 Educational Policy and Accreditation Standards (EPAS), 2025년 8월 9일에 접속, https://www.cswe.org/getmedia/bb5d8afe-7680-42dc-a332-a6e6103f4998/2022-Educational-Policy-and-Accreditation-Standards-(EPAS).pdf; University of Iowa School of Social Work: The Nine Social Work Competencies, 2025년 8월 9일에 접속, https://socialwork.uiowa.edu/sites/socialwork.uiowa.edu/files/2023-09/CSWE%209%20Social%20Work%20Competencies%202022%20EPAS.pdf.

인 역할에 머물러서는 안 된다. 정의롭고 지속 가능한 사회를 구축하는 데 있어 선도적이고 필수적인 역할을 수행해야 한다. 기후 위기 시대는 사회복지사에게 기존의 역할을 넘어, 생태적 전환을 이끄는 변혁의 주체가 될 것을 요구하고 있다. 이 새로운 사명에 응답하는 것은 사회복지직의 생존과 발전, 그리고 국가 미래를 위한 시대적 과제이다.

6. 복지국가의 재구조화 방향

1) 위협과 도전

복지국가의 재구조화를 재촉하는 새로운 위협과 도전적 요인은 앞서 지적하였다. 요약하자면 현대 복지국가는 노동시장 불안정, 저출생·고령화, 이민 문제, 기후 위기 등 다양한 사회적 위험이 중첩되며 복합적인 위기에 직면하고 있다. 전통적 사회적 위험(실업, 질병, 장애 등)은 여전히 복지국가의 주요 과제로 남아 있지만, 노동시장 유연화, 여성의 노동시장 참여 증가, 환경 오염과 생태계 파괴 등 새로운 사회적 위험이 추가되면서 기존 복지 시스템의 한계를 명확히 드러내고 있다. 특히 기술 변화, 인구 변화, 기후 변화라는 세 가지 메가트렌드는 신구 사회적 위험을 강화하거나 새로운 유형의 사회적 위험을 초래할 가능성이 높다(김기태 외, 2025). 노동시장의 유연화는 고용 불안정을 심화시키며 근로 빈곤층과 청년 실업 문제를 야기하는데, 이는 기존의 사회보험 체계가 포괄하지 못하는 새로운 위험 집단을 낳는다. 또한, 기후 위기로 인한 폭염, 홍수, 가뭄 등은 취약 계층의 건강과 안전을 위협하며, 주거 불안정과 식량 위기 등을 야기하여 사회 불평등을 심화시킨다. 이러한 새로운 사회적 위험은 기존의 복지국가 모델로는 효과적으로 대응하기 어려운 복합적인 성격을 띠고 있다. 복지국가는 단순히 재정적 위기를 넘어, 위험이 중첩되고 복잡해지는 새로운 도전에 대응할 수 있는 전략을 모색해야 한다. 물론 그동안 위험 관리자로서의 역할을 20세기에 걸쳐 비교적 효과적으로 수행해 왔다. 하지만 현대 사회에서 점차 복잡해지고, 규모를 예측하기 어려워지는 사회적 위험의 복잡성과 다면성을 고려하면, 기존의 전략을 넘어 새로운 접근 방식을 도입해야 한다. 고용 불안정은 기존의 실업보험과 같은 사후적 대응만으로는 충분하지 않다. 워크페어뿐만 아니라 활성화를 유도하는 접근이 필요하며, 이는 장기 실업자, 이민 노동자, 경력 단절 여성, 청년 등의 직업 능력을 배양하여 노동시장으로의 복귀를 지원하는 재상품화 방식을 의미한다. 또한, 기후 위기로 인한 사회적 위험은 기존의 복지 시스템을 넘어서는 탈생산주의 패러다임을 요구한다. 복지국가는 위기를 극복하기 위해 기존의 역할을 재정립하고, 사회적 위험에 대한 다층적이고 통합적인 대응 전략을 수립해야 한다. 이는 단순히 기존 제도를 개선하는 것을 넘어서, 사회 전반의 기본적인 시스템과 가치를 전환하는 재구조화를 통해 가능할 것이다.

2) 패러다임 전환의 모색

첫째, 생산주의를 넘어서는 복지국가로 나아가야 한다. 전통적인 복지국가는 경제성장과 생산성을 중심으로 설계되었지만, 현대 사회에서는 환경과 삶의 질을 동시에 고려하는 질적 성장 모델로의 전환이 필요하다. 이는 탈생산주의 복지 또는 지속 가능한 복지 개념으로 구체화되며, 다차원적 웰빙, 필요 중심 접근, 시간 정책, 공유 경제, 로컬리즘, 경제 민주주의 등을 핵심 요소로 한다. 예를 들어, 기후 위기 시대에는 탄소중립과 지속 가능성을 고려한 복지 정책이 필요하다. 탄소세와 사회적 배당을 결합하여 저소득층의 부담을 완화하고, 녹색 일자리를 창출하며, 보편적 기본서비스를 확대하는 방식으로 환경과 복지를 통합적으로 고려할 수 있다. 둘째, 취업 지원형 복지국가로 나아가야 한다. 21세기 복지국가는 복지와 일자리를 연계한다. 복지는 권리지만, 개인의 책임 없이는 제공되지 않는다. 따라서 적극적으로 취업 의무를 다할 수 있도록 재상품화를 지향하는 복지국가를 목표로 한다. 이는 단순히 일자리 제공에 그치는 것이 아니라 인적 자본 향상을 통한 개인의 역량 강화를 통한 자립, 다시 말해 포용적인 사회 투자 국가를 의미하는 것이다. 오늘날 복지국가의 취업 지원 정책은 워크페어 또는 활성화 어느 쪽이든 선진 복지국가 개혁의 핵심 의제로 논의된다. 좁게는 일자리 연결만 중요시하는 정책도 있지만, 넓게는 인적 자본 투자와 사회 서비스 제공을 통해 노동 참여를 높이고 경제 성장을 도모하는 전략도 포함한다. 후자의 경우 특히 여성 고용을 촉진하고 장기적으로 성장 잠재력을 높이는 효과가 있는 것으로 평가된다. 하지만 그 중심 키워드는 취업이다. 물론 조건을 강화하여 개인의 행동 변용을 강조하는 권위적 측면도 있지만, 개인의 역량 강화와 고용이 원활히 결합되면 자립 조성이 가능한 예방적 복지로 될 것이다. 교육, 기술 훈련 등 재상품화를 위한 투자를 통해 미래의 사회경제적 변화에 대비하고 노동자들의 고용 가능성을 높여 취업을 늘리는 방식이다. 셋째, 기본소득 및 기본서비스 논의를 활성화해야 한다. 불안정 노동 확산과 자동화에 대응하고, 모든 시민의 기본적인 삶을 보장하기 위한 수단으로 기본소득과 보편적 기본서비스에 대한 논의가 활발하게 이루어지고 있다. 이러한 제도는 기후 위기 대응과 연계되어 녹색 기본소득 또는 탈탄소 인프라 구축의 형태로 발전할 수 있다. 기본소득은 모든 시민에게 일정한 금액을 지급하여 최소한의 생활을 보장하는 방식으로, 노동시장 변화로 인한 소득 불안정을 완화하는 데 효과적이다. 보편적 기본서비스는 대중교통, 에너지 효율 주택, 지역 식품 시스템 등 저탄소 인프라에 대한 투자를 통해 모든 시민의 필요를 충족시키면서 환경 영향을 줄이는 방식으로 기능한다. 넷째, 지역 공동체에 기반한 복지를 강화해야 한다. 중앙정부 중심의 복지 공급에서 벗어나 지역사회와 사회적 경제 조직의 역할을 강화하는 지역공동체 복지 체제가 새로운 대안으로 제시되고 있다. 이는 지역 주민과의 협력을 통해 맞춤형 복지 서비스를 제공하고, 지역 내 자원을 활용하여 지속 가능한 복지 시스템을 구축하는 방식으로 기능한다(이성호, 2024). 예를 들어, 지역사회 중심의 통합 돌봄 체계를 구축하여 노인 1인 가구 증가에 대비하고, 의료, 요양, 돌봄 서비스가 지역사회 내에서 유기적으로 연계될 수 있도록 시스템을 설계하는 방식으로 기능한다.

3) 디지털 전환과 복지 서비스 혁신

최근 가속화되는 디지털 전환은 복지국가의 서비스 전달 방식을 근본적으로 바꾸는 기회가 되고 있다. 그러나 이러한 혁신은 새로운 딜레마와 사회적 과제를 안고 있다. 디지털 기술의 발전은 복지 서비스 전달 체계를 혁신하고 효율성을 높이는 기회를 제공하지만, 동시에 디지털 격차, 프라이버시 침해, 알고리즘 기반 차별 등의 새로운 딜레마를 야기하기도 한다(정세정 외, 2023, pp. 37-66). 디지털 친화적 복지국가는 이러한 딜레마를 극복하고 기술 발전의 혜택을 모두가 누릴 수 있도록 포용적인 방식으로 설계되어야 한다. 예를 들어, 디지털 격차를 해소하기 위해 저소득층과 고령층을 대상으로 디지털 교육을 실시하여 디지털 접근성을 향상시키는 정책이 필요하다. 아울러 디지털 친화적 복지국가에서는 알고리즘 기반 차별이 중요한 쟁점으로 부상하므로 이러한 문제를 해결하기 위해 기술 설계 단계에서부터 투명성과 공정성을 강화하는 방식으로 접근해야 한다. 이는 데이터 분석과 자동화된 의사 결정 과정에서 특정 계층이나 집단이 불리한 대우를 받을 가능성이 있음을 의미한다. 이를 해결하기 위해서는 알고리즘 설계 과정에서 공정성과 투명성을 강화하고, 데이터 사용에 대한 윤리적 기준을 마련하는 것이 중요하다. 또한, 알고리즘의 결과를 검증하고 수정할 수 있는 시스템을 구축하여 차별 문제를 예방하는 방식으로 기능해야 한다.

4) 새로운 복지 거버넌스 구축

새로운 복지 거버넌스를 구축하려면 먼저 복지국가의 역할을 재정립해야 한다. 복지국가는 빈곤뿐만 아니라 돌봄과 관련된 위험을 관리하고 극복하는 입체적인 위험 관리 전략을 수립하고 실행해야 한다. 과거 산업사회의 빈곤 위험에 초점을 맞춘 복지국가를 넘어, 저출생, 고령화 사회의 돌봄 위험에도 유연하게 대응할 수 있는 역할 재정립이 요구된다. 둘째, 사회적 대화와 합의 형성이 필요하다. 빈곤과 돌봄 위기에 효과적으로 대응하기 위해서는 국가, 시장, 시민사회 간의 새로운 역할 분담과 협력적 거버넌스 구축이 필수적이다. 노동시장 개혁, 돌봄, 기후 대응 등은 모두 국가와 지역사회의 이해관계가 복잡하게 얽혀 있어 문제를 해결하려면 사회적인 대화와 합의에 기반한 대책 수립이 중요하다. 예를 들어, 지역사회 돌봄 위기 대응 과정에서 통합적인 돌봄 체계를 마련하기 위해 지역주민과의 협력을 강화하고, 중앙과 지역, 공공과 민간의 포괄적 거버넌스를 구축하는 방식으로 기능해야 한다. 무엇보다 사회적 대화를 통해 이용자와 지역 중심으로 자기 결정의 선택성을 높이는 방식으로 기능해야 한다. 기본적인 방향은 공급자 중심의 선별적 복지국가에서 벗어나, 개입은 하지만 불합리한 조건부 복지를 최소화하고 기본적인 소득과 서비스를 보장하며 자율성이 최대한 보장되는, 분배하는 최소 복지국가여야 한다.

제 9 장

복합 위기 시대의 복지국가: 도전, 재편, 그리고 새로운 비전

복지국가는 근대화의 정태적인 종착점이나 고정된 정책의 집합이다. 그것은 역사적으로 형성된, 그리고 끊임없이 경합이 벌어지는, 잠정적으로 합의된 하나의 체제일 뿐이다. 복지국가는 자본 축적의 논리(상품화), 국가 권력의 논리(주권과 통치), 그리고 사회연대의 논리(대항 운동)라는 세 가지 근본적인 힘 사이에 끊임없이 재협상이 이루어지는 타협의 장이다. 전후 케인스-베버리지형 복지국가에서부터 현대의 사회 투자 국가에 이르기까지, 특정 시기 복지 레짐의 구체적인 형태는 이 세 힘 사이의 권력 균형이 제도적으로 구현된 결과물이다. 이 분석틀은 복지국가의 안정기(합의가 유지될 때)와 위기 및 재편기(권력 균형이 무너지며 재협상이 불가피해질 때)를 모두 설명할 수 있는 동태적 시각을 제공한다.

이 책의 논의를 통해 우리는 현재의 복지 정치의 상황을 더 깊이 진단할 수 있다. 사회 투자 국가와 우익 포퓰리즘은 별개의 현상이 아니라, 동전의 양면과 같다. 그것들은 전후 포디즘적 합의가 붕괴한 이후 나타난, 한 쌍의 역기능적 결과물이다. 이 둘의 관계는 병리적 공생 관계라 할 수 있다. 위기에 대한 기술 관료 엘리트의 대응은 미래 지향적이지만 본질적으로 배제적인 사회 투자 프로젝트였다. 이는 시장에서의 승자와 패자를 양산한다. 반면, 포퓰리즘의 대응은 과거 회귀적이며 배타적인 복지 쇼비니즘(welfare chauvinism) 전략이다. 무엇보다 토착민을 위한 과거의 영광을 그리워하는 국가 공동체와 그 복지 혜택을 타인으로부터 보호하려는 경향을 강화한다. 이 둘은 변증법적으로 연결되어 있다. 사회 투자 프로젝트가 만들어 낸 패자들과 그들의 불안감이 포퓰리즘적 반발의 정치적 동력을 제공한다. 그리고 포퓰리즘적 반발은 복지 정치의 지형을 파편화시켜, 보다 진보적이고 포용적인 대안을 구축하기 어렵게 만든다. 이들은 서로를 먹이 삼아 성장하는 악순환의 고리를 형성하고 있는 것이다. 이미 국가의 재분배 대 시장 자유라는 낡은 좌우의 대립축은 그 의미를 상실하고 있다. 이 책의 분석에 의하면 세 가지의 경쟁하는 힘에 의해 규정되는 새로운 삼각축의 정책적 바탕이 형성되고 있음을 알 수 있다. 우리 시대의 중심적인 복지 정치를 둘러싼 이익 경쟁은 양자 대립이 아니라, 세 이념 블록 사이의 상호작용으로 전개되고 있다.

첫째, 시장 중심의 세계주의(Market Cosmopolitanism)이다. 이는 사회 투자 국가의 이데올로기이다. 여기서 연대는 개인이 세계시장에서 경쟁할 수 있는 능력에 따라 조건부로 주어진다. 그 지지 기반은 초국적 전문직 및 관리자 계층, 즉 세계화의 승자들이다. 둘째, 배타적 국민주의(Welfare Chauvinism)이다. 이는 우익 포퓰리즘의 이데올로기이다. 여기서 연대는 국민, 민족, 문화적 정체성에 기반한 배타적인 것이다. 그 지지 기반은 세계화로 인해 경제적·문화적으로 위협받는 이들, 즉 세계화의 패자들이다. 셋째, 민주적 평등주의(Democratic Egalitarianism)이다. 이는 이 책의 비판적 분석과 롤스적 정의론에 대한 고찰을 통해 암시된 대안이다. 여기서 연대는 모든 구성원에게 존엄한 삶과 진정한 자유에 필수적인 자존의 사회적 기반을 보장하는 보편적 사회시민권에 기초한다. 그 잠재적 지지 기반은 프레카리아트, 새로운 사회운동, 그리고 진보적 전문직 계층의 새로운 연대에서 찾을 수 있다. 복지국가의 미래는 이 세 가지 비전 중 어느 것이 지배적인 정치적 연합을 구축하는 데 성공하느냐에 따라 결정될 것이다.

이 책의 결론적인 주장은 다음과 같다. 21세기의 과제는 낡은 복지국가 모델과 새로운 복지국가 모델의 한계를 동시에 넘어서는 것이다. 목표는 단순히 시장 실패를 보상하거나(구모델), 개인을 시장 경쟁에 대비시키는 것(신모델)이 아니라 모든 시민에게 '힘을 부여하는 것(empowerment)'이어야 한다. 힘을 부여하는 복지국가란 진정한 자유와 자기 결정에 필수적인 근본 자원들—자산, 교육, 건강, 그리고 결정적으로 자존의 사회적 기반—의 '사전적 분배(pre-distribution)'를 추구하는 국가이다. 이는 정책의 목적 자체를 재구성한다. 예를 들어, 사회적 투자의 목표는 단순히 GDP를 높이는 것이 아니라, 가장 불리한 처지에 있는 사람들의 실질적 역량과 삶의 선택지를 확장하는 것이 되어야 한다. 따라서 복지 정치를 위한 실천이 필요하다. 미래는 결정되어 있지 않다. 여기서 제시된 분석은 우리 시대의 투쟁을 이해하고, 설득력 있는 대안을 구상하기 위한 이론적 도구를 제공할 것이다. 그 대안이란 통치 방식에서는 민주적이고, 연대의 범위는 포용적이며, 궁극적 목표는 개인의 자율성을 존중하고 임파워먼트를 제공하는 복지국가, 즉 모든 시민이 자신의 삶을 스스로 선택해 나가는 데 필요한 자원과 존중을 보장하는 복지국가라 생각한다. 이것이 바로 이 책이 제안하는, 분배하는 최소 복지국가의 진정한 의미이다. 즉, 온정주의적 강제는 최소화하되, 인간의 진정한 자유를 위한 자원의 분배는 최대화하는 국가이다.

이처럼 현대 복지국가의 도전적 상황은 새로운 정책적 대응을 위한 변화에 직면하고 있다. 이러한 도전은 기존 복지국가 체계의 한계를 드러내며, 새로운 패러다임 전환과 재구조화의 필요성을 제기한다. 노동시장의 유연화와 기술 발전은 고용 형태의 다변화를 초래하며, 기존의 사회보험 체계가 포괄하지 못하는 새로운 위험 집단을 형성하고 있다. 저출생과 고령화는 복지 재정의 지속 가능성을 위협하며, 세대 간 형평성 문제를 심화시키고 있다. 또한, 국제 이주는 이민자의 사회권 보장과 사회 통합이라는 새로운 과제를 안겨 주고 있으며, 기후 위기는 기존에 없던 새로운 사회적 위험을 야기하며 복지 시스템의 근본적인 재설계를 요구하고 있다.

이러한 변화는 기존의 사회보험 체계가 포괄하지 못하는 사각지대를 확대시키며, 복지국가의 포괄성과 형평성을 약화시키고 있다. 이에 따라 적극적 노동시장 정책(ALMP)과 근로장려세제(EITC) 같은 정책적 대응이 요구되고 있다. 그에 부응하는 전략이 사회 투자 국가론이다. 대부분 선진 복지국가는 사회 투자 국가론을 내세워 인적 자본 투자와 사회 서비스 확충을 통해 노동시장 참여를 높이고 경제성장을 도모하는 전략으로 주목받고 있다. 특히 저출생과 고령화 문제는 한국 복지국가의 지속 가능성을 위협하는 가장 큰 도전 과제 중 하나이다. 초저출생 현상과 급격한 고령화는 생산 가능 인구 감소, 경제성장 잠재력 약화, 복지 재정 부담 증가, 노인 빈곤 문제 심화 등 다양한 사회경제적 문제를 야기하고 있다. 이러한 문제를 해결하기 위해 양성평등 복지국가 구축, 노동시장 개혁과 양질의 일자리 창출, 고령자 경제활동 지원, 지역사회 중심의 통합돌봄 체계 강화, 사회적 가치관 변화 유도와 같은 정책적 대응이 필요하다. 특히, 지속 가능한 노후 소득 보장 체계 구축을 위한 연금 제도의 구조적 개혁과 기초연금 개편 논의가 시급하다. 국제 이주는 복지국가에 새로운 도전과 기회를 동시에 제공하고 있다. 이민자의 유입은 노동력 부족 문제를 완화할 수 있는 잠재력을 가지고 있지만, 이민자의 사회권 보장과 사회 통합은 복지국가에 새로운 과제를 안겨 주고 있다. 한국의 이민 정책은 이민자가 가진 기술 수준과 동포 여부를 기준으로 이민자의 권리를 위계적으로 구조화하고 있으며, 이는 이민자 집단 내 불평등을 야기하고 있다. 포용적 복지국가를 구축하기 위해 이민자의 권리 보장 강화, 사회 통합 프로그램 확대, 차별 금지 및 인권 존중 문화 확산, 지역사회 중심의 이민자 지원 체계 구축과 같은 정책적 노력이 필요하다. 기후 위기는 복지국가의 존립 기반 자체를 위협하는 새로운 형태의 사회적 위험으로 부상하고 있다. 폭염, 홍수, 가뭄 등 극단적인 기상 현상은 취약 계층의 건강과 안전을 위협하며, 주거 불안정, 식량 위기 등을 야기하고 있다. 탄소중립 사회로의 전환 과정에서 발생하는 사회적 비용과 갈등을 최소화하기 위해 정의로운 전환(Just Transition)의 원칙이 중요하다. 또한, 녹색 복지국가로의 전환을 통해 탄소세와 사회적 배당 결합, 녹색 일자리 창출, 보편적 기본서비스 확대, 생태적 지속 가능성을 고려한 도시 및 지역 개발과 같은 정책 방향이 모색되어야 한다.

복합 위기 시대에 복지국가는 다층적 위협 요인의 상호작용과 도전에 효과적으로 대응하기 위해 근본적인 재구조화와 패러다임 전환을 모색해야 한다. 생산주의를 넘어선 복지, 사회 투자 국가로의 발전, 기본소득 및 기본서비스 논의 활성화, 지역 공동체 기반 복지 레짐 강화와 같은 새로운 전략이 필요하다. 또한, 디지털 전환과 복지 서비스 혁신을 통해 디지털 격차를 해소하고 포용적인 설계를 구현하며, 알고리즘 기반 차별 문제를 해결해야 한다. 사회적 연대와 협력 기반의 새로운 복지 거버넌스를 구축하고, 위험 관리자로서의 복지국가의 역할을 재정립하는 것이 중요하다.

결론적으로, 복지국가는 노동시장 변화, 저출생·고령화, 국제 이주, 기후 위기 등 복합적인 도전에 직면하여 새로운 패러다임 전환과 재구조화를 통해 지속 가능한 발전을 도모해야 한다. 이를 위해 사회적 연대와 협력을 기반으로 한 포용적이고 정의로운 복지국가를 구축하고, 사회적·경제적 지속 가능성을 제고하며, 미래 지향적 정책 방향을 모색해야 한다.

한마디로 공급자 중심의 선별적 복지국가에서 벗어나, 개입은 하지만 불합리한 조건부 복지를 최소화하고 개인의 선택 가능성을 높이는 복지국가로 거듭나야 한다.

참고문헌

경사노위 일자리위원회, 『국민취업지원제도 추진방안』, 2019. 6. 5.

고용노동부, 『국민취업지원제도 참여자 안내서』, 고용노동부, 2021.

고용노동부, 「국민취업지원제도」, 『정책위키 한눈에 보는 정책』, 2021.(https://m.blog.naver.com/ash1106/222272725788)

국가인권위원회, 『초단시간 근로자 인권상황 개선을 위한 권고』, 국가인권위원회, 2017.

군나르 미르달 지음, 최광열 옮김, 『경제이론과 재개발』, 새미, 2018.

권홍우, 「[오늘의 경제소사] 사람에 투자하라, 군나르 뮈르달」, 『서울경제』, 2019. 5. 16.

김규찬, 「복지국가와 이주민의 사회권」, 『월간 복지동향』 제275호, 참여연대 사회복지위원회, 2021. 9. 1, pp. 5-10.

김규찬, 「한국 복지국가와 이민자의 권리」, 『다문화사회연구』 13(2), 숙명여자대학교 아시아여성연구원, 2020, pp. 27-63.

김기태 외, 『한국 복지국가의 재구조화를 위한 연구 II: 기술, 인구, 기후 변화의 도전』, 한국보건사회연구원, 2024.

김문길, 『일본 동경 청년빈곤 연구동향 및 청년정책 현황 파악 국외출장보고서』, 한국보건사회연구원, 2017.

김문희, 「OECD의 유럽의 청년보장제도 사례연구」, 『글로벌리포트』 18(1), 한국직업능력연구원, 2015.

김민정, 「OECD 국가의 유연 안정성 및 유형별 적극적 노동시장 정책의 조합과 이행기 비정규직에 대한 비교연구: 한시적 근로를 중심으로」, 『한국사회정책』 30(1), 한국사회정책학회, 2023, pp. 111-158.

김병섭 외, 『우리 복지국가의 역사적 변화와 전망』, 서울대학교출판문화원, 2015.

김성원, 「일본 복지국가 연구의 계보와 다케가와 타다 논쟁: 동아시아 비교연구의 과제」, 『한국사회정책』 16(1), 한국사회정책학회, 2009, pp. 235-270.

김수근, 「플랫폼 노동에 대한 이해」, 『산업보건』 제369호, 대한산업보건협회, 2019, pp. 20-37.

김영란, 「한국 사회에서 새로운 사회적 위험과 위험 관리 전략: 복지국가의 재설계」, 『사회보장연구』 24(1), 한국사회보장학회, 2008, pp. 1-26.

김영미, 『독일의 하르츠 개혁에 관한 법제 연구』, 한국법제연구원, 2013.

김영미, 「스웨덴 인구 담론 전환이 한국 저출산 정책에 주는 함의: 뮈르달 부부의 인구정책 구상을 중심으로」, 『여성연구』 105(2), 한국여성정책연구원, 2020, pp. 101-131.

김인춘, 「네덜란드의 코포라티즘과 복지국가의 발전」, 『국제·지역연구』 14(4), 서울대학교 국제학연구소, 2005, pp. 63-102.

김지연, 『중장년층 고용 불안정성 극복을 위한 노동시장 기능 회복 방안: 고령층 고용의 질적 제고를 위한 정책방향 보고서』, KDI, 2024.

김태일·최영준·이주하, 「복지국가 연구의 과거 현재 그리고 미래」, 『정부학연구』 22(3), 고려대학교 정부학연구소, 2016, pp. 29-66.

김희연·김민재, 「사회복지분야에 ESG 도입을 위한 기초 연구: 사회복지 종사자 인식을 중심으로」, 『GRI 연구논총』 25(1), 경기연구원, 2023, pp. 87-111.

남재욱, 「탈산업과 이중 전환의 시대, 전통적 복지국가를 넘어」, 『보다 정의』 제2호, 정의정책연구소, 2021. 12. 1.

남재욱, 「기후위기와 불평등에 대응하는 생태적 복지국가의 재정전략 탐색」, 『비판사회정책』 76, 비판사회정책학회, 2022, pp. 75-115.

노대명, 『각국 공공부조 제도 비교 연구: 일본편』, 한국보건사회연구원, 2014.

루이 알튀세르 지음, 김용권 옮김, 『재생산을 위하여』, 동문선, 2007.

미셸 아글리에타 지음, 성낙선 옮김, 『자본주의 조절이론』, 한길사, 1994.
미셸 푸코 지음, 오생근 옮김, 『감옥의 탄생: 감시와 처벌』, 나남, 2020.
밀턴 프리드먼 지음, 심준보·변동열 옮김, 『자본주의와 자유』, 청어람미디어, 2007.
박상미, 「미국과 한국의 노동연계형 복지정책 비교연구: 취업우선전략을 중심으로」, 『인문사회 21』 13(2), 사단법인 인문사회과학기술융합학회, 2022, pp. 1605-1620.
박소영·최윤정·김주희, 「저소득 중장년 1인 가구 남성의 삶의 질 향상을 위한 프로그램 개발 및 평가: 자활사업 참여자를 중심으로」, 『사회과학 담론과 정책』 13(1), 경북대학교 사회과학연구원, 2020, pp. 69-96.
박지환, 「일본 지방자치단체에 의한 취업지원정책과 그 의의: 오사카부·도요나카시의 사례」, 『일본학연구』 22, 국민대학교 일본학연구소, 2017, pp. 168-195.
백주하·김혜윤, 「기후 변화가 정신건강에 미치는 영향과 정책과제」, 『보건복지포럼』 제334호, 한국보건사회연구원, 2024. 8., pp. 9-12.
보건복지부, 『2015 국민기초생활보장사업안내』, 보건복지부, 2015.
보건복지부, 『제3차 기초생활보장종합계획(2024-2026)』, 보건복지부, 2023.
선학태, 「네덜란드 민주주의 동학: 합의제 정당정치와 조합주의 정치의 연계」, 『한국정치연구』 21(3), 서울대학교 한국정치연구소, 2012, pp. 369-393.
손우영, 「[이슈분석] 2025년 청년취업준비금 대폭 확대 "고용한파 속 희망인가, 구조적 한계인가"」, 『창업일보』, 2025. 6. 19.
송선영, 『한국형 실업부조, 국민취업지원제도 정책분석: 자활제도와의 관계성을 중심으로』, 한국자활복지개발원, 2019.
송호근, 「스웨덴의 사회정책: 렌-마이드너 모델을 중심으로」, 『지역연구』 5(2), 한국외국어대학교 국제지역연구센터, 1996, pp. 115-144.
신광영, 「한국의 경제위기와 복지개혁」, 『국가전략』 8(1), 세종연구소, 2002, pp. 57-76.
신림종합사회복지관, 『신림복지관의 정의로운 전환, 기후 위기 대응 실천 및 조사연구보고서』, 신림종합사회복지관, 2024.
안토니오 그람시 지음, 이상훈 옮김, 『옥중 수고 1~2』, 거름, 1994.
양재진, 「노동과 복지의 현재와 미래」, 『대학지성 In & Out』, 2023. 11. 20.
엔뉘 안데르손 지음, 박형준 옮김, 『경제성장과 사회보장 사이에서』, 책세상, 2014.
여유진 외, 『지속 가능한 복지제도 대안모색 연구』, 한국보건사회연구원, 2024.
여형범, 「정의로운 전환을 위한 제언」, 『이슈와 시선』 제3호, 2021, pp. 48-63.
오미림, 「50+세대가 노동시장에 재진입하는 방법: 사회적 기업 카린스핏트라르의 사례」, 『50+리포트 2019』 14(4), 서울시50플러스재단, 2019.
오선정·이상현·정병석 외, 『한국 고용서비스의 발전 과정 최신 전달체계 및 발전 방향』, 한국노동연구원, 2022.
오학수, 「일본의 비정규직 문제의 현상과 전망」, 『일본비평』 15, 서울대학교 일본연구소, 2016, pp. 112-139.
옥세진, 「[기고] 붕괴인가, 조정인가? 후퇴한 스웨덴 모델」, 『참여와 혁신』, 2025. (https://www.laborplus.co.kr/news/articleView.html?idxno=35612)
외교부, 『2019년 OECD 고용 전망: 일의 미래』, 외교부, 2019.
우준희·이대진, 「고이즈미 정권기 일본의 노동연계복지(workfare): 사회적 포섭에서 사회적 배제로의 전환」, 『국가전략』 17(4), 세종연구소, 2011, pp. 137-172.
월러스타인 지음, 정진영 옮김, 『세계체제론』, 나남, 1985.

위르겐 하버마스 지음, 이진우·박미애 옮김, 『새로운 불투명성』, 문예출판사, 1995.
유인경·이정민, 「결혼과 출산이 여성의 노동시장 성과와 생활만족도에 미치는 영향」, 『노동경제논집』 43(4), 한국노동경제학회, 2020, pp. 35-86.
윤석명·김대철, 『네덜란드의 사회보장제도』, 한국노동연구원, 2004.
은수미, 「일본의 고용전략 변화: 비정규직과 제2안전망」, 『일본비평』 4, 서울대학교 일본연구소, 2011, pp. 49-79.
이명현, 『복지국가론』, 미간행 자료, 2024.
이삼식, 「가임기 기혼 여성의 노동시장 참여 형태가 출산 이행에 미치는 영향」, 『보건사회연구』 34(4), 한국보건사회연구원, 2014, pp. 153-184.
이상은, 「기후변화와 복지국가」, 『복지이슈투데이』 2023년 4월호(제121호), 서울시복지재단, 2023.
이성호, 「초고령사회에 있어 국가의 역할과 노인복지」, 『한국과 세계』 6(5), 2024, pp. 349-376.
이승호, 「국민취업지원제도 요건심사형 참여자 특성과 만족도」, 『KDISSW 자활정책 Brief』 제2호, 한국자활복지개발원, 2022, pp. 1-11.
이에르커스마라, 「네덜란드 '참여사회'에 대한 비판적 접근: 역량 중심 평가」, 『국제사회보장리뷰』 2018년 겨울호(제7호), 한국보건사회연구원, 2018, pp. 63-70.
이정은, 「알아두면 쓸모 있는 복지 상식: 2024년 달라지는 국민기초생활보장제도」, 『소셜워커』 255, 한국사회복지사협회, 2024. 2., pp. 45-49.
이채은, 「South Korea's Pension Reform and Its Path Forward」, 『The Hanyang Journal』, 2025.
이채정, 『자활사업평가』, 국회예산정책처, 2012.
이채정, 「국민취업지원제도의 효과성 분석: 청년의 취업준비에 미치는 영향을 중심으로」, 『한국정책연구』 23(2), 경인행정학회, 2023, pp. 109-126.
장귀연, 「[심층분석4] 노동시장 유연화와 노동복지」, 『월간 복지동향』 134, 참여연대 사회복지위원회, 2009. 12. 1.
장영신, 『일본 지역사회 중심의 고용복지연계 서비스』, 한국사회복지협의회, 2013.
장호종, 「스웨덴 복지국가와 사회민주주의①: 스웨덴 복지국가는 건재한가?」, 『노동자연대』 158, 2015.
정기혜·김용하·이지현, 『주요국의 사회보장제도(요약편)』, 한국보건사회연구원, 2012.
정세정 외, 『한국 복지국가의 재구조화를 위한 연구 Ⅰ: 디지털 복지국가의 딜레마』, 한국보건사회연구원, 2023.
정희정·엄석진, 「점진적 제도변화 관점을 통해서 본 국내 실업부조 제도화 분석: 국민취업지원제도 도입 사례를 중심으로」, 『행정논총』 61(4), 서울대학교 한국행정연구소, 2023, pp. 239-275.
조성은·이영민, 「저소득층 구직촉진수당의 고용효과 분석」, 『인문사회과학연구』 22(3), 호남대학교 인문사회과학연구소, 2021, pp. 213-234.
조은영, 『북유럽 국가의 금융·재정위기 극복과 시사점』, 국회예산정책처, 2014.
조일원·강혜영, 「국민기초생활보장제도 수급자의 자활사업 참여 경험에 관한 질적메타분석」, 『직업능력개발연구』 26(1), 한국직업능력연구원, 2023, pp. 279-321.
조흥식, 「사회복지정책 제도의 변화와 전망」, 『지속가능한 복지국가를 위한 비전과 과제』, 서울대학교 행정대학원 국가리더십연구센터, 2015.
조흥식 외, 『한국 및 일본 정부의 사회 및 복지 정책 세미나 국외출장보고서: 동경』, 한국보건사회연구원, 2018.
주 OECD 대표부, 『스웨덴 복지국가 모델과 시사점』, 2005.

참성장포럼, 『성장시대의 균열, 한국 사회를 이끌 다음 패러다임은?』, LAB2050, 2021. 9. 20.
청년고용촉진특별위원회, 『2025년 청년고용정책방향』, 고용노동부, 2025. 1. 22.
최경구, 「환경복지국가 연구: 지속가능성의 패러다임과 사회복지의 결합」, 『사회복지정책』 24, 한국사회복지정책학회, 2006, pp. 337-360.
최기성·안준기·이혁무, 「국민취업지원제도 취업지원 서비스의 취업효과 분석」, 『한국경제연구』 42(1), 한국경제연구학회, 2024, pp. 55-88.
최상미·홍송이, 「현장의 시각으로부터 구조화된 자활 개념 탐색 연구: 자활사업실무자의 이해를 중심으로」, 『사회복지연구』 49(3), 한국사회복지학회, 2018, pp. 5-33.
최영준, 「위험 관리자로서의 복지국가: 사회적 위험에 대한 이론적 이해」, 『정부학연구』 17(2), 고려대학교 정부학연구소, 2011, pp. 31-57.
카를 슈미트 지음, 김효전 옮김, 『정치신학 외』, 법문사, 1988.
프리드리히 A. 하이에크 지음, 김이석 옮김, 『노예의 길』, 자유기업원, 2024.
한국재정정보원, 「스웨덴은 높은 성장세를 보이고 있지만, 소득 불평등 등 향후 과제에 대한 대응 필요」, 『해외재정동향』, 2017. 3.
홍승현·원종학, 『적극적 노동정책의 재정 효율성 평가 방법에 관한 연구』, 한국조세재정연구원, 2013.
황예랑, 「장밋빛 개미지옥, 독일 '미니잡'」, 『한겨레 21』 제998호, 2002, pp. 1-4.
アダム·スミス, 『道德感情論(上)』, 岩波文庫, 2003.
イマニュウエル·ウオ-ラ-ステイン, 『近代世界システムⅠ』, 名古屋大學出版會, 2013.
イマニュウエル·ウオ-ラ-ステイン, 『史的システムとしての資本主義』, 岩波文庫, 2022.
オイケン、ブアルタ- 著, 大野忠男 譯, 『經濟政策原理』, 勁草書房, 1967.
垣田裕介, 「就勞支援という社會政策の特質」, 『就勞支援政策にみる福祉國家の變容』, ミネルブア書房, 2024.
金成垣, 「「福祉から就勞へ」比較福祉國家研究に向けての新課題」, 『就勞支援政策にみる福祉國家の變容』, ミネルブア書房, 2024.
桐谷仁, 『國家·コポラテイズム·社會運動』, 東信堂, 2002.
佐佐木貴雄, 「ワークエア定策の構造と課題」, 『就勞支援政策にみる福祉國家の變容』, ミネルブア書房, 2024.
佐々木 輝夫, 『現在における遊牧民』, 世界思想社, 1999.
石村正英 編, 『へ-ゲル左派』, 法政大學出版局, 1992.
田中拓道, 『福祉國家の基礎理論』, 岩波書店, 2023.
永合位行, 『ヘルダ-=ドルイヒの経済システム理論』, 勁草書房, 2001.
根岸 隆史, 「社会保障制度改革の課題と今後の展望」, 『立法と調査』 No.345, 参議院事務局企画調整室, 2013. 10., pp. 54-76.
野田 彰彦, 「今後のセーフティネットの充実に向けて:「給付付き税額控除」や「プッシュ型給付金」の導入で機能補完を」, 『Sompo Institute Plus report』 Vol.82, Sompoインスティチュート·プラス株式会社, 2023, pp. 66-86.
原田圭子, 「勞動力の革新及び機會に關する法律-アメリカにおける就業支援の取り組み」, 『外國の立法』 No.271, 国立国会図書館, 2017, pp. 6-16.
ピグ-, ア-サ, C., 『ピグ-富と厚生』, 名古屋大學出版會, 2012.
福原 宏幸, 「困難な時代を生きるワーキングプア」, 『DIO』 No.275, 連合総研, 2012, pp. 8-11.
ペ-リアンダ-スン, 『西歐マルクス主義』, 新評論, 1979.

ミシェルフ-コ,『生政治の誕生』, 築摩書房, 2008.
ミセル アグリエッタ,『資本主義のレギュラシオン理論』, 大村書店, 2000.
森 周子,「コンビ賃金から社會的勞動市場へ」,『就勞支援政策にみる福祉國家の變容』, ミネルブア書房, 2024.
ル-クス,『現代權力論 批判』, 未來社, 1995.
Abel-Smith, B., "The Beveridge Report: Its origins and outcomes", *International Social Security Review*45(1-2), International Social Security Association, 1992, pp. 5-16.
Bachrach, P. and M. S. Baratz, *Power and poverty*, Oxford University Press, 1970.
Barr, N., *Economics of the welfare state*(6th ed.), Oxford University Press, 2020.
Barrow, C. W., *Critical theories of the state*, University of Wisconsin Press, 1993.
Bax, E. H., *Modernization and cleavage in Dutch society*, Avebury Gower, 1990.
Becker, J. W., "Book Review: Modernization and cleavage in Dutch society", *European Sociological Review,* 7(1), Oxford University Press, 1991, pp. 97-98.
Berg, C., *Gunnar Myrdal: A life of many dilemmas*, Springer Nature Switzerland, 2025.
Berkel, R. van, "The decentralisation of social assistance in the Netherlands", *International Journal of Sociology and Social Policy,* 26(1/2), Emerald Group Publishing, 2006, pp. 20-31.
Blommesteijn, M., & Mallee, *L., Minimum income scheme: Work and Social Assistance Act*, European Commission DG Employment, Social Affairs and Equal Opportunities, 2009.
Bouvard, F., L. Lambert, et al., "How have the Hartz reforms shaped the German labour market?", *Trésor-Economics,* 110, French Treasury, 2013, pp. 3-8.
Bradley, D. H., *The Workforce Innovation and Opportunity Act and the One-Stop Delivery System*(R44252), Congressional Research Service, 2015.
Bundesarbeitsgemeinschaft der Freien Wohlfahrtspflege (BAGFW), *Eckpunkte für einen sozialen Arbeitsmarkt,* 2007, Berlin.
Cantillon, B., "The paradox of the social investment state", *Journal of European Social Policy,* 21(5), Sage Publications, 2011, pp. 432-449.
Cohen, J. I. and A. Arato, *Civil society and political theory*, MIT Press, 1992.
Crouch, C., *Capitalist diversity and change*, Oxford University Press, 2005.
Dahl, R. A., *Polyarchy: Participation and opposition*, Yale University Press, 1971.
Dalton, R. J., *Political realignment*, Oxford University Press, 2018.
De Gier, E., R. Henke, and J. Vijen, ""Knowledge Utilisation" in Dutch social policy: the case of the Disability Insurance Act (WAO)", *International Social Sciences,* 56(179), UNESCO, 2004, pp. 17-35.
Dean, H. and P. Taylor-Gooby, *Dependency culture*, Harvester Wheatsheaf, 1992.
Downing, B., *The military revolution and political change*, Princeton University Press, 2020.
Eichhorst, W., M. Grienberger-Zingerle, and R. Konle-Seidl, *Activation policies in Germany: From status protection to basic income support*(IZA DP No. 2514), IZA Institute of Labor Economics, 2006.
Eisinger, P. K., "The conditions of protest behavior in American cities", *American Political Science Review,* 67(1), Cambridge University Press, 1973, pp. 11-28.
Esping-Andersen, G., *Politics against markets: The social democratic road to power*, Princeton

University Press, 1985.
Esping-Andersen, G., *The three worlds of welfare capitalism*, Princeton University Press, 1990.
Esping-Andersen, G. (ed.), *Welfare states in transition*, Sage, 1996.
Esping-Andersen, G., "Multi-dimensional decommodification", *Policy and Politics,* 28(3), Policy Press, 2000, pp. 347-355.
Esping-Andersen, G., "A welfare state for the twenty-first century", in C. Pierson and F. G. Castles (eds.), *The welfare state reader*(2nd ed.), Polity Press, 2006, pp. 434-454.
Esping-Andersen, G. and W. Korpi, "Social policy as class politics in post-war communism", in J. N. Goldthorpe (ed.), *Order and conflict in contemporary capitalism*, Clarendon Press, 1984, pp. 180-208.
Evans, P. B. et al. (eds.), *Bringing the state back in*, Cambridge University Press, 1985.
Finlayson, G., *Citizen, state, and social welfare in Britain 1830-1990*, Clarendon Press, 1994.
Flora, P. F. and A. J. Heidenheimer (eds.), *The development of welfare state in Europe and America*, Transaction Books, 1981.
Garritzmann, J. L. et al. (eds.), *The world politics of social investment,* 1, Oxford University Press, 2022.
Giddens, A., *The third way*, Polity Press, 1998.
Goodwin, J. and J. M. Jasper, "Caught in a winding, snarling vine: The structural bias of political process theory", *Sociological Forum*1, 4(1), Springer, 1999, pp. 27-54.
Hall, P. A. and D. W. Soskice (eds.), *Varieties of capitalism: The institutional foundations of comparative advantage*, Oxford University Press, 2001.
Harris, J., *Private lives, public spirit*, Oxford University Press, 1993.
Hasluck, C., *The New Deal for Lone Parents: A review of evaluation evidence*, Institute for Employment Research, University of Warwick, 2000.
Heeger-Hertter, S., "Social assistance benefits in the Netherlands", *Studies on Labour Law and Social Policy,* 26(1), Jagiellonian University Press, 2019, pp. 75-93.
Hooghe, L. and G. M. Marks, "Cleavage theory meets Europe's crises", *Journal of European Public Policy,* 25(1), Taylor & Francis, 2018, pp. 109-135.
Howell, C., "Varieties of capitalism: And then there was one?", *Comparative Politics,* 36(1), City University of New York, 2003, pp. 103-124.
Huber, E. and J. D. Stephens, *Development and crisis of the welfare state*, University of Chicago Press, 2001.
ILO, *Year book of labour statistics*, ILO, 1975.
ILO, *World social protection report 2020-2022*, ILO, 2021.
Iversen, T., *Capitalism, democracy, and welfare*, Cambridge University Press, 2005.
Jackson, W. A., "Cumulative Causation", in A. Kobayashi (ed.), *International encyclopedia of human geography*(2nd ed.), Elsevier, 2020.
Jacobi, L. and J. Kluve, *Before and after the Hartz reforms: The performance of active labour market policy in Germany*(IZA DP No. 2100), IZA Institute of Labor Economics, 2006.
Jagersma, R. M., "The Dutch 'Participation Society': Taking a Capability Approach." 『국제사회보장리

뷰』, 7, 한국보건사회연구원, 2018. pp. 63-70. https://doi.org/10.23063/2018.12.6.
Jan van de Beek et al., *The long-term fiscal impact of immigrants in the Netherlands, differentiated by motive, source region and generation*, IZA Institute of Labor Economics, 2024.
Jenson, J. and R. Mahon, "Multiple sources of the social investment perspective", in J. L. Garritzmann et al. (eds.), *The world politics of social investment,* 1, Oxford University Press, 2022, pp. 27-46.
Jessop, B., "Multi-level governance", in P. Kennett (ed.), *A handbook of comparative social policy*(2nd ed.), Edward Elgar, 2013, pp. 11-26.
Katzenstein, P. J., *Small states in world markets*, Cornell University Press, 1985.
Kitschelt, H., *The transformation of European social democracy*, Cambridge University Press, 1994.
Kitschelt, H., *The radical right in Western Europe*, University of Michigan Press, 1997.
Konig, P. and M. Lindeboom, "The rise and fall of disability insurance enrollment in the Netherlands", *Journal of Economic Perspectives,* 29(2), American Economic Association, 2015, pp. 151-172.
Korpi, W., "Power, politics, and state autonomy in the development of social citizenship", *American Sociological Review,* 54(3), American Sociological Association, 1989, pp. 309-328.
Kriesi, H. et al., *New social movements in Western Europe*, University of Minnesota Press, 1995.
Laclau, E., "The specificity of the political", *Economy and Society,* 4(1), Routledge, 1975, pp. 87-110.
Lee, S. Y. and J. Nahm, "A comparative study on the effect of the national employment support system in South Korea", *Journal of International and Comparative Social Policy,* 40(1), Cambridge University Press, 2024, pp. 1-15.
Lipset, S. and S. Rokkan (eds.), *Party systems and voter alignments*, The Free Press, 1967.
Marc Suhrcke et al., *Lone Parent Policies in the UK: The Impact of the New Deal for Lone Parents (NDLP) on Socioeconomic and Health Inequalities.* University College London, 2009.
Mares, I., *The politics of social risk*, Cambridge University Press, 2003.
Martin, J. P., *Activation and active labour market policies in OECD countries: stylized facts and evidence on their effectiveness*(Geary WP2014/09), UCD Geary Institute, 2014.
McAdam, D., *Political process and the development of black insurgency, 1930-1970*, University of Chicago Press, 1982.
Michel, E., "The strategic adaptation of the populist radical right in Western Europe", in E. Suhay et al. (eds.), *The Oxford handbook of electoral persuasion*, Oxford University Press, 2019.
Miliband, R., *The state in capitalist society*, Basic Books, 1969.
Morel, N., B. Palier, and J. Palme (eds.), *Towards a Social Investment Welfare State? Ideas, Policies and Challenges*, Policy Press, 2012.
Murray, C., *The emerging British underclass*, Institute of Economic Affairs, 1990.
Novak, William, J., "Bringing the State Back In Again" Critical Review, 32(1-3), pp. 116-155.
O'Connor, J., *The fiscal crisis of the state*, St. Martin's Press, 1973.
OECD, *The welfare state in crisis*, OECD Publishing, 1981.
OECD, *The OECD job study*, OECD Publishing, 1994.
OECD, *Beyond 2000*, OECD Publishing, 1997.
OECD, *In it together*, OECD Publishing, 2015.

OECD, "Voting", in *Society at a glance 2019*, OECD Publishing, 2019, p. 128.

OECD, *International migration outlook 2024*, OECD Publishing, 2024.

Oesch, D. and L. Rennwald, "Electoral competition in Europe's new tripolar political space", *European Journal of Political Research,* 57(3), Wiley, 2018, pp. 564-587.

Offe, C., *Contradictions of the welfare state*, Hunchinson, 1984.

Offe, C., "New social movements: Challenging the boundaries of institutional politics", *Social Research,* 52(4), The New School, 1985, pp. 817-868.

Palier, B., "The politics of reforms in Bismarckian welfare systems", *Revue française des affaires sociales*1, Ministère des Affaires sociales et de la Santé, 2006, pp. 51-80.

Pierson, P., *Dismantling the welfare state*, Cambridge University Press, 1994.

Poulantzas, N., *Pouvoir politique et classes sociales*, Universitaires de France, 1968.

Poulantzas, N., "The problem of capitalist state", *New Left Review* 58, New Left Review, 1969, pp. 67-78.

Poulantzas, N., "The capitalist state: A reply to Miliband and Laclau", *New Left Review* 95, New Left Review, 1976, pp. 63-83.

Quade, B., C. J. O'Leary, and O. Dupper, "Activation from income support in the US", in W. Eichhorst et al. (eds.), *Bringing the jobless into work? Experiences with activation schemes in Europe and the US*, Springer, 2008.

Rawls, J., *Justice as fairness: A restatement*, Belknap Press, 2001.

Rhodes, R. A. W., *Understanding governance*, Open University Press, 1997.

Room, G., "Commodification and decommodification: A developmental critique", *Policy and Politics,* 28(3), Policy Press, 2000, pp. 331-351.

Rosenau, J. and O. Czempiel (eds.), *Governance without government*, Cambridge University Press, 1992.

Skocpol, T., "Bringing the state back in: Strategies of analysis in current research", in P. B. Evans et al. (eds.), *Bringing the state back in*, Cambridge University Press, 1985.

Song, H. et al., Zhang, A., Barr, B., & Wickham, S., "Effect of Universal Credit on young children's mental health: quasi-experimental evidence from Understanding Society", *Journal of Epidemiology & Community Health,* 78(12), BMJ Publishing Group, 2024, pp. 764-771.

Spruyt, H., "War, trade, and state formation", in C. Boix and S. C. Stokes (eds.), *The Oxford handbook of comparative politics*, Oxford University Press, 2009.

Stephenson, P., "Twenty years of multi-level governance: Where does it come from? What is it? Where is it going?", *Journal of European Public Policy,* 20(6), Taylor & Francis, 2013, pp. 817-837.

Streeck, W. and K. Thelen (eds.), *Beyond continuity: Institutional change in advanced political economies*, Oxford University Press, 2005.

Suhrcke, M. et al., *Lone parents policies in the UK: The impact of the new deal for lone parents (NDLP) on socioeconomic and health inequalities*, University College London, 2009.

Swenson, P. A., *Capitalists against markets: The making of labor markets and welfare states in the United States and Sweden*, Oxford University Press, 2002.

Swenson, P. A., "Varieties of capitalist interests: Power, institutions, and the regulatory welfare state in the United States and Sweden", *Studies in American Political Development,* 18(1), Cambridge University Press, 2004, pp. 1-29.

Thelen, K., "Historical institutionalism in comparative politics", *Annual Review of Political Science* 2, Annual Reviews, 1999, pp. 369-404.

Thelen, K., "Varieties of capitalism: Trajectories of liberalization and the new politics of social solidarity", *Annual Review of Political Science* 15, Annual Reviews, 2012, pp. 137-159.

Tilly, C., "War making and state making as organized crime", in P. B. Evans et al. (eds.), *Bringing the state back in*, Cambridge University Press, 1985.

Tilly, C., *Coercion, capital, and European states, AD 990-1990*, Blackwell, 1990.

Tomlinson, S. and R. Simmons, "New Labour's new deal for socially excluded young people: A critical retrospective", *Research in Post-Compulsory Education,* 30(1), Taylor & Francis, 2025, pp. 103-122.

UNCTAD, *World investment report 2022*, UN, 2022.

Weber, E., *The dovish turnaround: Germany's social benefit reform and job findings*(IAB-Discussion Paper 7/2024), Institution for Employment Research, 2024.

Wilensky, H., *The welfare state and equality: Structural and ideological roots of public expenditures*, University of California Press, 1975.

Williamson, J., "What Washington means by policy reform", in J. Williamson (ed.), *Latin American readjustment: How much has happened?*, Peterson Institute for International Economics, 1990, pp. 7-20.

Zak, J. M., *The great wave: Margaret Thatcher, the neo-liberal age, and the transformation of modern Britain*, Gettysburg College, 2020.